Anton Lechner

Mittelalterliche Kirchenfeste und Kalendarien in Bayern

Anton Lechner

Mittelalterliche Kirchenfeste und Kalendarien in Bayern

ISBN/EAN: 9783743319813

Hergestellt in Europa, USA, Kanada, Australien, Japan

Cover: Foto ©ninafisch / pixelio.de

Anton Lechner

Mittelalterliche Kirchenfeste und Kalendarien in Bayern

Mittelalterliche

Kirchenfeste und Kalendarien

in Bayern.

Von

Dr. Anton Lechner,

Domkapitular in München.

Freiburg im Breisgau.

Herder'sche Verlagshandlung.

1891.

Zweigniederlassungen in Straßburg, München und St. Louis, Mo.

Wien I, Wollzeile 33: B. Herder, Verlag.

Mittelalterliche

Kirchenfeste und Kalendarien

in Bayern.

Mittelalterliche

Kirchenfeste und Kalendarien

in Bayern.

Von

Dr. Anton Lechner,

Domkapitular in München.

Freiburg im Breisgau.

Herder'sche Verlagshandlung.

1891.

Zweigniederlassungen in **Straßburg, München** und **St. Louis**, Mo.

Wien I, Wollzeile 33: B. Herder, Verlag.

Seiner Excellenz

dem hochwürdigsten Herrn

Antonius

Erzbischof von München-Freising

in höchster Verehrung

gewidmet

vom Verfasser.

Inhaltsverzeichnis.

Fünfter Teil.

Kalendarium und Kirchenfeste der Diözese Augsburg.

Sechster Teil.

Ein Klosterkalendarium.

Einleitung.

Von hervorragendster Bedeutung für die dauernde Kirchenordnung in Bayern wurden der hl. Rupert, ein Franke, und der hl. Bonifacius, ein Angelsachse. Ein Blick auf die ältesten Kalendarien zeigt uns darum, daß zahlreiche Heilige, welche im alten Merowingerreiche und in England-Irland verehrt worden sind, in die kirchliche Festordnung Bayerns eingefügt wurden.

Für das Frankenreich und für Britannien selbst aber war das römische Martyrologium im Festverzeichnisse der Heiligen des Kirchenjahres grundlegend geworden.

Wir sehen darum in den ältesten bayerischen Kalendarien vorzugsweise Heilige verzeichnet, welche teils dem römischen Martyrologium entnommen waren, teils im alten Frankenreiche der Merowinger und Karolinger, teils in England und Irland verehrt wurden. Dazu kamen noch jene Heiligen, welche mit der Ausbreitung des Christentums in Deutschland und vorzüglich in Bayern selbst verbunden waren. Die ältesten Kalendarien setzen sich darum zusammen aus Heiligen, welche im ältesten römischen Martyrologium bereits enthalten sind, aus Heiligen, welche speziell im Frankenreiche und in Britannien in hoher Verehrung standen, endlich aus deutschen und bayerischen Lokalheiligen.

Im Laufe der Zeit verschwanden verschiedene Heilige aus den Kalendarien und traten viele andere an ihre Stelle. Es hing diese Erscheinung wesentlich mit dem Baue von neuen Bischofs- und Pfarrkirchen zusammen. Jede Kathedrale suchte möglichst viele Reliquien zu erwerben, welche bei der Weihe der Kirche in den Altären ihre Stätten fanden. Aehnlich war es bei den Pfarrkirchen. Die Heiligen, deren Reliquien erworben worden waren, wurden dem Festverzeichnisse neu beigefügt. Die Feste der Heiligen, welche an den Kathedralen der Bischofssitze oder auch in den Kirchen hervorragender Kanonikatsstifte Verehrung fanden, wurden regelmäßig auf ganze Kirchenprovinzen oder doch auf den einzelnen Bischofssprengel ausgedehnt, und wir finden darum bald eigene Diöcesan-Heilige und -Feste. Jede Kirche feierte außerdem das Fest des Patrones, dessen Reliquien im Hauptaltare ruhten, sowie den Tag der Kirchweihe. Entstanden so im Laufe der Zeit neue Feste, wurden verschiedene neue Heilige dem Kirchenkalender der einzelnen Diöcesen eingefügt, so mußten andere Heilige dafür Platz machen. Viele Heilige verschwinden, andere nehmen ihre Stelle ein. Wir werden diesen Wechsel in den Kalendarien anschaulich machen, indem wir die Heiligen aus den Verzeichnissen des X. Jahrhunderts mit jenen des XII., XIV. und XV. Jahrhunderts zum Vergleiche darstellen.

Wir beschränken uns dabei absichtlich auf das Mittelalter. Denn vom XVI. Jahrhundert ab, nach der neuen Ordnung der Dinge durch das Konzil von Trient, trat eine einheitliche Regelung der Feste durch den Apostolischen Stuhl in Rom ein und verschwindet die Mannigfaltigkeit. Neben dem römischen Kalendarium zeigte sich die Abweichung nur noch in wenigen Heiligen des Diöcesanpropriums. Wir beschränken uns ferner auf das enge Gebiet der bayerischen Kirchenprovinz und zwar nur auf die Diöcesen, welche ihrem Hauptumfange nach zum Königreiche Bayern gehören: Freising, Salzburg-Chiemsee, Regensburg, Passau. Weggelassen haben wir Brixen und Trient, Seckau und Lavant, welche früher zur bayerischen Kirchenprovinz der Metropole Salzburg gezählt hatten, politisch aber mit Bayern keine Verbindung mehr haben. Dagegen haben wir die Diöcese Augsburg einbezogen, da der Kreis Schwaben seit bald hundert Jahren zu Bayern zählt, und da die mittelalterlichen Kalendarien der Diöcese Augsburg engste Verwandtschaft mit den Kalendarien der altbayerischen Diöcesen bekunden. Wir glauben, daß nur durch die Beschränkung in Zeit und in Gebiet eine genaue Kenntnis der mittelalterlichen Feste und der Heiligenverehrung gewonnen werden kann. Erst wenn die Forschung die grundlegende Arbeit in den einzelnen Kirchenprovinzen und Diöcesen geleistet haben wird, kann die Geschichte der Kirchenfeste und der Heiligenverehrung von ganz Deutschland mit Erfolg in Angriff genommen werden. Welche Fülle von Belehrung für die Kirchen- und Kulturgeschichte daraus entnommen werden kann, brauchen wir kaum zu erwähnen. Auf das römische Martyrologium und die griechischen Menelogien einzugehen, haben wir keine Veranlassung, das ist von andern Autoren zur Genüge geschehen.

Bezüglich der angelsächsischen und altfränkischen Kalendarien verweisen wir auf die Arbeiten von Piper[1].

Wir halten uns strenge an die Kalendarien der oben erwähnten Diöcesen Bayerns im Mittelalter, und werden die Bewegung in den Verzeichnissen, die Einfügung jüngerer Feste und die Beseitigung älterer, ferner die Ausscheidung nach dem Ursprunge verfolgen, ob sie der römisch-griechischen Zeit, dem fränkischen, angelsächsischen oder einheimischen Boden entnommen sind. Bei jedem einzelnen Feste werden wir die Zeit der Entstehung, bei jedem Heiligen eine kurze Orientierung über seine Lebenszeit und, soweit die Quellen verlässig bekannt sind, auch über die Lebensumstände in knappen Umrissen zu bieten suchen.

In der Auswahl der Kalendarien sind wir von dem Gesichtspunkte ausgegangen, daß wir nicht die Kalendarien einzelner Klöster, sondern die Verzeichnisse der Kathedralkirchen, also die eigentlichen Diöcesankalendarien ausgewählt haben. Verschiedene dieser Kalendarien sind schon benützt worden, so namentlich die Augsburger Kalendarien von Pfarrer Hoeynck in seinem ausgezeichneten Werke: „Geschichte der kirchlichen Liturgie des Bistums Augsburg“[2]; aber sie erscheinen hier zum erstenmale in vollständiger Ausgabe. Wir halten die getreue Mitteilung nach den Handschriften der Münchener Staatsbibliothek, deren genaue Bezeichnung an der betreffenden Stelle beigegeben wird, zum vergleichenden Studium in anderen Kirchenprovinzen für absolut notwendig.

Die ältesten, freilich sehr spärlichen Nachrichten über kirchliche Festfeier in Bayern bringen wohl die Statuten der Synoden von Reisbach, Freising und Salzburg aus dem Ende des VIII. Jahrhunderts[3]. Wir erfahren da, daß außer den großen Festen des Herrn (Weihnachten, hl. Dreikönig, Ostern, Pfingsten) die Feste der allerseligsten Jungfrau Maria, der zwölf Apostel, des hl. Johannes Bapt., St. Michaels,

[1] Die Kalendarien und Martyrologien der Angelsachsen von Ferd. Piper. Berlin 1862. — Karls des Großen Kalendarium und Ostertafel von Ferd. Piper 1868.

[2] Augsburg 1889 (Literarisches Institut von Dr. M. Huttler).

[3] Mon. G. h. leg. I, 77 sqq. Statuta Rispacensia et Frisingensia can. 5: exceptis tamen diebus a nativitate Domini usque ad octavam epiphaniae et a pascha usque ad pentecosten et praecipuis festivitatibus, id est S. Mariae, S. Joannis Bapt., duodecim apostolorum, S. archangeli Michaelis et S. Martini vel veneranda festivitate illius parochiae. — Statuta Salisburg. can. 10: ut missa S. Dei Genitricis Mariae quater in anno solemniter celebretur, id est purificatio IV non. febr., et conceptio, quod est VIII cal. april., et assumptio, quod est XVIII cal. Sept., et nativitas, quod est VI id. Sept.

St. Martins und das Patrociniumsfest jeder Pfarrkirche als die hervorragendsten (praecipuae) Festtage galten. Von den Festen Mariä wurden damals vier gefeiert: Mariä Lichtmeß (2. Febr.), Mariä Verkündigung (25. März), Mariä Himmelfahrt (15. Aug.) und Mariä Geburt (8. September). Mariä Verkündigung wird als des Herrn Empfängnistag (conceptio) bezeichnet, aber ausdrücklich bemerkt, daß es als Marienfest begangen und die Messe de S. Dei Genitrice Maria genommen werden mußte. Auch das Fest Mariä Reinigung (purificatio) oder Lichtmeß wurde häufig als Fest der Darstellung des Herrn (hypapanti, praesentatio Domini) bezeichnet; wir sehen aber aus Kanon 10 der Salzburger Statuten, daß auch der 2. Februar schon in der Zeit Kaiser Karls des Großen als Marienfest gefeiert wurde.

Aus dem Anfange des IX. Jahrhunderts (817) hat sich ein Kalendarium des Klosters St. Emmeram zu Regensburg in der Handschriftensammlung der Münchener Staatsbibliothek (C L M. 14456) erhalten[1]. Leider fehlen in demselben die Einträge der Feste und Heiligen, nur das Fest circumcisio Domini ist bemerkt (fol. 48). Damit scheidet dieses Kalendarium, so wertvoll es sonst erscheint, für unsere Zwecke, welche sich auf die Kenntniß der Kirchenfeste und der Heiligenverehrung beschränken, aus dem Bereiche unserer Betrachtung aus. Wir wenden uns zu den Kalendarien der einzelnen Diöcesen der altbayerischen Kirchenprovinz.

---

[1] Vgl. Mon. G. h. SS. I, 91; Docen, Archiv V, 515 ff.

Erster Teil.

Kalendarien und Kirchenfeste

der

Diöcese Freising.

1.

Ein Freisinger Missale mit Kalendarium aus dem X. Jahrhundert, CLM. 6421.

Das Kalendarium bildet den ersten Teil des Missales und hat folgenden Wortlaut:

INCIPIT MARTYROLOGIVM UENE RABILIS BEDAE PRESBYTERI·

PORRO ROMANI IANVARIVM EX nomine iani uocauerunt ſed ſpecialiter ianuariuſ appellatur eo quod ſit ianua atque principium anni tamquam interpres dei menſem reſpicientem ac proſpicientem . . . . finem futura principia.

Menſis ian. habet dies XXXI Lunas XXX

Qui etiam hebraice telph, Grece cyamioſ, egypt tan. uocatur

Uers. PRINCIPIVM IANI SANCIT TROPICVS CAPRI CORNVS

I KAL. IAN Circumciſio Et oct. domini ·s· Baſilii· Et Almachi * — Erimbertus ſecundus huius ſedis epiſcopus [Nachtrag.]

II IIII NON Octaua Sti. Stephani· Et macharij heremitae Dieſ egypt.

III III NON Octaua ſancti Iohanniſ. Et genovevae uirg.

IIII II NON Octaua ſtorum. Innocentum

V NONAS Sti. Simeonis conf. Et Telesphori mart. & papae

VI	VIII	Idus	Epyphania domini. Papo com. obiit Dieſ egypt.
VII	VII	Idus	
I	VI	Idus	Sti Erhardi epi et conf. ħORA ·I·
II	V	Idus	Manigalt laicuſ obiit
III	IIII	Idus	Sti pauli primi heremitae. Et melchiadiſ epi.
IIII	III	Idus	Sti. Gregorii nazanzeni epi· Et in africa S· Saluii
V	II	Idus	
VI	IDUS		Octaua Epiphaniae. Et Hilarii pictauiens. epi
VII	XVIIII	Kl'	FEBR Sti. Feliciſ prbri. et conf. in pinciſ
I	XVIII	Kl'	
II	XVII	Kl'	Sti. M[arcelli pap]ae et mart. [ein Wort fehlt] Dies egypt.
III	XVI	Kl'	Sti antonii monachi. Spaiſip. Eleuſipp. et Meleuſipp· m. Joſeph tertius huius ſedis episc. [Nachtrag.]
IIII	XV	Kl'	Sol IN AQVARIUM Rom. cathedr. S· petri. Et ſtae priſcae mr.
V	XIIII	Kl'	ħitto prbr. obiit
VI	XIII	Kl'	In ſueſſione Sti. Sebaſtiani mar. Et fabiani pape
VII	XII	Kl'	Stae Agnetiſ. virg. et mar. Vualtila obiit
I	XI	Kl'	Sti Vincentii m. et diaconi, ſti. anaſtaſii
II	X	Kl'	Stae Emmerentianae uirg ħORA ·II·
III	VIIII	Kl'	
IIII	VIII	Kl'	Tranſlatio S· Pauli rom. et eiuſdem conuerſio in damaſco. et ſancti Proiecti m.
V	VII	Kl'	Policarpi Epi. et mar.
VI	VI	Kl'	
VII	V	Kl'	Agnetiſ uirginiſ de natiuitate
I	IIII	Kl'	Rom· S· Papiae. Et· S· Mauri m. S. Valerii treuerenſiſ epi.
II	III	Kl'	Mildrut domna obiit
III	II	Kl'	NOX ħORARVM ·XVI· DIES HORARUM ·VII

Februarium autem a febribuſ acriſ li . . . ecorum appel . . . . ndemque menſem . . . . . a dicauit februo id eſt plutoni qui luſtrationum potenſ esse credebatur · luſtrarique eo mense ciuitatem neceſſe erat. Quam conſuetudinem modo uersa uice in meliuſ christiana religio eodem die menſis ſeruat. Uniuerſa enim plebſ ſacra myſteria beatae mariae offerenteſ modula cum ſacerdotibus miniſtriſque caereaſ ardenteſ in manibus geſtant. Itaque apud antiquoſ latinoſ ·X· menſibus curſus anni conputabatur · ſed ianuarium romani addiderunt. Februarium numa pompiliuſ addidit atque in XII· menſibuſ annum diſtinxit.

ISIDORVS DICIT FEBR. nuncupatur a februo · idest plutone cui eo menſe ſacrificabatur. Nam ianuarium diiſ ſuperiſ. Februarium diiſ manibuſ conſecrauerunt romani. Ergo februarius a februo idest plutone nam febre idest egritudine nuncupatur

Menſis februarius habet dieſ XXVIII Lunas XXVIIII
In biſſextili anno dieſ XXVIIII Lunas XXX Qui nominatur hebraice sabat Grece geritioſ Aegypt'. mechir dicitur

Uers. MENSE NUMAE IN MEDIO SOL DISTAT SYDUS AQVARII

IIII KL' FEBR· In ſcotica Stae. Brigidae uirg. et ſti· Caſſiani mar.
+
V IIII NON Ypapanti domini idest praeſentatio . Et purificatio S. Mariae
VI III NON·
VII II NON·
I NONAS Stae. Agathae uirginiſ
II VIII Idus Hic accenditur luna initii quadrag. Sti. Uedaſti confeſ. Dieſ egypt.
III VII Idus Ueriſ initium habet dies ·XCI· Hora ·III· Stae Dorotheae uirg. Dies. aegypt.
IIII VI IDus Storum Syri. Et Juventii eporum
V V Idus Sti Altoniſ confeſ.
VI IIII Idus S· Sotheriſ. uirg. Et Scolaſticae uirg. Et romae lacinti et amantii
VII III Idus Lugduno. Deſiderii epi. et mr. Et rom Deſiderii. Et caloceri
I II Id Star — chandus epus. obiit
II IDUS
III XVI Kl' mar. S. U [Zeile ganz unlesbar . . . .]ae uirg.
IIII XV Kl' Sol in PISCES S. Faustini Et ſti. Jovitae
V XIIII Kl' Stae Iulianae uirg. Et honeſimi diſcipuli pauli apli.
VI XIII Kl' Polochromii epi. et mart. Et donati mar.

VII	XII	Kl'	
I	XI	Kl'	
II	X	Kl'	
III	VIIII	Kl'	
IIII	VIII	Kl'	UER ORITUR Antiochia Cathedra S[ti] petri · Eodem die adallio pr[b'] ob'. Hora ·IIII·
V	VII	Kl'	
VI	VI	Kl'	BISSEXTUS S[ti.] Mathiae ap[ll.] Et inuentio capitiſ S. Johanniſ bapt'.
VII	V	Kl'	Obituſ ſancti brunoniſ
I	IIII	Kl'	S[tae] UALDBURGAE · UIRG·
II	III	Kl'	
III	II	Kl'	NOX HORARUM ·XIII· DIES HORARUM ·X·

Martium uero appellauerunt propter honorem romuli · quia eum martiſ filium esse crediderunt. Quem menſem [einige Worte unlesbar] .... ſeptimuſ · octauus · nonuſ · decimuſ antiquo a numero inditum nomen uſque hodie ſeruant

ISIDORUS DICIT Martiuſ appellatur propter martem romanae gentiſ auctorem. Uel quod eo tempore cuncta animantia aguntur ad marem · et ad concubendi uoluptatem · Idem appellatur · et menſiſ nouorum quia anni initium menſis est mar. Ideo et uer. quia in eo uiridantibuſ fructibuſ nouiſ · tranſactorum prebetur occaſuſ

Menſiſ mar. habet dieſ XXX·I· Lunas XXX

Qui etiam hebraice · adar grece · diſtrioſ egyptiace · famenoth dicitur.

U[ers.] PROCEDUNT DUPLICES IN MARTIA TEMPORA PISCES

IIII	KL'	MAR.	
V		VI NON	
VI	V	NON	[Nachtrag] Seliman pr[br.] obiit
VII	IIII	NON	Lucii papae et mart. Et octingenti mart.
I	III	NON	Hic accenditur IIII emboliſmuſ endecadiſ
II	II	NON	HIC ACCENDITUR ULTIMUS EMBOLISMUS OGDOADIS

III NONAS S$^{tae.}$ Perpetuae et felicitatis uirg. quae beſtiiſ ſunt deputatae

IIII VIII ID^{us} PRIMA INCENSIO LUNAE PASCHALIS

V VII ID^{us} S^{ti} Candidi ep$^{i.}$ et mar. HORA QVINTA

VI VI ID^{us} In perſide. Gagii. Alexandri. Et xl· duorum mar.
• [Nachtrag] Reginhalm diac. ob'.

VII V ID^{us} [Nachtrag] Ellenhardus XVIIII^{mus} huius ſediſ episc. O'. Anno d$^{ni.}$ M · LXX · VIII·

I IIII ID^{us} Depoſitio S$^{ti.}$ Gregorii papae.

II III ID^{us} S$^{ti.}$ Macedonii pr$^{b.}$ Et patriciae uxoriſ eius. Et modeſtae filiae eiuſ

III II ID^{us} Humperht laicuſ obiit

IIII IDUS

V XVII Kl' APR. S^{torum} martirum. Cyriaci·Largi·Et ſmaragdi

VI XVI Kl' In ſcotica. Patricii confeſ. et obituſ Gerdrudiſ uirg.

VII XV Kl' SOL IN ARIETEM · PRIMUS DIES SECULI

I XIIII Kl' Kotapold comeſ obiit

II XIII Kl' Gudperti Anglorum ep$^{i.}$

III XII Kl' Aequinoctium ſecundum grecos. Prima ·XIIII· luna · Depoſ. S. Benedicti abbatis

IIII XI Kl' Primum paſcha hic aliquando inuenitur · et non pluſ ultra ad K'. mar. Et SEDES EPACTARUM

V X Kl'

VI VIIII Kl' SEDES CONCURRENTIUM S^{ti} quirini m.

VII VIII Kl' Aequinoctium ſecundum Lat. Adam nt'. Dom. Conceptio· Et crucifixio

I VII Kl' S^{ti} Caſtuli mart

II VI Kl' RESURRECTIO DNI· S^{ti} druadberti ep$^{i.}$ et confeſſoris.

III V Kl'

IIII IIII Kl' Ratolt ſenex obiit

V III Kl' Aſchuuin comes obiit

VI II Kl' NOX HORARUM ·XII· DIES HORARUM XII·

Aprilem namque nulliuſ deorum ſuorum nomine ſed a re propria quasi aprilem nominauerunt · eo quod tunc plurimum germiniſ aperiatur in florem · et quod animantia [ein Wort unlesbar] aperire incipiant.

ISIDORUS DICIT Aprilis [ein Wort unlesbar] dicitur quaſi afrodiſ Grece [ein Wort unlesbar] · · · adiſ uenui dicitur.

Menſis apr. habet dieſ ·XXX· Lunas XXVIIII Qui etiam hebraice niſan. Grece xanthicoſ Aegypt.' farmuthi dicitur.

Uers. RESPICIS APRILES ARIES FRIXEE KALENDAS.

VII KL' APR. In theſalonica ·S· Agapiſ mar. Otmar ſex obiit
I IIII NON Apud lat. prima hic luna inuenitur. Sti Euſtaſii conf.
II III NON Stae Burgundaforae uirg. Engildio comeſ obiit Dieſ egypt.
III II NON Natalis · Sti Ambroſii confeſ. et epi.
IIII NONAS Ultima
V VIII IDus Reginperht laicuſ obiit [Nachtrag] Nîtkêruſ ·XVIII·mus huius ſediſ epuſ. O' Anno domini. MLII·
VI VII IDus
VII VI IDus ħORA · VII
I V IDus Natalis · Starum. Septem uirginum
II IIII IDus
III III IDus Romae leoniſ papae Hiltigart mo̊nialis ob'.
IIII II IDus Depoſitio Julii epi.
V IDUS. S Eufemiae · mar.
VI XVIII Kl' Mai'· Tiburtii · Ualeriani et Maximi· mar.
VII XVII Kl' Olympiadiſ · Et Maximi alteriuſ nobilium mar. Et dormitio beatae helenae matriſ conſtantini
I XVI Kl'
II XV Kl' SOL IN TAURUM
III XIIII Kl' ULTIMA ·XIIII· Luna
IIII XIII Kl'
V XII Kl' Sti Seneſii mar.
VI XI Kl' Depoſitio Gagii papae · Et ſimeoniſ confeſ.
VII X Kl'
I VIIII Kl' ħORA · VIII·
II VIII Kl' Sti. Georgii m. Et Fortunati monachi
III VII Kl' ULTIMUM PASCHA Laetania maior · Et marci euang.
IIII VI Kl' Claeti papae et mar.

V V . Kl'
VI IIII Kl' S^{ti.} Vitalis. Et christofori martyrum.
VII III Kl'
I II Kl'. NOX HORARUM ·X· DIES HORARUM ·XIIII·
S^{ti.} Zenonis ep^{i.} et mar.

Maium quippe pro maia matre mercurii · quam deam uenerabantur· Siue propter maiores appellauerunt · Hinc maxime probantes· quia hoc mense mercatores omnes maiae mercurioque pariter sacrificabant

Mensis mai. habet dies XXXI· Lunas XXX·

Qui etiam hebraice · iar · Grece artemiseos Aegypt.' Pacho dicitur.

U^{ers.} MAIUS AGENOREI MIRATVR CORNUA TAURI

KL' MAI. Philippi et iacobi · alfei fratris domini · et sigismundi regis · et mar · et Ualdburgae uirg·
VI NON Athanasii ep^{i.} Alexandriae · quo primum periit ariana heresis
V NON Inuentio S · crucis · Alexandri · pp · et m · Euentii· Et theodoli Dies egypt.
III NON S^{ti} Floriani mar. [Nachtrag] Aribo ·IIII·^{tus} huius sedis ep^{us} O'
VI III NON ASCENSIO DOMINI
VII II NON S^{ti} Iohan. ap^{li} Ante portam lat. [Nachtrag] Cotescalchus ·XVI·^{mus} ep^{us} O' Anno domini M·V·
NONAS S^{ti} Iuuenalis confes. Otto imperator obiit
VIII Id^{us} Mediolano S^{ti} Uictoris martyris
III VII Id^{us} AESTAS INITIUM HABET DIES ·XC· Henricus pr^{br} ob.
IIII VI Id^{us} PRIMVM PENTECOSTEN S^{ti} Gordiani·Et epimachi martyrum · et trecentorum ·X· martyrum
V V Id^{us} S^{ti} Mamerti ep^{i.} qui rogationum dies ante ascensionem domini instituit
VI IIII Id^{us} S^{ti} Pancratii Nerei · Et achillei atque domitillae Et epiphani ep^{i.}
VII III Id^{us} S^{ti} Gengolfi m. et s^{tae} Mariae admar'
I II Id^{us} Pachumii monachi Isanrich laicus ob'.

II IDUS
III XVII Kl' IUN Sti. Timothei difcipuli pauli apli.
IIII XVI Kl' Sti Peregrini martyrif Purchardus comef ob'.
V XV Kl' Sol in geminof Ifta ualdo [Nachtrag] huius fedif epuf decimus die de mundo praeful obiuit [Nachtrag] Anno dni. ·DCCCC·V·
VI XIIII Kl' Stae. Potentianae uirg.
VII XIII Kl' Stae. Bafillae uirg.
I XII Kl' Sti. Ianuari Et fti. Valentif mart. In ogia infula Dief egyp'.
II XI Kl' HORA·X·
III X Kl' Sti Defiderii epi In ling.' urbe
IIII VIIII Kl' Richpert obiit
V VIII Kl' Aeftaf oritur Sti Urbani papae et m. Drachholfuf epus ob'. [Nachtr.] ·XIII·mus Anno domini DCCCC·XXVIto
VI VII Kl'
VII VI Kl'
I V Kl' Parifii [ein Wort unlesbar] conf. Et depofitio iohannif papae
II IIII Kl' In Treu. f. Maximini epi et mar.
III III Kl'
IIII II Kl' NOX HORARUM·VIII DIES HORARUM·XVI· Stae Petronellae uirg.

Iunium etiam uocauerunt a iunone quam fororem uel coniugem iouif fuiffe teftantur. Alii autem ficut maium pro maioribuf ita iunium pro iunioribuf uocari dixerunt. Uel etiam ut . . . giuf arbitratur. Iunoniuf apud latinof antea uocabatur. Et haec appellatio mensis apud maiores diu' permanfit. Sed quam detritif quibufdam litterif ex iunonio iuniuf dictuf est. Nam et aedef [ein Wort unlesbar] nonete kalendif iuniif dicatae funt

Menfif iun. habet dief ·XXX Lunam XXVIIII
Qui etiam hebraice fivan Grece defeof Aegypt'. Pauni nominatur

Uers. IUNIUS AEQUATOS CAELO UIDET IRE LACONAS

V	KL'	IUN. S^{ti} Nicomediſ mar.
VI	IIII	NON S^{ti} Marcellini mar. Et petri exorciſtae
VII	III	NON.
I	II	NON Initium de ſigniſ ſecundum grecoſ
II	NONAS	S^{ti} Bonifacii mr. In uulta monaſterii cum aliis XII· qui erat archiep^{us} magontiae martirizatus in freſia propter nomen domini
III	VIII	ID^{us} Dieſ egypt.
IIII	VII	ID^{us} S^{ti} · Columbae confeſ· [Nachtrag] Abraham ep^{us}·
V	VI	ID^{us} S^{ti} Medardi confeſ. et ep$^{i.}$ XV·^{mus} obiit Anno d^{ni} · DCCCC · XC IIII· ħORA ·XI·
VI	V	ID^{us} S$^{torum.}$ Primi et feliciani mr. Uuolframmus ep^{us} obiit [Nachtrag] · XIII·^{mus} [Nachtrag] Anno d$^{ni.}$ DCCCC XXXVI ħORA · XI·
VII	IIII	ID^{us}
I	III	ID^{us} S^{ti} Barnabae ap$^{li.}$
II	II	ID^{us} S^{torum} Baſilidis·Cirini·Naboriſ Et Nazarii · mart·
III	IDUS	Ultimum pentecoſten
IIII	XVIII	Kl' IUL
V	XVII	Kl' S^{ti} Uiti et modesti m · et creſcentiae uirg. Adelbertus ep^{us} obiit
VI	XVI	Kl'
VII	XV	Kl' Sol in cancrum S^{ti} Auiti pr$^{bri.}$ et conf.
I	XIIII	Kl' Marci. Et marcellini m. Et balbinae uirg.
II	XIII	Kl' Protaſii et geruasii m. mediolano
III	XII	Kl' Solſtitium ſecundum grecoſ. Dieſ egypt'.
IIII	XI	Kl' S^{ti} albani mar· et geneſii mar·
V	X	Kl' [ein Wort unlesbar] ania. S$^{ti.}$ paulini nolanae ciuit. ep$^{i.}$
VI	VIIII	Kl' Uigilia ſ^{ti} Johanniſ bapt. ħORA ·XII·
VII	VIII	Kl' Natalis ſ^{ti} iohanniſ bapt Et ſolſtitium
I	VII	Kl'
II	VI	Kl' S· Iohanniſ et Pauli m. et ·s· Uigilii ep$^{i.}$ et mart
III	V	Kl'
IIII	IIII	Kl' S^{ti} Leoniſ papae et mar· Et uig. apostolorum
V	III	Kl' Paſſio ap^{lorum} Petri et Pauli
VI	II	Kl' NOX HORARUM ·VI· DIES HORARUM XVIIII Propriae S pauli

Iulium autem a iulio caeſare nominauerunt. Nam priuſ iuliuſ quintiliſ uocabatur quod [ein Wort unlesbar] ſumpſerat. etiam poſt poſitoſ martio duo menſeſ ſeruavit. menſiſ iuliuſ habet dieſ XXXI Lunas XXX. Qui etiam hebraice · thamul Grece Panemoſ Aegypt. epifi uocatur.

U$^{ers.}$ SOLSTITIO ARDENTIS CANCRI FERT JULIUS ASTRUM

VII KL' IUL Aaron primuſ ſacerdoſ in lege occiditur

I VI NON [zwei Worte unlesbar] Proceſſi et martiniani

II V NON Tranſlat expo . . . . thomae ap . . . [ein Wort unlesbar] . . . rcht archiep. ob'.

III IIII NON Tranſlat'. corporis S [zwei Worte unlesbar] . . . cus ep^{us} obiit

IIII III NON Bellum baioariorum cum unga . . . in oriente
Dieſ aegypt.

V II NON Octaua ap^{lorum} Et ſ^{ti} Goaris conf. et eſaiae prophetae [Nachtrag] Voto · XI^{mus} huius ſediſ ep^{uſ} Anno d^{ni} DCCCC

VI NONAS S^{ti} Vuillibaldi conf. et [ein Wort unlesbar]

VII VIII ID^{us} S^{torum} Chiliani Colmani Et totnan mar. HORA ·I·

I VII ID^{us} S^{ti} [vier Worte unlesbar] Et effrem

II VI ID^{us} S^{torum} martyrum [drei Worte unlesbar]

III V ID^{us} Tranſlatio corporiſ ſ^{ti} Benedicti abbatis De caſtro . . . uino. In gallia [ein Wort unlesbar] liger flumen [drei Worte unlesbar]

IIII IIII ID^{us} S^{tae} Margaretae uirg.

V III ID^{us}

VI II ID^{us} DIES CANICULARES

VII IDUS Philippi · Agrippini · Caſſiani · Sirici · et iacobi ep^{i}

I XVII Kl' AUG hylarini · Pauli · Dioniſii mart.

II XVI Kl'

III XV Kl' SOL IN LEONE S^{ti} Mamae m'. et ſimphoroſae cum VII filiiſ occiſae

IIII XIIII Kl' Xriſtinae uirg. Et ſ^{ti} arsenii heremitae

V XIII Kl' Sabini Uictoriſ · Philiberti · Paulae Luciae

VI XII Kl' S^{ti} lastrii confeſ. Et braxediſ uirg. Et daniheliſ prophetae

VII XI Kl' Cirilli ep^i. Et marie magtalenae Arnolt comes ob'.
I X Kl' S^ti. Apollinariſ ep^i. et mar.
II VIIII Kl'
III VIII Kl' S^ti. Iacobi ap^li. filii zebedei fratriſ iohanniſ ap^li. Et Chriſtofori m.
IIII VII Kl' Juli [zwei Worte unleserlich] Emilii et martiani.
V VI Kl' S^torum [zwei Worte unleserlich] Aurelii · Et nataliae.
VI V Kl' [zwei Worte unleserlich] mar. Et ſ^ti Innocentii ep^i.
VII IIII Kl' · Saltus egypt. Feliciſ · ſimplicii · faustini · Et beatriciſ
I III Kl' S^torum martyrum Abdo et ſenneſ.
II II Kl' NOX HORARUM ·VIII· DIES HORARUM ·XVI· S^ti Tertulini ·m·

Auguſtum enim ab octauiano auguſto uocauerunt. Nam prius auguſtuſ ſextiliſ uocabatur donec honor auguſtili daretur ex ſenatuſ conſultu · eo quia ipſe die primo huiuſ menſiſ antonium et cleopatram ſuperauerat et imperium populi romani firmauerat. menſis aug. habet dieſ ·XXX·I· Lunas XX·VIIII· Qui etiam hebraice · Aab · Grece · looſ· Aegyptiace mesor dicitur.

U^ers. AUGUSTUM MENSEM LEO FERUIDUS IGNE PERURIT

III KL' AUG S^torum Machabeorum quoſ antiochuſ cum matre perimere iuſſit · et ſ^ti petri ad uincula quando de carcere abſoluitur [Nachtr.:] Erchambertus ·VII·^mus huius ſediſ ep^us ob'. Anno d^ni DCCC·l·IIII·
IIII IIII NON ·VI· emboliſm^us ·S Stephani pp · et m.
V III NON Inuent'. corp'. ſ^ti Steph. proto · mar· Et gamalillel· Et Nichodemi c. et euſebii uercell'. ep^i.
VI II NON ^sti Iuſtini pr^bri qui innumera ſ^torum corpora sepeliuit. Ruodpert laicus ob'. [Nachtrag.]
VI NONAS S^ti Caſſiani mar. et ep^i.
I VIII Id^us S^torum mar. Syxti Feliciſſimi Et agapiti
II VII Id^us Autumni initium habet dieſ ·XCII S^ti donati confeſ. et ep^i et affrae mart. Dieſ egypt
III VI Id^us S^ti Cyriaci mar. et ſecundi atque ſociorum eorum hORA ·III·

IIII V Idus Uigilia ſti Laurentii · et ſti romani mar.
V IIII Idus Natalis Sti LAURENTII mart. Uuillifrid prbr. ob'.
VI III Idus Sti. Tiburtii mart.
VII II Idus Sti Epuli mar.
I IDUS Sti Ypoli · m · Et concordiae nutricis eius cum aliis XVIIII Et sanctae RADEGUNDAE reginae in aquitania.
II XVIIII Kl' SEP. In roma Sti Euſebii confeſ. et prbri.
III XVIII Kl' ASSUMPTIO STAE. MARIAE perpetue uirginiſ.
IIII XVII Kl' Sti Arnulfi confeſſoriſ et epi.
V XVI Kl' Octaua ſti Laurentii
VI XV Kl' Sol in uirginem Sti Agapiti martyriſ.
VII XIIII Kl' Sti Magni mart.
I XIII Kl'
II XII Kl' Dieſ egypt
III XI Kl' Sti Timothei · Et ſimphoriani mar. Aribo obiit
IIII X Kl' Sti Fortunati · Et ſti. Pelagii confeſ · et epi. HORA·IIII·
V VIIII Kl'
VI VIII Kl' Autumnuſ oritur Sti Bartholomei apli et ſti gineſii mar. Adalhoh prb. ob'.
VII VII Kl' Alexandri. Et Anaſtaſ. Hyrenei. Et abundi mar.
I VI Kl' Stti Rufi mart. et ſti Sulpicii epi et confeſ.
II V Kl' Sti Hermetiſ et auguſtini epi Et pelagii m. In conſtantia.
III IIII Kl' Decollatio ſti iohanniſ bapt. Et ſtae. Sabinae uirg.
IIII III Kl' Storum mar. Feliciſ et adaucti. Herolt archiepus obiit
V II Kl' NOX HORARUM ·X· DIES HORARUM ·XIIII In treuer. paulini epi.

September quippe eo quod ſeptimuſ ſit a martio qui est principium autumnorum temporiſ uocauerunt · kalo grece in latinum ſonat uoco Et illum diem qui ex hiſ diebus qui kalarentur primuſ esset placuit kalendaſ uocitari. menſiſ ſept. habet dieſ ·XXX Lunas

XXX Qui etiam hebraice Elul. Grece. Gorpieoſ. Aegypt. toth uocatur.

Uers. SIDERE VIRGO TUO BACCHUM SEPTEMBER OPIMAT.

VI KL' SEPT. Stae Uerenae uirg. et priſci m. Et ioſua ob'. dux populi dei
VII IIII NON ·II· emboliſmuſ. sti Iuſti lugduno. Ribbo prbr· obiit
I III NON
II II NON In gabilon S. marcelli m. Et ·S· Bonifacii epi· moyſeſ legiſlator ob'. Et ·S· Erendrudis uirg.
III NONAS Sti Quirini confeſ.
IIII VIII Idus Depoſ. S· magni confeſ. Eleutherii · et Zachariae prophetae. Et obitus liutolfi duciſ
V VII Idus stae Reginae mart. hORA ·U·
VI VI Idus Natiuit' Stae MARIAE · et romae ſti Adriani mar. Et ſti CORBINIANI. Atque dedicat. eiuſ ecclesiae.
VII V Idus Romae Gorgonii. Quem nunc gallia tenet.
I IIII Idus Sti Hilarii pp. Et nongenti mar. Adalpero comes obiit
II III Idus Proti et iacinti. Feliciſ et regulae
III II Idus D
IIII IDUS Depoſit. Sti Amati abb'. et confeſ.
V XVIII Kl' Exaltatio ſtae cruciſ. quando de perſide heracliuſ eam redux. et rom. Cornelii pp. et m. Et cartagine cypriani et epi
VI XVII Kl' OCT.
VII XVI Kl' Eufemiae Luciae Et geminiani. Gouuo chor epuſ obiit
I XV Kl' Sol in libram. Sti Ianuarii epi et mart.
II XIIII Kl' Sti Methodii pontificis et m. Trophimi et xyſti.
III XIII Kl' Lantbertuſ [Nachtrag] XIIImus epuſ obiit [Nachtrag] Anno dni DCCCC ·l· VII.
IIII XII Kl' Aequinoctium ſecundum grecoſ. Sti Ianuari epi et mar.
V XI Kl' Sti Mathei apli et euang.
VI X Kl' Paſſio ·S· Mauricii cum ſociiſ ſuiſ. Et ſti Emmerami mar. [Nachtrag] Arnoldus · VIIInus huius ſedis epus ob'. Anno dni DCCC l XXXIII.
VII VIIII Kl' Stae Teclae · m. Et ·S· liberii · et ſoſi leuitae
I VIII Kl' Aequinoctium ſecundum lat. Concept'. S. Iohanniſ bapt'. et ſti Rudberti conf. et epi et dedic'. eius ecclesiae

II VII Kl'

III VI Kl' Sti Cypriani mart. et Iuſtinae uirg. quae eum conuertit

IIII V Kl' Coſmae et damiani Antimii Leontii. Et euprepii ·m· [Nachtrag] Atto quintus huius sedis epus obiit.

V IIII Kl' Uigilia Sti Michahelis. Factei et iuſtini.

VI III Kl' Feſtiuitas et dedic. ecclesiae Sti michahelis archangeli.

VII II Kl' Depositio ·S· Hieronimi prbri Ueteris nouaeque legis interpretis. NOX HORARUM ·XII· DIES HORARUM ·XII·

October propter quod a menſe martio octauus ſit nominauerunt. nonas aeſtimant dictas · quaſi nouae initium obſeruationis uel quia ab eo die ſemper ad idus nouem dies putarentur

Menſis october habet dies ·XXXI· Lunas XXVIIII Qui etiam habraice · theſſeri Grece yperboreteos. Aegyptiace faofi uocatur.

Uers. EQUAT ET OCTIMBER SEMENTIS TEMPORE LIBRAM

I KL' OCT. Remigii epi qui primus docuit feroces francos. Et ſti Germani epi

II VI NON Sti Leudegarii epi et mar.

III V NON

IIII IIII NON Storum mar. Marci et martiani. Diotmar prb. ob.

V III NON Placidi. Eutici. Fausti [Nachtrag:] Heinricus dux ob'.

VI II NON

VII NONAS Sti Marci papae · et lini pp. Sergii Et bachi

I VIII Idus

II VII Idus Sti Dioniſii cum sociis ſuis. et ſ. domnini m. Abraham patriarcha obiit [Nachtrag:] Anno VIIIuus epus ob'. Anno dni DCCC · l · XX · V.

III VI Idus Caſſii Gereonis. Uictoris. Et florentii. Tuto epus obiit

IIII V Idus Sti Cannichi abb'.

V IIII Idus Sti Maximiliani mart. Irinch comes obiit

VI III Idus

VII II Idus Sti Caliſti papae et mar.

I IDUS

II XVII Kl' NON. Deposit. S· Galli conf. et ducentorum et VII · mart.
III XVI Kl' Translat. corporis ·S· Galli. Et dedicat. ecclesiae eius
IIII XV Kl' Sol in scorpione. Sti Lucae euangel.
V XIIII Kl' Sti Ianuarii epi ·cum sociis suis. Altman prb. ob'.
VI XIII Kl' Dedicatio ecclesiae ·Sti Quirini mar. Dies egypt.
VII XII Kl' Starum uirginum
I XI Kl'
II X Kl' hORA VIII
III VIIII Kl'
IIII VIII Kl' Crispini Et crispiniani Crisanti m. Atque Dariae uirg.
V VII Kl' Storum eporum Amandi et Uedasti. Liutperht prb. ob'.
VI VI Kl' Liutheri laicus obiit
VII V Kl' Aplorum Simonis et iudae
I IIII Kl' Sti Zenobii conf.
II III Kl'
III II Kl' Uigilia omnium storum. Et sti Quintini mar. NOX HORARUM ·XIIII· DIES HORARUM ·X

Nouember eo quod nonus sit a martio sic appellauerunt. Idus uocare diem placuit qui diuidit mensem. Iduare enim et rustica lingua diuidere est. Kalendae autem uocationis nouae noua obseruatio idus diuisio interpretatur

Mensis nouember habet dies ·XXX· Lunas XXX· Qui etiam hebraice mareim Grece [ein Wort unlesbar] Aegypt'. athyr appellatur

Uers. SCORPIUS HIBERNUM PRECEPS IUBET IRE NOUEMBREM

IIII KL' NOU. Festiuitas omnium storum. Et romae S. Cesarii. [ein Wort unlesbar] natiuitas sti Benigni. Henricus dux obiit
V IIII NON ·V· Embolismus. Stae Marinae uirg'.
VI III NON Sti. pirminii epi. et conf. Lupo epus patriarcha sedis aquileiae obiit
VII II NON Sti. Amantii Egilbertus ·XVIImus huius sedis epus obiit Anno dni ·M·XXX·VIIII·

I	NONAS	Dedicatio ecclesiae Sti Caſtuli Ad moſapurc et obituſ Zachariae patriſ iohanniſ.
II	VIII	Idus Kerhart diac'. obiit. Amalricuſ archidiac'. ob'.
III	VII	Idus Hiemiſ initium habet dieſ ·XCII·
IIII	VI	Idus Storum ·IIII· coronatorum ħORA VIIII
V	V	Idus Sti Theodori mart.
VI	IIII	Idus S. Demetrii. Saturnini. Modeſti. Tiberii Et florentiae
VII	III	Idus STI. MARTINI EPI. Et S. Mennae mar. [Nachtr.:] Nitkeruſ episcop' accepit.
I	II	Idus Sti Arſatii confeſ.
II	IDUS	Turoniſ. Sti Briccii epi.
III	XVIII	Kl' DEC
IIII	XVII	Kl' [Nachtrag:] Ordinatio Ellenh' epi.
V	XVI	Kl' Sti Otmari confeſ. Et auguſtini epi. Eparhart comes ob'.
VI	XV	Kl' Sol in ſagittarium. Sti Aniani ligeriſ. epi.
VII	XIIII	Kl' Octaua Sti martini epi.
I	XIII	Kl'
II	XII	Kl'
III	XI	Kl' Sti Columbani abb'.
IIII	X	Kl' Stae Ceciliae uirg. Tiburtii et Ualeriani · longini · m.
V	VIIII	Kl' Sti Clementiſ papae et m. Et ·S· Felicitatiſ m.
VI	VIII	Kl' Hiempſ oritur Sti Criſogoni mar. Dieſ egyp'.
VII	VII	Kl' Uuagheri prbr obiit
I	VI	Kl'
II	V	Kl'
III	IIII	Kl'
IIII	III	Kl' Saturnini Et Mauri mar. et Uigilia ·S· Andreae
V	II	Kl' Nataliſ. Sti Andreae apli NOX HORARUM ·XVI· DIES HORARUM ·VIII·

December propterea quod decimuſ a martio esset sic appellauerunt.

Menſis december habet dieſ XXXI· Lunas XXVIIII·
Qui hebraice caſleu· Grece Apileoſ Aegypt. chocar dicitur.
TERMINAT ARCITENENS MEDIO SUA SIGNA DECEMBER

VI	KL' DEC.	S^{ti} Candidi archiep^{i}
VII	IIII NON	·I· Emboliſmuſ. Sindo pr^{br} obiit
I	III NON	S^{ti} Lucii confeſ. Et caſſiani mar. Romae obituſ Ottoniſ imperatoriſ auguſti.
II	II NON	·IIII· Emboliſmuſ Dieſ egypt.
III	NONAS	
IIII	VIII ID^{us}	S^{ti} Nicolai ep^{i} myropoliſ
V	VII ID^{us}	Octaua ·S· Andreae ap^{li}
VI	VI ID^{us}	S^{ti} Zenoniſ confeſ. et ep^{i}· In uerona ciuitate
VII	V ID^{us}	
I	IIII ID^{us}	S^{tae} Eulaliae mar. In ciuitate hiſpaniae emerita dicta · Rihbertuſ ep^{us} obiit
II	III ID^{us}	Depoſit. Damaſi papae [Nachtrag:] Hitto VI^{tus} huius ſediſ ep^{uſ} ob'. Anno d^{ni} · DCCC · XXX · VI^{to}
III	II ID^{us}	Fritilo pr$^{br.}$ obiit · Reginperht archidiac. obiit
IIII	IDUS	S^{tae} Luciae uirg'.
V	XVIIII Kl' IAN	Liutpold pr$^{br.}$ obiit Dieſ egyp'.
VI	XVIII Kl'	
VII	XVII Kl'	
I	XVI Kl'	
II	XV Kl'	Sol in capricornum S^{ti} Uuni confeſ. et ep$^{i.}$
III	XIIII Kl'	Nat'. ſ^{ti} Ignatii mar. Antiochenae urbiſ preſidiſ
IIII	XIII Kl'	Uigilia S. Thomae ap$^{li.}$
V	XII Kl'	Solſtitium ſecundum grec. Nat'. S· Thomae ap$^{li.}$ et Ordinatio abrahae ep$^{i.}$ [Nachtrag:] Ordinatio Nitkeri ep$^{i.}$
VI	XI Kl'	
VII	X Kl'	
I	VIIII Kl'	Uigilia d$^{ni.}$ n$^{ri.}$ · ihu. xpi ·S· Eugeniae uirg'. hORA ·XII·
II	VIII Kl'	NAT' D^{NI} N^{RI} I^{HU} X^{PI}. S^{tae} Anaſtaſiae ·m· Et ſolſtit.
III	VII Kl'	S^{ti} STEPHANI protomar. Liutpolt diac'. obiit
IIII	VI Kl'	S^{ti} IOHANNIS ap$^{li.}$ et euangel.
V	V Kl'	S$^{torum.}$ INNOCENTIUM MARTYRUM
VI	IIII Kl'	
VII	III Kl'	
I	II Kl'	S^{ti} Silueſtri Papae.

Wie man aus vorstehendem Inhalte ersieht, diente dieses Freisinger Kalendarium zugleich als Nekrologium[1] zur Eintragung des Todestages von geistlichen und weltlichen Personen, welche mit der Diöcese Freising Beziehung hatten. Auch sonstige geschichtliche Daten, wie die Ordinationstage der Bischöfe, wurden eingetragen. Das Kalendarium enthält Nachträge von einer späteren Hand. Die ursprüngliche Schrift wird von dem Herausgeber des Katalogs der Münchener Handschriften dem X. Jahrhunderte zugeschrieben. Es läßt sich die Zeit der ursprünglichen Handschrift noch genauer bestimmen und zwar in den Jahren zwischen 984 und 993. Die ältere Hand trug nämlich noch die Todestage des Kaisers Otto II. (8. Mai 983) und des Erzbischofs Herold von Salzburg († 984), ferner den Ordinationstag des Bischofs Abraham (21. Dezbr. 957) ein. Dagegen ist der Todestag des Bischofs Abraham (7. Juni 993) bereits von einer späteren Hand des XI. Jahrhunderts nachgetragen. Unter den Bischöfen Abraham (957—993) und Gottschalk (993—1006) wurden verschiedene für den liturgischen Gebrauch notwendige Bücher geschrieben. Die Bibliothek des erzbischöflichen Ordinariates in München enthält ein im Jahre 1757 verfaßtes Verzeichnis von Büchern, welche dem Freisinger Domkapitel gehörten. Ein Buch, welches c. I. 6 gezeichnet war und Briefe des hl. Hieronymus enthielt, hatte folgenden Eintrag: Iste libellus Abrahamo episcopo Frisingensi imperante Capellano ipsius Gotescalco efficiente ad servitium S. Mariae sanctique Corbiniani Mettis scriptus est. Das Freisinger Missale fällt in die Zeit des Bischofs Abraham und ist wahrscheinlich auch von Abrahams Kaplan Gottschalk, der mit Abrahams Nachfolger, Bischof Gottschalk wohl identisch sein dürfte, geschrieben. Auch Bischof Gottschalk selbst ließ Bücher schreiben, wie nachstehende Notiz beweist, welche an der Spitze des CLM. 6256 steht: Gotescalco episcopo praecipiente Antrico fideli ejus clerico magistro scholae cum discipulis suis impetrante iste liber conscriptus est ad ministerium S. Mariae sanctique Corbiniani. Dieser CLM. 6256 ist ein

[1] Die Anlegung solcher Nekrologien befahlen schon zu Ende des VIII. Jahrhunderts die statuta Salisburgensia. Jeder Todesfall (sive episcopus, sive abbas, sive presbyter, sive sanctimonialis) einer geistlichen Person mußte den Bischöfen zur Anzeige gebracht werden, damit diese ceteris abbatibus vel abbatissis et omnibus presbyteris pro ipsa anima orandum litteris suis notum faciant nomen et tempus (can. 16). Auch Bischöfe anderer Kirchenprovinzen und Laien fanden Aufnahme in die Nekrologien.

liber sermonum venerabilium patrum per circulum anni legendorum, und zwar enthält er die sermones patrum vom Advent bis zur Fastenzeit (a hebdomade IV ante natalem Domini usque ad quadragesimam).

Wir wissen also genau, wann das Kalendarium geschrieben wurde, nämlich unter Bischof Abraham von Freising, und können in Gottschalk, des Bischofs Kaplan, mit größter Sicherheit den Schreiber desselben vermuten. Die Nachträge unterscheiden sich wesentlich von der ersten Schrift und sind sämtlich von einer und derselben Hand geschrieben. Da Bischof Ellenhards Tod noch eingetragen ist (1078), so sind diese Nachträge in die Zeit des Bischofs Meginward (1078—1098) zu setzen.

Das Kalendarium ist, wie das ganze Missale, sehr schön und sehr deutlich geschrieben; aber einzelne Stellen des feinen Papiers sind brüchig geworden, so daß mehrere Eintragungen völlig unleserlich sind.

Sie können aber aus dem Auszuge eines ziemlich gleichzeitigen Kalendariums teilweise ergänzt werden. Bei Eckardt[1] findet sich nämlich ein Auszug aus einem Freisinger Kalendarium, gefertigt von dem Jesuiten Johann Gamansius. Das Kalendarium stammte aus einem Missale, reich mit Goldbuchstaben und Bildern ausgestattet, welches vor dem XI. Jahrhundert geschrieben war, aber Nachträge von einer Hand des XI. Jahrhunderts hatte. Es werden noch Bischof Ellenhard, Papst Leo IX. und Kaiser Heinrich III. erwähnt. Im Missale war bei der Stelle des Kanons: Memento etiam famulorum etc., bei den Worten in somno pacis eingeschaltet: episcoporum S. Corbiniani, Eremberti, Joseph, Aribonis, Attonis, Hittonis, Erchenberti, Annonis, Arnoldi, Waldonis, Vootonis, Dracholfi, Wolframi, Lamberti, Abrahami, Godeschalchi, Egilberti, Nitker[2]; nach sechs leeren Zeilen war beigefügt: imperatoris Heinrici III. († 1056).

Der Auszug aus dem Kalendarium und Nekrologium stimmt ganz mit unserm C L M. 6421 überein, ausgenommen folgendes:

VIII id. jan. statt epiphania heißt es manifestatio Domini.
VI id. jan. nach Erhardi steht noch Dietum foemina obiit.
V cal. febr. Natalis Agnetis virg. obiit Karolus Magnus imp.
III cal. febr. memoria S. Gregorii Papae.
non febr. nach Agatha: et Ingenuini episcop.

---

[1] Commentarius de rebus Franciae orientalis et episcopatus Wirceburgensis I, 834—837.

[2] † 1052.

III id. febr. ist noch beigefügt: Hermannus archiep. Colon. obiit.
XVI cal. Martii: Valentini, Vitalis, Feliculae et Zenonis m.
cal. Mart. S. Suitberti ep.
VII id. Mart. Wado laicus ob.
IV id. Mart. natale (statt dep.) Gregorii Magni.
XII cal. Maj. Leo papa obiit.
IV cal. Maj. nach Vitalis: Bardo archiep. obiit
II Non. Jun. Conradus imperator.
cal. Jul. octava Joannis Bapt.
IV non Jul. Translatio S. Martini. Depositio S. Udalrici episc.
XVII cal. Aug. Wolframus episc. frising. obiit.
XVI „ „ S. Alexii conf.
VIII „ „ nach Jacob und Christoph noch Rustici ep. et m.
IV „ „ Liupoldus laicus obiit.
II „ „ nach Tertulini noch translatio S. Wattonis conf.
XV cal. Oct. S. Lamberti ep. et m.
X „ „ nach Emmeram noch Arnold frising. ep. obiit.
V „ „ nach Cosmas und Damian noch Atto frising. ep. obiit.
IV cal. Oct. Wenceslai M.
cal. Oct. nach Germani noch Vedasti ep.
III non. Oct. Heinricus III imp. obiit.
III id. Oct. S. Colomanni M.
IV cal. Nov. Narcissi M. et P.
II „ „ Wolfgangi ep.
II non. Nov. Egilbertus ep. frising. obiit.
VIII id. Nov. Willibrordi conf. et p.
idus Dec. nach Lucia noch Ottiliae v.
XIX cal. jan. Remis Nicassii Agnes imperatrix obiit[1].
XV „ „ Wunibaldi conf.

Das Missale enthält nach dem Kalendarium nachstehende Litanei:

INCIPIT LETANIA
KYRIE ELEISON
XP^E ELEISON
XP^E AUDI NOS
Saluator mundi adiuua nof
Sta. maria ora pro nobif

[1] † 1077.

Ste. Michahel
Ste. Gabrihel
Ste. Raphahel
Omneſ ſti. angeli
Omneſ Sti. archangeli
Omneſ Sti. throni
Omneſ S. Dominationeſ
Omneſ S. Principatuſ
Omneſ S. Poteſtateſ
Omneſ Ste. uirtuteſ
Omneſ Sti. cherubyn
Omneſ S. ſeraphyn
Omneſ S. patriarchae
Omneſ S. Prophetae
S Iohanneſ
S Petre
S Paule
S Andrea
S Iacobe
S iohanneſ
S thoma
S iacobe
S Philippe
S Bartholomaee
S Matthaee
S Symon
S Tatthee
S mathia
S Luca
S Marce
S Barnaba
Omneſ ſti. apoſtoli orate pro nobiſ
S Stephane
S Line
S Clete
S Clemenſ
S Syxte
S Corneli

S Cypriane
S Caſtule
S Alexander
S Dioniſi
S Sebaſtiane
S Fabiane
S Feliciſſime
S Agapite
S Marce
S Marcelliane
S Uincenti
S Ualentine
S Tiburti
S Uitaliſ
S Georgi
S Iuuenaliſ
S Euentii
S Theodoli
S Prime
S Feliciane
S Laurenti
S Floriane
S Coſma
S Damiane
S Uite
S Urbane
S Uictor
S Yppolite
S Quirine
S Tertuline
S Nicomediſ
S Saturnine
S Criſante
S Heliodore
S Martiniane
S Ianuari
S Geneſi
S Candide

S Emmeramme
S Albane
S Bonefaci
S Maurici
S Uigili
S Ualenſ
S Gordiane
S Epimache
Omneſ ſti. martyreſ orate pro nobiſ
S Silueſter
S Gregori
S Leo
S Hilari
S Martine
S Bricci
S Auguſtine
S Remigi
S Germane
S Ambroſi
S Euſebi
S Zeno
S Quintine
S CORBINIANE
S Benedicte
S Hieronime
S Iſidore
S Amande
S Hruodberte
S Maximiliane
S Arſaci
S Patrici
S Columbane
S Galle
S Otmare
S Machari
S Ualeri
S Uuillibalde
S Uunibalde

S Arnulfe
S Amande
Omneſ ſ$^{ti.}$ confeſſoreſ orate pro nobiſ
S Felicitaſ
S Pertua (offenbar Perpetua)
S petronella
S Anaſtaſia
S Eufemia
S Scolaſtica
S Iuſtina
S Agneſ
S Agatha
S. Lucia
S Cecilia
S Daria
S Suſanna
S Tecla
S Digna
S Regina
S Columba
S Iuliana
S Affra
S Brigida
S Regula
S Uualdburga
S Glodeſindiſ
S Precioſa
S Radegundiſ
Omneſ ſ$^{tae.}$ uirgineſ orate pro nobiſ
Omneſ ſ$^{tae.}$ uiduae orate pro nobiſ
Omneſ ſ$^{ti.}$ infanteſ orate pro nobiſ
Omneſ ſ$^{ti.}$ innocenteſ orate pro nobiſ
Omneſ ſ$^{ti.}$ orate pro nobiſ
Propitiuſ eſto parce nobiſ domine
Propitiuſ eſto libera noſ domine
Ab omni malo lib'.
Ab ira tua lib'.
Ab inſidiiſ diaboli lib'.

Ab omni iniquitate lib'.
Ab inmunditia cordiſ et corporiſ lib'.
Ab inimiciſ nostriſ lib'.
A morbo malo lib'.
Ab omni tribulatione libera noſ dne.
A clade et peſte lib'.
A periculo mortiſ lib'.
A ſubitanea et improuiſa morte lib'.
A morte perpetua lib'.
Per crucem tuam lib'.
Per paſſionem tuam lib'.
Per reſurrectionem tuam l'.
Per aſcenſionem tuam lib'.
Per magnitudinem aduentuſ tui. lib'.
Peccatoreſ te rogamuſ audi noſ
Vt pacem nobis doneſ te rog.
Vt ſanitatem nobis doneſ te rog.
Vt indulgentiam nobis d'.
Vt remiſſionem peccatorum nostrorum nobiſ d'.
Vt aerem ſalubrem nobis concedas te rog.
Vt aeriſ temperiam bonam nobiſ
Vt ſummum apostolicum in ſta. religione conſeruare dig'.
Vt ei uitam et ſanitatem doneſ te rog'.
Ut regem nostrum ill. perpetua proſperitate conſeruare dig'.
Ut ei uitam et ſanitatem atque uictoriam doneſ te rog'.
Ut paſtorem nostrum ill. in ſta. religione conſeruare dig'.
Ut ei uitam et ſanitatem doneſ te rg'.
Ut cunctum populum christianum pretioſo ſanguine tuo redemptum conſeruare dig'.
Ut populo christiano pacem et unanimitatem largiri dig'.
Ut ei uitam et ſanitatem atque uictoriam doneſ te rog'.
Ut genteſ quae in ſua feritate confidunt comprimere dig'.
Ut catholicam ecclesiam ſublimare dig'.
Ut fidem nostram augere digneriſ te rog'.
Ut auertaſ iram tuam a nobis te rog'.
Ut noſ exaudire dig'. te rogamus
Ut noſ cuſtodire digneriſ te rog'.
Ut nobiſ miſereri digneriſ te rog'.

Fili dei te rogamuſ audi noſ
Agne dei qui tolliſ peccata mundi parce nobiſ domine
Agne dei qui tolliſ peccata mundi dona nobiſ pacem
Agne dei qui tolliſ peccata mundi miſerere nobiſ
Xp$^{c.}$ audi noſ
Kyrie eleiſon
Xp$^{e.}$ eleison
Kyrie eleison

Nach der Litanei folgen fol. 21 die Meßorationen und Präfationen zum Weihnachtsfeste, auf St. Stephan, Johann Ev., Unschuldige Kinder, Octava Domini (Neujahr), Dominica I post natalem, Dominica I und II post theophaniam; daran schließt sich fol. 32: liber sacramentorum, beginnend mit den heute noch üblichen Präfationen; darauf folgt sofort der Canon missae, genau wie im jetzigen canon, nur mit folgenden zwei Zusätzen. Im „Communicantes" war nach Damiani beigefügt: nec non et illorum Sanctorum, quorum solemnitatem hodie in conspectu majestatis tuae celebramus Domine Deus noster in toto orbe terrarum . . . Ferner war beim „Libera nos quaesumus" nach Andrea eingeschaltet: nec non Sanctis martyribus tuis Stephano, Vito, Urbano atque electis confessoribus tuis Martino, Corbiniano, Benedicto ac beatissimis virginibus tuis Felicitate, Margaretha, Walburga, cum istis et omnibus Sanctis da propitius etc.

Nach dem Kanon folgen 38^{b} die Meßorationen zur vigilia nativitatis Domini, woran sich anschließen: Dominica III, IV, V, VI post theophaniam, dann vigilia theophan., festum theophan. (praefatio propria wie heute). Alsdann beginnen die Meßorationen für die Heiligenfeste des Jahres und zwar Felix (14. Jänner), Marcellus (16. Jänner), Octava theophaniae, die Orationen für Fabian und getrennte Oration für Sebastian (20. Jänner), natale S. Agnae (21.), Vincentii (22.), Agnae octava (28.), Vigilia purificationis (1. Febr.), dies purificationis (2. Febr.), Agatha (5.), Dorothea virg. (6. Febr.), Valentin. (14. Febr.); daran schließen sich Meßorationen für ein Frauenfest, sodann Septuagesima, unmittelbar darauf Juliana (16. Febr.), conversio S. Pauli (25. Jänner), cathedra Petri (22. Febr.), Quinquagesima (Sexagesima findet sich nicht), Perpetua et fil. (7. März), Gregorius pap. (12. März), sodann incboata jejunia mit den Meßorationen für

Dominicae et feriae et orationes super populum, ferner Dominica palmarum und die ganze Charwoche. Fol. 112 beginnt das Osterfest und die Osterwoche mit praefatio und hanc igitur, wie heute; dann folgt Dominica post albas, hierauf Dominica I, II, III, IV post octav. paschae. Fol. 127 beginnt dann die Fortsetzung der Meßorationen zu den Heiligenfesten und zwar: Tiburtius und Valerianus (14. April), Georgius (24. April), Marcus (25.), eodem die laetania major mit orationes zum hl. Laurentius, Valentinus, Petrus u. s. w. Markus hatte auch eine eigene praefatio. Sonst waren die Präfationen dieselben, wie im heutigen Missale; aber verschiedene Heilige hatten selbständige Präfationen. Die für das Markusfest lautete: ... et nos te jugiter collaudare, benedicere et praedicare, qui per beatum Marcum evangelistam atque pontificem meruimus cognoscere filii tui incarnationis et divinitatis mirabile mysterium, petimus ergo misericordiam tuam, ut ea annuente fides nostra operum executione ornetur et perseverantiae fine claudatur per eundem filium tuum Jesum Christum Dominum nostrum, per quem etc.

Nach Markus kommen Meßorationen für Vitalis (28. April), Philipp. und Jacob. (1. Mai), eodem die Walburga, welche eine eigene Präfation hat; dann inventio crucis (3. Mai), eodem die Alexander, Eventius und Theodul., Florian. (4. Mai), Johann. ante portam latinam (6. Mai), Juvenal. (7. Mai), Gordian. und Epimachus (10. Mai), Pancratius (12. Mai), Nereus und Achilleus (12. Mai), Kirchweihfest der Basilika (Pantheon in Rom) zur allerseligsten Jungfrau Maria ad martyres (13. Mai), Urban. (25. Mai), Nicomedes (1. Juni); sodann die Orationen für die 3 Bitttage mit Laetania major, Vigil von Christi Himmelfahrt, Himmelfahrtsfest (mit der jetzt üblichen praefatio et Communicantes); ferner mehrere Orationen für Ferien.

Alsdann beginnen wieder die Orationen der Heiligen, und zwar Marcellinus und Petrus (2. Juni), Basilius, Cirinus, Nabor, Nazarius (12. Juni), auf das Fest des hl. Vitus (15. Juni), Marcus und Marcellus (18. Juni), Primus und Felicianus (9. Juni), Protasius und Gervasius (19. Juni), Marcellus und Exuperantius (22. Juni), Genesius (22. Juni), Julianus Levit und Martyrer; Vigil von Johann. Bapt. (23. Juni), Natalis von Johann. Bapt. (24. Juni), Quiricus (17. Juli), Praxedis (21. Juli), Apollinaris (23. Juli), Jacob. (ohne Vigil, 25. Juli), Nazarius und Celsus (29. Juli), Felix Martyrer (29. Juli), eodem Simplicius, Faustinus und Beatrix, Christoph. Martyrer, Abdon und

Sennen (30. Juli); Petri Kettenfeier (1. Aug.), eodem die die Machabäer, Papst Stephan. (2. Aug.), Stephani Auffindung (3. Aug.), Sixtus Martyrer (6. Aug.). Sixtus hatte eine eigene Präfation: ... aeterne Deus, et in die festivitatis hodiernae, qua beatus Xystus pariter sacerdos et martyr devotum tibi sanguinem exultanter infudit, qui ad eandem gratiam promerendam doctrinae suae filios incitavit, et quos erudiebat, hos praeveniebat exemplo, per Christum etc. Am Tage des hl. Sixtus wurde auch die Benedictio uvae (Traubensegnung) gespendet, eodem die Felicissimus und Agapitus. Afra (7. Aug.) hatte gleichfalls eine eigene Präfation: ... qui dum beatae Afrae martyris tuae merita gloriosa in hunc venerandum diem annua festivitate celebramus, quae post mundi voluptatibus relictis idolis, tuam ineffabilem clementiam est consecuta, quaesumus ergo, Domine Deus noster, ut ejus suffragantibus meritis peccata nostra deleas vitamque nobis aeternam concedas, per Christum etc. Für das Afrafest ist noch folgende zweite Präfation eingesetzt: ... qui ut de hoste generis humani major victoria duceretur, non solum per viros martyrii, sed de eo etiam per feminas triumphasti. Et ideo ... Am selben Tage Donatus. Cyriacus (8. Aug.), Vigil des hl. Laurentius (9. Aug.), Fest des hl. Laurentius (10. Aug.), Tiburtius (11. Aug.), Hippolytus (13. Aug.), Eusebius (14. Aug.), Mariä Himmelfahrt (15. Aug.). Die Präfation an diesem Tage weicht von den Präfationen an sonstigen Marienfesten also ab: ... et nos Te in tuis sacratissimis virginibus exultantibus animis laudare et benedicere et praedicare, inter quas beata Dei genitrix intemerata virgo Maria gloriosissima effulsit, cujus assumptionis diem omni devotione praesenti sacrificio celebramus. Per ... Octava Laurentii (18. Aug.), Agapitus (19. Aug.), Timotheus (22.), Bartholomaeus (24. Aug.), Genesius (25.), Rufus (27. Aug.), Augustinus (28. Aug.), eodem die Hermes und Pelagius, welch letzterer eine eigene Präfation hat; Sabina und Joannis Enthauptung (29.); letzteres Fest hat wieder eine eigene Präfation; Felix Martyrer (30. Aug.), Priscus (1. Sept.), Magnus (confessor), welcher wieder selbständige Präfation hat (6. Sept.), Adrianus und Fest Mariä Geburt (8. Sept.), Vigil des hl. Corbinian., Fest des hl. Corbinian. (8. Sept.), Protus und Hyacinthus (11. Sept.), Amatus und Cornelius (13.), Kreuzerhöhung (14. Sept.), Nicomedes (15.), Euphemia, Lucia und Geminianus (16.); daran reihen sich die Meßorationen für die Quatemberferien, dann folgt Vigil des Apostels

Matthaeus (20.), Fest desselben Apostels (21.), Mauricius und (eodem die) Emmeramus (22.), Thecla (23.), Cosmas und Damianus (27.), Michael (29.) mit Präfation, Marcus Papst (7. Okt.), Dionysius, Rusticus, Eleutherius (9.), Callistus (14.), Gallus mit eigener Präfation (16.), Lucas (18.), Octava Galli (24.), Vigil von Simon und Juda (27.), Fest (28.), Vigil von Allerheiligen (31.), Fest (1. Nov.) mit Präfation, eodem die Caesarius; quatuor Coronati (8.), Theodorus (9. Nov.), Mennas, Martinus Bischof mit Präfation (12)., Vigil vom hl. Othmar. (15.), Fest (16.), Caecilia (22.), Clemens (23.), Felicitas (23.), Chrysogonus (24.), Saturninus und Vigil von Andreas (29.), Fest des hl. Andreas (30.), Damasus (11. Dez.), Thomas Apostel (21.). Damit schließen die Heiligenfeste mit eigenen Orationen; es folgen nun Meßorationen de communi, woran sich Meßformulare für besondere Zwecke (fol. 196[b] Orationen bei Erhebung der Reliquien, sodann die Meßformulare am Tage und am Jahrestage der Kirchweihe) und die missae defunctorum, wie in den heutigen Missalien, reihen. Die Messen de communi bestehen aus einem Formulare cujuslibet Sancti, sodann aus einer Messe für die Vigil der Apostel, aus Festmessen für Einen und für mehrere Apostel. Dieselben 3 Formulare sind vorhanden für Martyres, Confessores et Virgines. Dies ist der Inhalt des herrlichen, mit prächtigen Initialen und Bildern ausgestatteten Missale aus dem Ende des X. Jahrhunderts.

Auf den ersten Blick fällt auf, daß das Kalendarium weit mehr Heilige aufzählt, als das Missale in den Meßorationen. Die Erklärung ist einfach. Viele Heilige hatten keine eigenen Orationen, sondern die Orationen wurden dem Commune entnommen, wie dies z. B. beim hl. Maximilian heute noch der Fall ist. Es ist aber auch möglich und wahrscheinlich, daß das Kalendarium nach der Vorlage einer anderen Diöcese gemacht wurde, und daß wohl nicht alle Heiligen, welche im Kalendarium verzeichnet sind, in der kirchlichen Liturgie der Freisinger Diöcese auch wirklich gefeiert wurden. Umgekehrt finden sich bei den Orationen im Missale einige Heilige, welche im Kalendarium nicht eingetragen sind. So Pauli Bekehrung (25. Jänner), Marcellus und Exuperantius (22. Juni) und Quiricus (17. Juli). Auch in der Litanei erscheinen einige weibliche Heilige, welche weder im Kalendarium noch in den Meßorationen des Missale sich finden, worauf wir zurückkommen.

Monat Jänner.

Gehen wir zu den einzelnen Monaten über, so finden wir im Kalendarium am 1. Jänner neben dem Feste der Beschneidung des Herrn noch den hl. Basilius von Cäsarea und den römischen Martyrer Almachius, welcher von dem Präfekten Alipius dem Tode geweiht wurde, da er öffentlich gerufen hatte: „Heute ist die Oktav der Geburt des Herrn; verlasset den Dienst der Götzen!" Am 2. Jänner ist neben der Oktav des hl. Stephanus noch die Kommemorierung des berühmten Mönches Makarius, welcher als Einsiedler der Libyschen Wüste um 395 starb. Am 3. Jänner war neben der Oktav des hl. Johannes das Fest der hl. Jungfrau Genovefa, gestorben 512 in Paris, wegen ihrer vielen Wunderthaten hoch verehrt. 4. Jänner: Oktav der unschuldigen Kinder. 5. Jänner: Fest des hl. Simon (des berühmten Säulenheiligen, Stylites, † 2. Sept. 459) und des Papstes Telesphor, welcher unter Kaiser Antoninus Pius den Martyrtod erlitt. 6. Jänner: Epiphanie. 8. Jänner: Erhard, Bischof und Bekenner, welcher als Chorbischof der Diöcese Regensburg im VII. oder VIII. Jahrhunderte wirkte und Niedermünster stiftete, wo er ruht. 10. Jänner: Feier des Einsiedlers Paulus (des Zeitgenossen des hl. Antonius) und des Papstes Melchiades, welch letzterer am 10. Jänner 314 starb, dessen Fest aber das römische Martyrologium am 10. Dez. als dem Tage seiner Papstweihe hat. Am 11. Jänner ist der hl. Gregor von Nazianz verzeichnet, dessen Fest jetzt am 9. Mai gefeiert wird. Der afrikanische Martyrer Salvius wurde von Augustin in einer Predigt an die Karthager erwähnt; er findet sich im römischen Marthyrologium an diesem Tage. Am 13. war neben der Oktav von Epiphanie noch das Fest des hl. Hilarius; im heutigen Brevier der Diöcese Freising-München ist Hilarius am 14. Jänner, an welchem Tage zugleich die Feier des hl. Felix, Presbyter von Nola († um 256), trifft. Papst Marcellus, am 16. Jänner, starb im Jahre 310 den Martyrtod in der Verfolgung des Maxentius. Der 17. Jänner war dem Gedächtnis des hl. Abtes Antonius († 356) und zugleich dem Andenken der heiligen Martyrer Speusippus, Eleusippus und Meleusippus geweiht. Ueber diese Heiligen schreibt Hoeynck[1]: „Nach der ältesten Vita waren diese Drillingsbrüder, gebürtig aus Kappadocien, sehr geschickte Rosselenker.

[1] A. a. O. S. 238.

Bekehrt von ihrer Mutter Leonilla, starben sie mit dieser in ihrer Heimat den Martyrtod. Zeugen ihres glorreichen Todes waren Junilla und die beiden Gerichtspersonen Neon und Turbon, welche sich bei dieser Veranlassung gleichfalls bekehrten und Genossen ihres Martyrtodes wurden. Ihre Gebeine wurden von Kappadocien nach dem burgundischen Langres gebracht und von hier aus durch die Brüder Hariolf und Erlolf, zeitweilig Bischöfe von Langres und zugleich die Stifter Ellwangens, in der zweiten Hälfte des VIII. Jahrhunderts nach diesem Kloster transferiert. Noch besteht in Ellwangen, ursprünglich am 17., jetzt am 11. Jänner, der sog. kalte Markt, vorwiegend Pferdemarkt, der im Volksleben die Erinnerung an sie fortsetzt. Im Augsburger Brevier haben sie ihren uralten Platz bis heute bewahrt." Im Freisinger Brevier dagegen sind sie längst verschwunden; schon die Kalendarien des XIII. und XIV. Jahrhunderts haben sie nicht mehr. Am 18. Jänner ist das Fest Petri Stuhlfeier in Rom und Fest der heiligen Prisca, Jungfrau und Martyrin (um das Jahr 270). Es ist auffällig, daß hier schon die römische Stuhlfeier erwähnt wird, während in späteren Kalendarien sich gewöhnlich nur der 22. Febr. als gemeinsame Stuhlfeier findet. Übrigens hat auch das Kölner Kalendarium aus dem IX. Jahrhunderte, von Binterim herausgegeben, am 18. Jänner: Priscae virg. et Cathedra S. Petri in Roma. Weidenbach[1] bemerkt zu dem Binterim'schen Kalendarium: „Das auf den 18. Jänner verzeichnete Fest Cathedra Petri in Roma, welches erst 1556 eingeführt wurde, möchte Zweifel an der Echtheit des Alters des Kalendariums erregen. Allein es scheint, weil so viele andere darin verzeichnete Feste dem Altertume angehören, dieses nur ein ganz spätes Einschiebsel zu sein, über welches freilich der Herausgeber seine Bemerkung hätte machen sollen." Diese Kritik Weidenbachs ist ungerechtfertigt, wie das Freisinger Kalendarium aus dem X. Jahrhundert beweist[2]. Am 20. Jänner ist das alte Fest des Papstes Fabian, Martyrers unter Kaiser Decius, und des Kohortenführers Sebastian, um das Jahr 304 unter Diokletian gemartert. Der 21. und 28. Jänner sind die Festtage der hl. Agnes, welche gleichfalls in der diokletianischen Verfolgung den Martyrtod erlitt. Der 21. ist der Tag ihres Todes, der 28. ihr Geburtstag. Der hl. Vincentius, Diakon von Saragossa, dessen Feier am 22. Jänner ist, wurde

---

[1] Calendarium historico-christianum medii et novi aevi (Regensburg, Manz, 1855) p. 97.

[2] Vgl. auch Hoeynck, a. a. O. S. 237 u. 242.

gleichfalls ein Opfer der diokletianischen Verfolgung. Am gleichen Tage wurde der persische Mönch Anastasius, welcher durch den König Chosroë die Martyrkrone empfing, gefeiert. Der 23. Jänner war das Fest der hl. Emerentiana, welche in Rom am Grabe der hl. Agnes die Palme des Martyriums erlangte. 25. Jänner: Pauli Bekehrung und Präjektus, auch Projektus, Martyrer und Bischof von Clermont († 25. Jänner 674). Ein anderer Projektus war Diakon zu Casali in Italien († im VIII. Jahrhunderte). 26. Jänner: Fest des hl. Polykarpus, des Schülers des hl. Apostels Johannes. 29. Jänner: die hl. Martyrer Papias und Maurus, Soldaten unter Diokletian; sowie der hl. Valerius, Bischof von Trier[1].

Monat Februar.

1. Februar: die hl. Brigida, Aebtissin, Stifterin des Klosters Kildara, (gegen 521 gestorben); Kassian, Martyrer in Afrika, Genosse des heiligen Saturninus. 2. Februar: hypapanti = praesentatio Domini et purificatio Mariae. 5. Februar: Agatha, Martyrin in Catania († 251) unter Decius. 6. Februar: Vedastus, Bischof von Arras († 540), dessen Biographie eines der interessantesten Denkmäler der Zeit des Königs Chlodwig ist. 7. Februar: Dorothea, Jungfrau und Martyrin in Cäsarea († 304). 8. Februar: Syrus und Juventius, die ältesten Bischöfe von Pavia. 9. Februar: Alto, ein Lokalheiliger der Diöcese Freising, kam Mitte des VIII. Jahrhunderts aus Irland nach Bayern und siedelte sich in einem Walde zwischen Augsburg und München an. König Pipin schenkte ihm einen Teil des Waldes, wo er als Einsiedler lebte, worauf Alto um das Jahr 750 ein Benediktinerkloster gründete, welches vom hl. Bonifacius benediciert wurde. Bonifacius weihte auch das Kirchlein ein und bestellte Alto als Abt. Das Kloster führte von da ab den Namen monasterium Altonis, Alto-Kloster oder Alto-Münster. Alto starb 760, und sein Gedächtnistag ist in Deutschland am 9. Februar, in England am 5. Sept. Sein Kloster blieb Benediktinerstift, bis es im XV. Jahrhunderte Birgittinnen übergeben wurde, welche rechts der Kirche ihr Haus hatten, während links der Kirche ein Männerkloster erhalten blieb. Die Säkularisation brachte der Stiftung Alto's die Zerstörung. Seit einigen Jahr-

[1] Friedrich (Kirchengeschichte Deutschlands, S. 97) hält Valerius für einen der ersten Bischöfe Triers. Rettberg und andere bezweifeln die Existenz des Heiligen überhaupt. Wir halten Friedrichs Gründe für überwiegend.

zehnten sind indes wieder Birgittinnen eingezogen. 10. Februar: Fest der Jungfrau und Martyrin Sother, von welcher der hl. Ambrosius erwähnt, daß sie aus einem der vornehmsten Geschlechter stammte; ferner der hl. Scholastika, Schwester des hl. Benedikt, sowie der römischen Martyrer Hyacinthus und Amantius. 11. Februar: Fest des hl. Desiderius, Bischofs von Vienne, gest. um 607 bei Lyon. Der zweite Desiderius dürfte mit dem bei Migne erwähnten hl. Bischofe von Chalons-sur-Saone, welcher im VI. Jahrhunderte lebte, zu erklären sein. Der hl. Calocerus, Bischof und Bekenner von Ravenna, war der vierte Nachfolger des Apollinaris, des Apostelschülers. Calocerus starb, gegen 100 Jahre alt, unter Kaiser Hadrian (117—138), so daß er zu den ältesten Heiligen der Kirche zählt. Er soll selbst die beiden Apostelfürsten noch gekannt haben. Wie sein Name zeigt, war er seiner Abstammung nach ein Grieche. 14. Februar: Das U ist offenbar mit Valentin, Presbyter und Martyrer in Rom, zu ergänzen; die durch die Endsilbe angedeutete Heilige dürfte nach dem Kölner Kalendarium Binterims die hl. Felicula sein, welche auch im römischen Martyrologium und im Freisinger Kalendarium bei Eckardt am 14. Februar sich findet. 15. Februar: Faustinus und Jovita. Beide Brüder waren Diakonen in Brescia und erlitten den Martyrtod unter Kaiser Hadrian im Jahre 120. 16. Februar: Die hl. Juliana wurde unter Kaiser Maximian (304 — 311) in Nikomedien (Bithynien) dem Martyrtode überliefert; Onesimus ist der bekannte Jünger des Apostels Paulus (im Briefe an Philemon erwähnt). 17. Februar: Polychromius, Bischof von Babylon, wurde nach den alten römischen Kalenderverzeichnissen unter Kaiser Decius im Jahre 251 gemartert; der hl. Donatus erlitt mit 80 Genossen das Martyrium zu Vicenza im Jahre 303. 22. Februar ist Stuhlfeier des hl. Petrus in Antiochia. Nach Binterim[1] mögen die Hauptveranlassung zu der Erhebung dieses Tages zu einem Feste die in Deutschland und Frankreich beliebten Spörkelfeste gewesen sein. Die Synode zu Tours (567) erwähnt die Sitte, an diesem Feste Speisen auf die Gräber zu stellen, und verbietet dies als heidnischen Aberglauben[2]. Im Mittelalter hieß deshalb das Fest vielfach St. Peterzech. 24. Februar ist das Fest des hl. Apostels Matthias; die Auffindung

[1] Denkwürdigkeiten der kath. Kirche, V. 1. S. 332.

[2] Can. 22: Sunt etiam qui in festivitate cathedrae Domini Petri apostoli cibos mortuis offerunt et post missas, redeuntes ad domos proprias, ad gentilium revertuntur errores.

des Hauptes des hl. Johannes des Täufers findet sich nur in sehr wenigen Kalendarien, so in Becks und Binterims Kalendarium[1]. 25. Februar: Die hl. Walburga, Schwester der hl. Wunibald und Willibald, Aebtissin von Heidenheim. Sie war geboren im Jahre 700 als Tochter des englischen Königs Richard, kam durch den hl. Bonifacius nach Deutschland und starb am 25. Februar 776.

Monat März.

Nach dem römischen Martyrologium ist am 4. März Gedächtnistag des hl. Papstes Lucius und 800 Martyrer (nach anderen Kalendarien 900). 7. März: Perpetua und Felicitas, deren Marter im Jahre 202 unter Septimius Severus stattfand und welche kein Geringerer als der hl. Augustin geschildert hat; ihr Gedächtnistag findet sich in fast allen Kalendarien. 9. März: Der hl. Candidus, einer der 40 Martyrer von Sebaste. 10. März: Gedächtnistag der hl. Gajus und Alexander, welche nach dem Zeugnisse des Bischofs Apollinaris unter Marc Aurel und Lucius Verus in Sebaste den Martyrtod fanden. In Persien erlitten nach dem römischen Martyrologium am selben Tage 42 Martyrer den Tod. In den meisten anderen Kalendarien ist an diesem Tage das Fest der 40 Martyrer, welche zu Sebaste in Armenien ihren glorreichen Tod fanden. 12. März: Sehr alt ist das Fest des hl. Gregor des Großen an diesem Tage. 13. März: Den hl. Macedonius, seine Gemahlin Patricia und seine Tochter Modesta führt an diesem Tage das römische Martyrologium an erster Stelle auf, ebenso am 16. den römischen Diakon Cyriacus, ferner Largus und Smaragdus, welche unter Kaiser Maximian gemartert wurden. Reliquien des hl. Cyriacus wurden im Jahre 847 vom Bischof Samuel von Worms für das Kloster Neuhausen erworben. Am 17. März ist die Gedächtnisfeier des Apostels von Irland, des hl. Patricius († 492), ebenso der hl. Gertrud, Aebtissin von Nivelles, Tochter Pipins (des Majordomus von Austrasien), geboren 626, gestorben 659. 20. März: Kuthbert, Propst von Mailros, später Bischof von Lindisfarn († 687). 21. März: Fest des hl. Benediktus, des Stifters des berühmten Ordens. 24. März: Fest des hl. Quirin, Martyrers in Rom 269, Patrons von Tegernsee. 25. März: Empfängnis des Herrn (dominica conceptio), welches Fest aber als Marienfest, Mariä Verkündigung, gemäß den statuta

[1] Cfr. Weidenbach l. c. p. 100.

Salisburgensia, gefeiert wurde. Dieser Tag galt zugleich als Kreuzigungstag, der 27. als Auferstehungstag. 26. März: Wie Quirin, ist auch der hl. Castulus, als Patron von Moosburg, hochverehrter Heiliger der Diöcese Freising († circa 286 als Martyrer in Rom). 27. März ist, wie erwähnt, Gedächtnistag der Auferstehung, zugleich Fest des heiligen Rupert, Diöcesanpatrons von Salzburg.

Monat April.

1. April: Agape, Jungfrau und Martyrin in Thessalonika, findet sich bei den Bollandisten am 3. April. 2. April: Eustasius, zweiter Abt von Luxeuil, Glaubensprediger in Bayern († 625). 3. April: Die hl. Burgundafora, Jungfrau und Aebtissin in Evreux, Diöcese Meaux († 657). 4. April: Ambrosius, welcher in allen alten Kalendarien an diesem Tage sich findet. Da aber dieser Tag regelmäßig in die Osterzeit fiel, wurde die Gedächtnisfeier später auf den 7. Dez. verlegt. 9. April: Fest der 7 Jungfrauen. 11. April: Papst Leo der Große. 12. April: Papst Julius († 352). 13. April: Euphemia, Jungfrau, welche zu Chalcedon in Bithynien, zugleich mit der hl. Eucapia und dem hl. Sekutor den Martyrtod erlitt. 14. April: Gedächtnistag der römischen Martyrer Tiburtius, Valerianus und Maximus, welche unter Kaiser Alexander den Martyrtod erlitten haben. 15. April: Olympias und Maximus, welche 251 in Persien gemartert wurden. Das Gedächtnis der hl. Helena, Mutter des Kaisers Konstantin († circa 328), ist sonst am 18. Aug. 20. April: Der hl. Genesius, Martyrer, Bullio oder Publio zubenannt, im Unterschiede von Genesius mimus und notarius. 21. April: Papst Cajus, 296 gestorben und sonst am 22. in den Kalendarien eingetragen. Der hl. Simeon, Bischof von Seleucia und Ktesiphon, erlitt 349 den Martyrtod. 24. April: Der hl. Georg, der große Martyrer (megalomartyris der griechischen Kirche, † 303), ist in neueren Kalendarien am 23. April. Fortunatus. Martyrer dieses Namens im Monate April kannte Stadlers Heiligenlexikon nicht weniger als zehn, darunter die berühmten afrikanischen Martyrer Fortunatus, Donatus und 240 Genossen, sonst am 11. April. Wahrscheinlich ist indes hier Fortunatus, Diakon zu Valence, gemeint, den das römische Martyrologium am 23. April erwähnt. 25. April: Fest des hl. Markus, zugleich Bittgang und Litania major, wie noch heute. 26. April: Cletus, Papst († 91). 28. April: Vitalis wurde in Ravenna im II. Jahrhundert gemartert.

Christophorus, ein Genosse des hl. Germanus, Martyrer in Alexandrien in Ägypten. 30. April: Zeno, Martyrer auf der Insel Corfu, wo eine prachtvolle Kirche ihm geweiht ist.

Monat Mai.

1. Mai: Philipp und Jakob. Anfänglich wurden die Apostel zusammen an Einem Tage gefeiert, und zwar im Juni, am Tage nach Peter und Paul. Veranlassung zu dem besonderen Feste Philipp und Jakob gab die Translation der Reliquien beider Apostel unter Papst Pelagius I. (550—560). Diese Translation fand am 1. Mai statt, und seitdem wird das Fest der beiden Apostel an diesem Tage gefeiert[1]. Die hl. Walburga wurde am 1. Mai zum zweitenmale gefeiert. 2. Mai: Fest des hl. Athanasius, des unermüdlichen Gegners der arianischen Sekte († 371). 3. Mai: Heiligkreuzauffindung durch die hl. Helena. Binterim[2] setzt die Entstehung der Feier dieses Festes in das IX. Jahrhundert und glaubt, daß die Sendung einer Kreuzpartikel durch Kaiser Basilius in Konstantinopel an den deutschen König Ludwig im Jahre 872 hauptsächlich zur Einführung der Feste Kreuzauffindung und Kreuzerhöhung beigetragen habe. Vom X. Jahrhunderte an finden sich beide Feste in allen Kalendarien. Alexander ist der erste Papst dieses Namens; derselbe erlitt im Jahre 117 mit den Presbytern Eventius und Theodulus in Rom den Martyrtod. Reliquien des hl. Theodulus kamen unter Karl dem Großen von Rom in die Marienkirche zu Fulda und in das Kloster Klingenmünster bei Speier. Rabanus Maurus verfaßte für das neue Grab des Heiligen in Klingenmünster eine poetische Inschrift. Der Leib des hl. Alexander wurde 834 von Bischof Hitto nach Freising gebracht. 4. Mai ist die Gedächtnisfeier des hl. Florian (princeps officii et martyr), welcher im Jahre 304 zu Lorch bei Enns gemartert wurde. 5. Mai: Dem Auferstehungstage am 27. März entspricht der 5. Mai als Himmelfahrtstag. 6. Mai ist das Gedächtnis an die Marter des hl. Apostels Johannes, welcher auf Befehl Domitians vor der porta latina in Rom in heißes Öl getaucht wurde. 7. Mai: Juvenal, hochverehrter Martyrer zu Benevent, zu unterscheiden von dem hl. Juvenal[3], Bischof von Narni in Umbrien († 376). 8. Mai: Viktor, Martyrer

[1] Vgl. Binterim a. a. O. V. 1. S. 365 ff.

[2] A. a. O. S. 369.

[3] Cfr. Papebrochii Dissertatio in Acta Sanctorum zu 3. Mai.

in Mailand (303). 10. Mai: Gordian und Epimachus (und Genossen), welche unter Julian dem Apostaten 362 in Rom den Martyrtod erlitten. Viele Reliquien von ihnen kamen nach Kempten, Weingarten, Prüm und Prag[1]. 11. Mai: Mamertus, Bischof von Vienne († 475), führte in drangsalvoller Zeit die drei Bitttage vor Christi Himmelfahrt ein, welche sich von da aus zuerst nach England (durch den hl. Augustin, den Apostel der Angelsachsen), weiter nach Deutschland und erst ziemlich spät nach Italien verbreiteten. Im Texte ist die unleserliche Stelle mit rogationum dies zu ergänzen. 12. Mai: Der erst 14jährige Pankratius erlitt mit seinem Oheim Dionysius unter Diokletian (wohl 304) den Martyrtod. Nereus, Achilleus und Domitilla zählen zu den ältesten Blutzeugen der Kirche. Die beiden Eunuchen Nereus und Achilleus theilten mit ihrer Herrin Flavia Domitilla (aus dem Geschlechte der Cäsaren) zuerst das Exil, später den Tod des Martyriums (zu Terracina). Epiphanius, Bischof von Pavia († 496). Sein hl. Leib wurde von dem Begleiter des Bischofs Otwin von Hildesheim gestohlen und heimlich im Jahre 964 nach Hildesheim gebracht, wodurch die gleichzeitige Eintragung in das Freisinger Kalendarium sich erklärt. 13. Mai: Gangulf, Martyrer zu Varennes in Burgund († 760). Die Verehrung desselben in St. Gallen und Benediktbeuern reicht weit zurück. Maria ad martyres hieß ein Fest in Rom, welches seit der Einweihung des Pantheons zu einer Kirche (in honorem B. Mariae et omnium martyrum) unter Papst Bonifaz IV. (608—615) gefeiert wurde. Diese Gedächtnisfeier ging aus den römischen Festverzeichnissen in die meisten deutschen Kalendarien über, verschwand aber wieder. 14. Mai: Pachumius (und Theodor), Aebte in der Thebais; ersterer starb 349 (Theodor 368). 16. Mai: Timotheus, der bekannte Schüler des hl. Paulus. 17. Mai: Peregrinus, Martyrer, war erster Bischof von Autun († 259); ein anderer Martyrer Peregrinus wurde unter Diokletian in Ancona hingerichtet, zugleich mit Herkulanus und Flavianus. 19. Mai: Pudentiana, Tochter des Senators Pudens, wurde zugleich mit ihrer Schwester Praxedis im II. Jahrhundert gemartert. 20. Mai: Eine Jungfrau Basilla lebte zu Sirmium; ihre Feier ist sonst am 29. Aug. Auf 20. Mai dagegen trifft die Feier der römischen Martyrin und Jungfrau Basilla. 21. Mai: Januarius ist mit dem Martyrer identisch, dessen Leib unter Kaiser Lothar von Rom nach Reichenau übertragen

---

[1] Vgl. Potthast, Bibliotheca hist. medii aevi p. 725.

wurde. Walafrid Strabo, seit 839 Abt dieses Klosters, hat diese Translation in einer Ode verherrlicht[1]. Über Valens, Bischof und Martyrer, berichten die Bollandisten zum 21. Mai. 23. Mai: Desiderius, Martyrer und Bischof von Langres im II. Jahrhundert. 25. Mai: Urban, Papst († 230). 28. Mai ist im Texte nach Parisii: Germanus zu ergänzen, der berühmte Bischof von Paris, dessen Leben von seinem Zeitgenossen Venantius Fortunatus geschildert wurde († 576). Die depositio Joannis papae paßt annähernd nur auf Johann II., welcher 535 am 27. Mai begraben worden ist. 29. Mai: In Trier Fest des hl. Bischofs Maximin († 349). Seine feierliche Erhebung fand auf der Synode zu Trier 898 statt. 31. Mai: Petronilla, Jungfrau, welche in Rom unter Kaiser Domitian den Martyrtod fand. Sie soll vom hl. Petrus getauft worden sein.

Monat Juni.

1. Juni: Nikomedes, römischer Martyrer unter Domitian. 2. Juni: Marcellinus und Petrus, unter Diokletian gemartert, besungen in einem Gedichte, welches Eginhard zugeschrieben wird. Sie wurden in Rom entwendet und von Eginhard in Seligenstadt beigesetzt. 5. Juni: Bonifacius, Apostel der Deutschen († 755). 7. Juni: Columba, der berühmte Abt von Hy in England († 598). 8. Juni: Medardus, Bischof von Tournay († 545). 9. Juni: Primus und Felicianus, römische Martyrer zur Zeit der diokletianischen Verfolgung. 11. Juni: Apostel Barnabas. 12. Juni: Basilides, Cyrinus, Nabor und Nazarius, Martyrer in der diokletianischen Verfolgung. Der hl. Nabor wurde nach St. Avold, der hl. Nazarius nach Lorsch an der Bergstraße gebracht in der Mitte des VIII. Jahrhunderts. 15. Juni: Vitus, Modestus und Crescentia, ebenfalls Opfer der diokletianischen Verfolgung. 17. Juni: Avitus, Abt des Klosters Meaux bei Orleans († 527). 18. Juni: Markus und Marcellinus, Martyrer in Rom (287). Balbina, Jungfrau in Rom († 130). 19. Juni: Protasius und Gervasius, Martyrer in Mailand, deren Gräber der hl. Ambrosius wieder auffand, wodurch die Heiligen zu hoher Verehrung in der Kirche gelangten[2]. 21. Juni: Albanus, Glaubensbote und Martyrer

---

[1] Vgl. Beissel, Die Verehrung der Heiligen S. 84.

[2] Reliquien der beiden Heiligen erhielt schon der hl. Severin. Cap. 9 und 23 seiner Vita.

in Mainz zur Zeit der Arianer, welche ihn ermordeten. Er hatte sein Fest am 21. Juni und wurde deshalb mit dem englischen Martyrer Albanus häufig verwechselt, dessen Festfeier am 22. Juni war. Dieser Albanus, Protomartyr von England, dessen Geschichte Beda erzählt, hatte in der diokletianischen Verfolgung einem Geistlichen Zuflucht gewährt, obwohl er selbst noch Heide war; er ward durch seinen Schützling bekehrt und fand am 22. Juni bei der Stadt Verulam den Martyrtod. Genesius, Martyrer. Über die 4 verschiedenen Genesius vgl. Potthast[1]. 22. Juni: Paulinus, Bischof von Nola († 431). Die Endsilben ania sind wahrscheinlich zu ergänzen: in Camp(ania). 23. Juni: Vigil, 24. Juni Natalis des hl. Johannes Bapt. Natalis, natalicia bedeutet im kirchlichen Sprachgebrauche den Todestag, den Eintritt in das ewige Leben. Im vorliegenden Falle ist es der wirkliche Geburtstag, welchen die Kirche nur noch bei der hl. Agnes und bei der allerseligsten Jungfrau Maria feiert. Die Geburt des hl. Johannes wird in der hl. Schrift mit zahlreichen Wundern geschildert, und es ist darum erklärlich, daß dieses Ereignis, welches mit der gesamten Erlösungsgeschichte so innig verbunden ist, zu einem kirchlichen Feste benutzt wurde. Daß gerade der 24. Juni als Geburtstag gewählt wurde, dürfte gleichfalls in der hl. Schrift begründet sein, indem sechs Monate vor der Geburt des Heilandes die Geburt des Vorläufers des Herrn durch das Evangelium des hl. Lukas bezeugt ist. Außerdem ist durch das Johannis-Evangelium (Johannes III, 30) das Wort des Johannes des Täufers bekannt: „Er (der Heiland) muß wachsen, ich aber muß abnehmen.“ Mit dem Geburtstage des hl. Johannes nehmen die Tage ab; mit dem Geburtstage des Herrn (25. Dez.) nehmen die Tage zu[2]. Das Geburtsfest des Täufers wurde als hohes Fest mit Vigil gefeiert, vielfach auch mit Oktav. Unser Kalendarium kennt diese Oktav nicht; aber in dem fast gleichzeitigen Freisinger Kalendarium bei Eckardt ist dieselbe ausdrücklich angegeben. 26. Juni: Johannes und Paul, die beiden Brüder, welche unter Julian dem Apostaten in Rom die Palme des Martyriums erlangten. Vigilius, Bischof von Trient, erlitt 400 oder 405 den Martyrtod, weil er ein ehernes Standbild des Saturn in den Fluß geworfen hatte. 28. Juni: Der hl. Leo ist Papst Leo II. († 684). Zugleich Vigil der Apostelfürsten. Das Fest heißt im Kalendarium: passio. Das gemeinsame

---

[1] L. c. p. 714.

[2] Vgl. Binterim a. a. O. S. 375.

Martyrium der beiden Apostel wurde von Alters her gemeinsam gefeiert, wie die ältesten Zeugnisse beweisen. Am 29. Juni 258 fand die Erhebung der Gebeine in Rom statt, und von dieser Zeit an ist der 29. Juni in der ganzen Christenheit der Aposteltag. Die Gedächtnisfeier commemoratio S. Pauli am 30. ist erst späteren Ursprungs. Bei dem Worte propria im Kalendarium ist offenbar celebratio zu ergänzen. Die Entstehung des zweiten Festes am 30. erklärt Binterim[1] also: „Der Papst hielt am Peter- und Paulfeste zwei Messen; die erste Messe, ad vigilias in nocte (Frühmesse), in der Peterskirche, die zweite (Tagesmesse) in der Paulskirche. Dies bezeugt Prudentius[2]. Beide Kirchen lagen weit von einander, wodurch es den ohnehin im Alter meist vorgerückten oder schwachen Päpsten hart fallen mußte, nüchtern den weiten Weg von der St. Peters- bis zur St. Paulskirche zu machen. Man verschob daher die zweite Messe in der St. Paulskirche auf den anderen Tag."

Monat Juli.

2. Juli: Processus und Martinianus zählen zu den ältesten Martyrern (aus dem I. Jahrhundert in Rom). 3. Juli: Das Fest des Apostels Thomas fiel in die Vorbereitungszeit für Weihnachten und wurde deshalb mehrfach transferiert. Der Monat Juli hat die meisten solcher Translationen, welche namentlich in Klöstern vorgenommen wurden, die zu längeren Fasten verpflichtet waren. Auch der 4. Juli hatte eine Translatio. Im vorliegenden Kalendarium ist zwar der Name des Festes nicht mehr leserlich; aber in dem gleichzeitigen Freisinger Kalendarium bei Eckardt ist am 4. Juli Translatio S. Martini, außerdem noch depositio S. Udalrici ep. Die Notiz: ... cus epus obiit ist sicherlich auf Ulrich zu beziehen, welcher kurz vor Abfassung unseres Kalendariums in Augsburg im Jahre 973 gestorben ist. Die zwei unleserlichen Worte werden so zu ergänzen sein: Translatio corporis S. Martini - Udalricus ep. obiit. Am 6. Juli war die Oktav der Apostel und die Feier des hl. Goar (Diöcese Trier); er war Presbyter im VI. Jahrhunderte, lebte und starb in der Goarszelle. 8. Juli: Feier des Festes des Apostels der Franken, des heiligen Kilian († 689), und seiner Genossen (Koloman und Totnan). Zum

[1] A. a. O. S. 383 u. 390.

[2] Transtiberina prius solvit sacra pervigil sacerdos. Mox hac recurrit duplicatque vota.

9. Juli finden wir keine sichere Ergänzung; spätere Freisinger Kalendarien haben an diesem Tage Translatio S. Nicolai. Ephräm kennen die Bollandisten am 24. Jänner, 1. Febr. (der Syrer) und 7. März. Am 10. Juli ist nach Martyrum sicherlich VII fratrum filiorum[1] Felicitatis zu ergänzen. Am 11. Juli war im Mittelalter das große Fest der Translation des hl. Benedikt. Die im Kalendarium erwähnte Translation fand 883 von Fleury nach Orleans statt, um die hl. Gebeine in größere Sicherheit zu bringen. Sein eigentliches Fest am 21. März fiel immer in die Fastenzeit und wurde deshalb nicht festlich begangen. 12. Juli ist in allen mittelalterlichen Kalendarien Bayerns das Fest der hl. Margareth, anderwärts vielfach am 13. Juli. 15. Juli: Philipp (mit Zeno und Nascus), Martyrer in Alexandrien. Von den übrigen Heiligen dieses Tages waren Agrippinus Bischof von Como († 586), Jakobus Bischof von Toul († um die Mitte des VIII. Jahrhunderts), Kassian und Siricius Martyrer in Mauretanien. 16. Juli: Hylarius, Mönch und Martyrer in Arezzo; Paul, Martyrer zu Cäsarea in Syrien, und Dionysius, Martyrer in Ephesus. 18. Juli: Mammas ist bei den Bollandisten am 17. Juli zugleich mit Emasia, Nazarius und anderen Martyrern erwähnt. Die hl. Symphorosa erlitt mit ihren sieben Söhnen um das Jahr 125 den Martyrtod. 19. Juli: Die hl. Christina findet sich in den übrigen Kalendarien am 24. Juli. Arsenius, Anachoret auf dem Berge Sethi in Libyen, starb 455. 20. Juli: Sabinus, Martyrer in Damaskus; Viktor, Martyrer in Afrika (nach dem römischen Martyrologium am 21. Juli); Philibert, Abt von Jumiege, später von Nermoutier († 684). Paula, aus den Briefen des Hieronymus bekannt, hat ihre Feier sonst am 26. Jänner. Lucia kennen die Bollandisten viele an der Zahl. Es wird wohl, da die Martyrin und Jungfrau Lucia von Syrakus im Dezember ihr Fest hat, die Martyrin Lucia, welche von den Bollandisten mit mehreren Genossinnen am 5. Juli erwähnt wird, gemeint sein. 21. Juli: Den Namen des Heiligen an erster Stelle vermögen wir nicht zu entziffern. Die hl. Praxedis ist die Schwester der hl. Pudentiana (19. Mai). 22. Juli: Der hl. Cyrillus, Patriarch von Antiochien († 300). Maria Magdalena, die bekannte Büßerin der hl. Schrift. 23. Juli: Apollinaris,

[1] Ueber dieses Fest der sieben Brüder, sowie über das Fest der hl. Felicitas am 23. Nov. hat Prof. J. Führer in Freising unter dem Titel: Beitrag zur Lösung der Felicitasfrage, eine sehr gründliche und interessante kritische Studie (Leipzig 1890) veröffentlicht.

Bischof und Martyrer von Ravenna, Apostelschüler († circa 75). 25. Juli: Jakobus, Apostel. Dieses Fest zählt zu den ältesten in der Kirche. Am gleichen Tage der wunderreiche Christoph, Martyrer in Lycien unter Kaiser Decius. Christoph wurde in Bayern schon sehr früh verehrt, wie ein Codex des Klosters Emmeram aus dem X. Jahrhunderte, jetzt in der Münchener Staatsbibliothek, beweist. 26. Juli hat das alte Kölner Kalendarium des IX. Jahrhunderts die Heiligen Julianus, Jovianus und Emilius, Martyrer von Laodicea[1]. Damit dürften auch die unleserlichen Stellen unseres Kalendariums erklärt werden. Marcianus war gleichfalls Genosse der genannten Martyrer zu Laodicea. Am 27. Juli ist an erster Stelle zweifellos der hl. Pantaleon, Martyrer zu Nikomedien in Bithynien in der diokletianischen Verfolgung, zu ergänzen; sodann sind im römischen Martyrologium am 27. Juli als Martyrer zu Cordova in Spanien noch verzeichnet der Diakon Georg, Felix, Aurelius und Natalia. 28. Juli sind nach dem römischen Martyrologium sicherlich Nazarius und Celsus, Martyrer zu Mailand unter Nero, zu ergänzen; Innocenz I., Papst († 417). Die hl. Leiber der Päpste Anastasius und Innocenz wurden 968 von Rom in das Kloster Gandersheim gebracht. 29. Juli: Felix II., Papst († 365), und Simplicius, Faustinus und Beatrix, Martyrer unter Diokletian. 30. Juli: Abdon und Sennen, Martyrer in Rom unter Kaiser Decius.

Monat August.

1. August: Die machabäischen Brüder und Petri Befreiung. Gefeiert wurde nach unserm Kalendarium die wunderbare Befreiung des hl. Petrus aus dem Kerker in Jerusalem. Später kam dazu die Kettenfeier; die Ketten, mit denen Petrus in Rom gefesselt war, standen bei den Römern immer in hoher Verehrung, wie schon den Martyrer-Akten des Papstes Alexander († 116) zu entnehmen ist[2]. Binterim erzählt: „Unter Valentinian III. erhielt Rom noch eine der Ketten, welche von Jerusalem nach Konstantinopel überbracht wurden. Nach dem Berichte mehrerer Schriftsteller vereinten sich beide Ketten, die von Jerusalem und die von Rom, beim ersten Zusammentreffen, so daß kein Vereinigungspunkt ausgemittelt werden konnte. Diese Kette wurde in der

---

[1] Vgl. darüber die Bollandisten zum 26. Juli.

[2] Vgl. Binterim a. a. O. S. 421.

von der Kaiserin Eudoxia, Valentinians Gemahlin, neu erbauten Kirche hinterlegt. Die hl. Messe auf dieses Fest ist vom Papst Gregor dem Großen verfertigt und angeordnet." Die machabäischen Brüder sind die einzigen Heiligen aus dem alten Testamente, welche in der Kirche ein eigenes Fest erhielten. Ihre Reliquien wurden nach Rom gebracht und in der Kirche St. Petri ad vincula beigesetzt. 2. August: Stephan, Papst, gemartert 257, während er das hl. Opfer darbrachte. 3. August: Des hl. Stephan, Protomartyrers, Gamaliel und Nikodemus Gebeine wurden unter Kaiser Honorius aufgefunden und eine eigene Festfeier eingeführt. 4. August: Justin, Presbyter, erlitt den Martyrtod in Rom 259 (bei den Bollandisten am 17. September); dessen Gebeine wurden 834 durch Bischof Hitto in Freising in das Kloster Weihenstephan gebracht. 5. August: Kassian heißt hier Bischof und Martyrer. Es rühmt sich das Bistum Säben (Brixen) eines Bischofs Kassian. Der Martyrer Kassian aber starb in Imola. Sein Gedächtnistag ist sonst am 13. August[1]. Am 5. August findet sich bei den Bollandisten ein anderer Kassian, Konfessor und Bischof von Autun. 6. August: Der hl. Sixtus (Xystus) wurde 258 mit seinen Diakonen Felicissimus und Agapitus der Marter unter der Verfolgung des Kaisers Valerian überliefert. Bald folgte ihm sein Archidiakon Laurentius im Martyrtode. Wie Laurentius, wurde auch Sixtus im Mittelalter hoch verehrt. Es wurde bereits erwähnt, daß Sixtus in unserem Freisinger Missale eine eigene Präfation hatte. Am Sixtustage fand auch die Segnung der Trauben in den Weinbergen statt. Das Mittelalter hatte viel ausgebreiteteren Weinbau, als die Gegenwart. Nicht bloß die Bergabhänge der Donau in Bayern hatten Weinbau, wie die verschiedenen Ortschaften „Winzer" heute noch beweisen, sondern in vielen milderen Lagen gab es Weinberge. Man bedurfte des Weines zum hl. Opfer. Bei den mangelhaften Verkehrswegen und den zahlreichen Zollstellen kam die Einführung von Wein außerordentlich theuer zu stehen, weshalb im Inlande selbst Weinberge angelegt wurden, um naturreinen, wenn auch saueren, Wein zu gewinnen. Sehr viel hing von einem warmen Sommer ab, und es ist erklärlich, daß in den Tagen des August der Segen Gottes für die Gewinnung trinkbaren Weines erfleht wurde. Die Kirche spendete diesen Segen am Tage des hl. Papstes Sixtus. Nach dem Missale hatte dieser Segen den folgenden Wortlaut: Benedictio uvae: Benedic

---

[1] Vgl. Friedrich a. a. O. S. 334.

Domine et hos fructus novos uvae, quos tu Domine de rore coeli et inundantia pluviae et temporum serenitate atque tranquillitate ad maturitatem perducere dignatus es et dedisti eos, ad usus nostros cum gratiarum actione percipere, in nomine Domini nostri Jesu Christi, haec omnia Domine semper bona creas. Per... In diesem Segengebete wurde also die günstige Witterung, daß die Trauben zur Reife gelangten, erfleht. 7. August: Die hl. Afra und Bischof Donatus wurden nicht bloß in der Augsburger Diöcese, sondern in ganz Bayern verehrt. Wie im Missale, so erscheint Afra auch hier im Kalendarium als martyr, nicht als virgo. Wenn Friedrich[1] behauptet, die Allerheiligenlitanei unseres Missale führe die hl. Afra unter den virgines (Jungfrauen) auf, so ist das nicht richtig. Die hl. Afra erscheint zwischen den übrigen weiblichen Heiligen, gleichviel, ob sie Jungfrauen oder Witwen waren. Nachdem alle weiblichen Heiligen zusammen aufgezählt sind, heißt es zusammenfassend: omnes sanctae virgines, orate pro nobis; omnes sanctae viduae, orate pro nobis, womit doch deutlich genug ausgedrückt ist, daß nicht alle vorerwähnten Heiligen Jungfrauen waren. Diejenigen, welche nicht Jungfrauen waren, werden gemeinsam als viduae bezeichnet. Ebenso unrichtig ist, wenn Friedrich behauptet, unsere Litanei nenne die hl. Radegund eine Jungfrau. Er hat offenbar übersehen, daß die virgines und viduae zusammengestellt und zum Schlusse durch die getrennte Aufführung der Jungfrauen und Witwen erst gesondert sind. Der heilige Donatus, Bischof und Martyrer zu Arezzo († 362). 8. August: Cyriacus und Genossen, Martyrer unter Diokletian in Rom. 9. August: Romanus, Martyrer, ein römischer Soldat, welcher aus Anlaß des Martyriums des hl. Laurentius den christlichen Glauben annahm und dafür in den Tod ging. Zugleich Vigil des hl. Laurentius. 10. August: Der hl. Laurentius wurde mit Vigil, Fest und Oktav ausgezeichnet. Zahlreiche Kirchen hatten bei Einführung des Christentums in Bayern den hl. Laurentius als Patron erhalten. 11. August: Tiburtius, Martyrer in Rom zur Zeit der Diokletianischen Verfolgung. 12. August: Epulus (Vitus und Jucundus), Martyrer in der Provinz Cäsarea, bei den Bollandisten am 21. Mai. 13. August: Hippolytus und Concordia, unter Valerian gemartert. Die hl. Radegund, Königin, später Nonne im Kloster zu Poitou († 587). Venantius Fortunatus hat ihr Leben

[1] A. a. O. S. 196.

beschrieben. 14. August: Eusebius, Presbyter in Rom zur Zeit des Kaisers Constantius. 15. August: Mariä Himmelfahrt, eines der ältesten Feste, aber in unserem Kalendarium noch ohne Vigil und ohne Oktav. Binterim[1] schreibt: „Bei uns Deutschen wird dieses Marienfest auch Mariä Krautweihe, Würzweihe genannt. Den Kanones des Konzils zu Leptines ist zu entnehmen, daß unsere Vorfahren einigen Kräutern eine gewisse Zauberkraft beilegten und aus denselben sich Bündel, Krautwische, Würzwische machten, die sie an ihren Betten aufbewahrten. Um diese abergläubische Sitte in einen besseren Gebrauch umzuwandeln, ließen unsere deutschen Bischöfe gerade an dem Tage, wo das Volk die Kräuter zu sammeln pflegte, die gesammelten Kräuter oder Bündel, Krautwische, zur Ehre der Jungfrau Maria auf die kirchliche Weise einsegnen, nicht um dieselben als unfehlbare Mittel gegen die Zauberei, Hexerei oder Dämonie zu gebrauchen, sondern vielmehr, um den irrigen Begriff von der Zauberkraft dieser Kräuter dadurch ganz zu tilgen. Jetzt nahm das Volk die eingesegneten Kräuter als etwas Heiliges auf, und so erhielt das eine religiöse Deutung, was früher der Zauberei zugeschrieben wurde. Eine Art der Würzweihe findet man schon in dem achten Buche der apostolischen Konstitutionen, Kap. 40." 16. August: Arnulf, Bischof von Metz († 640). 17. August: Oktav des hl. Laurentius. 18. August: Agapitus, Martyrer in Rom unter Kaiser Aurelian. 19. August: Magnus, Martyrer zu Cäsarea in Kappadocien unter Aurelian. 22. August: Timotheus, Martyrer zu Rheims im III. Jahrhunderte. Symphorian, Martyrer zu Autun um das Jahr 180. 23. August: Fortunatus, Martyrer zu Aquileja unter Diokletian. Pelagius, Bischof von Laodicea, sonst am 23. März. 25. August: Bartholomäus, Apostel, noch ohne Vigil. Genesius, Martyrer zu Arles in Gallien. 26. August: Alexander, Martyrer in Bergamum. Irenäus und Abundus, Martyrer in Rom unter Valerian. Anastasius, Martyrer in Salona in Dalmatien unter Aurelian. 27. August: Rufus, Martyrer zu Capua unter Diokletian. Sulpitius, Bischof von Utrecht († 591), sonst am 18. Jänner. 28. August: Der hl. Augustin, Bischof von Hippo, der große Kirchenlehrer († 430). Hermes, Martyrer in Rom zu Anfang des II. Jahrhunderts. Der Leichnam des Hermes wurde 851 von Erzbischof Luitpram nach Salzburg gebracht. Pelagius, Martyrer (unter Kaiser Numerian) und Bischof von Konstanz. 29. August: Die Enthauptung des heiligen

[1] A. a. O. S. 437.

Johannes Bapt. wurde schon in sehr alter Zeit, getrennt von dem Geburtstage, gefeiert. Unser Kalendarium hat vier Feste des heiligen Johannes: Empfängnis (am 24. September), Geburt (am 24. Juni), Enthauptung (am 29. August) und Auffindung des Hauptes (am 24. Februar). Ersteres und letzteres Fest sind weggefallen und findet sich in späteren Kalendarien nichts mehr davon. Sabina, Jungfrau und Marthyrin zu Troyes unter Kaiser Aurelian. 30. August: Felix und Adauctus, Martyrer unter Diokletian. 31. August: Paulinus, Bischof von Trier († 359).

Monat September.

1. September: Verena, Jungfrau, welche zur Zeit der Diokletianischen Verfolgung nach Deutschland kam und zu Zurzach das Marthyrium erlitt. Priscus, Martyrer zu Capua noch im I. Jahrhunderte. 2. September: Justus, Bischof von Lyon († 390). 4. September: Marcellus, welcher um das Jahr 178 in der Nähe von Cavaillon in Burgund den Martyrtod erlitt. Bonifacius, Bischof von Ferentino im VI. Jahrhunderte, aus den Dialogen des Papstes Gregor des Großen bekannt; bei den Bollandisten am 14. Mai. Die hl. Jungfrau Erentrud, erste Äbtissin des Klosters am Nonnberg in Salzburg († circa 600). 5. September: Quirinus, Konfessor, ist uns unbekannt. Vielleicht ist der hl. Quirinus, Bischof von Siscia, welcher aber auch Martyrer war und am 4. Juni gefeiert wird, gemeint. 6. September: Magnus, Apostel des Allgäu († 655). Eleutherius, Bischof von Auxerre († 561). 7. September: Regina, Jungfrau und Marthyrin zu Alise. 8. September: Fest der Geburt Mariä, zugleich Fest des hl. Korbinian und Kirchweihfest in Freising. Im ganzen Mittelalter wurde der heilige Korbinian am 8. September, als seinem Todestage, gefeiert. Am 9. fand, laut dem (nachfolgenden) Kalendarium aus dem XIV. Jahrhunderte, nur eine commemoratio des Festes in den Kirchen der Diöcese statt. In Freising selbst fiel diese Nachfeier am 9. weg (vacatio sagt das erwähnte Kalendarium) und wurde dafür die Festfeier auf den 20. November verlegt. Gegenwärtig findet das Korbiniansfest ausschließlich am 9. September statt, der 20. November aber blieb als festum translationis beibehalten. Mariä Geburt hatte damals weder Vigil noch Oktav, wie das auch bei Mariä Himmelfahrt bemerkt wurde. Adrian, Martyrer in Nikomedien unter Diokletian. 9. September: Gorgonius, einer der Beamten des Diokletian und ein Opfer seiner Verfolgung. Die

Translation seiner Gebeine nach Gorze (Diöcese Metz) fand im Jahre 846 statt. 10. September: Hilarus, Papst († 468), und 900 Martyrer. 11. September: Protus und Hyacinthus, Martyrer unter Valerian. Felix und Regula erlitten die Marter im III. Jahrhunderte in Thurgau in der Schweiz. 13. September: Amatus, Abt von Remiremont an der Mosel († 628). 14. September: Kreuzerhöhungsfest. Papst Cornelius († 252). Der hl. Cyprian von Karthago († 258). 16. September: Euphemia, Jungfrau und Martyrin zu Chalcedon († 303). Lucia und Geminianus, Martyrer zu Rom unter Diokletian. 17. September: Januarius, Martyrer und Bischof in Lukanien, bei den Bollandisten am 26. August. 18. September: Methodius, Bischof von Chalcedon und Martyrer unter Diokletian. Trophimus, Martyrer zu Antiochia in Pisidien (277). 19. September: Lambert, vierzehnter Bischof von Freising, wird noch nicht als Heiliger aufgeführt. 20. September: Januarius, Bischof und Martyrer von Benevent, sonst am 19. September. 21. September: Matthäus, im Kalendarium ohne, im Missale mit Vigil. 22. September: Mauritius, Anführer der Thebaischen Legion, welcher zu Agaunum in Wallis, jetzt St. Maurice bei Martinach mit seinen Genossen den Martyrtod erlitt (287). Emmeram, Bischof von Regensburg († 652). 23. September: Thekla, Jungfrau und Martyrin zu Seleucia im II. Jahrhunderte. Liberius, Papst († 366). Sosi, Diakon[1]. 24. September: Empfängnis des hl. Johannes Bapt., eine Feier, welche auch in Binterims und Becks Kalendarium sich findet. Rupert, Bischof von Salzburg. Da sein Fest in die Osterzeit (27. März) fällt, wurde es verlegt. 26. September: Cyprian und Justina, gemartert 304 bei Nikomedien in Bithynien. 27. September: Kosmas und Damian und ihre Brüder Anthimus, Leontius und Euprepius, Martyrer in Ägäa unter Diokletian. 28. September: Stacteus (nicht Facteus) nach dem römischen Martyrologium Martyrer in Rom; Justinus, ein Martyrer in Frankreich, dessen Gebeine im Jahre 891 nach Corvey überführt wurden, sonst am 1. August. Am 28. zugleich Vigil, am 29. September Fest des hl. Michael. Das Fest, mit der kirchlichen Lehre von den Engeln zusammenhängend, ist schon im IV. Jahrhundert bezeugt und bezieht sich auf die Einweihung einer Kirche, welche zu Ehren der Engel dem göttlichen Namen geweiht war. So hat schon das Sacramentarium Leo's I.: Pridie cal. Octobr. natale Basilicae

---

[1] Cfr. Surius, Vitae SS. 23. Sept. Er ruht in Miseno.

Angeli in Salaria. Auch in unserem Kalendarium: Festivitas et dedicatio ecclesiae S. Michaelis. 30. September: Hieronymus, der berühmte Interpret der hl. Schrift († 420).

Monat Oktober.

1. Oktober: Remigius, Apostel der Franken, Bischof von Rheims († 532). Germanus, Bischof von Auxerre († 448), letzterer bei den Bollandisten am 30. Juli. 2. Oktober: Leodegar, der hochangesehene Martyrer der fränkischen Kirche, Bischof von Autun und mehrere Jahre Reichsverweser. Er wurde 678 in einen Wald geschleppt und dort erschlagen. 4. Oktober: Markus und Marcianus, nach dem römischen Martyrologium ägyptische Martyrer. 5. Oktober: Placidus, Eutychius, Faustus, Schüler des hl. Benedikt, welche Seeräubern in die Hände fielen und den Martyrtod erlitten (541); hochverehrt in Messina. Ihre Vita schrieb Petrus Diakonus. 7. Oktober: Markus, Papst († 366). Linus, Papst († 79). Sergius, Bacchus, edle Römer, welche in Syrien unter Kaiser Maximian den Tod erlitten haben. Die Gebeine des Sergius und des Bacchus wurden von Erzbischof Otgar von Mainz († 847) in seine Diöcese gebracht; Sergius wurde in der Kathedrale zu Mainz, Bacchus im Kloster Weißenburg beigesetzt. 9. Oktober: Dionysius Areopagita, mit Genossen, als Apostel Galliens verehrt. Domninus, Martyrer der Diöcese Parma. 10. Oktober: Cassius, Gereon, Viktor und Florentius, Heilige der Kölner Erzdiöcese. Gereon und seine Genossen erlitten den Martyrtod unter Diokletian; Gereon und Viktor gelten in Köln, Cassius und Florentius in Bonn als Lokal-Heilige. 11. Oktober: Cannicus, Abt von Kilkenny in Irland († 599), der Kirchengeschichte des Johannes Lanigan entnommen. Maximilian, Bischof, soll in Cilli (308) unter Diokletian den Martyrtod erlitten haben. Er wurde Patron der Diöcese Passau; viele Wittelsbacher und Habsburger Fürsten führten seinen Namen. 14. Oktober: Callistus, Papst und Martyrer († 223). 16. Oktober: Gallus, Gründer und erster Abt von St. Gallen († 640). Die 207 Martyrer werden im römischen Marthyrologium als 270 aufgeführt, gemartert in Afrika. 17. Oktober: Gallus, erscheint in unserem Kalendarium mit einem zweiten Feste, zugleich in Verbindung mit dem Kirchweihfeste einer Galluskirche. Auch im Missale hat Gallus Festfeier mit eigener Präfation und mit Oktav. 18. Oktober: Lukas, Evangelist. 19. Oktober erscheint neuerdings Bischof Januarius mit Genossen; es ist das Fest der Translation nach Benevent 825.

20. Oktober ist ein Fest der Freisinger Diöcese: Kirchweihfeier des heiligen Martyrers Quirinus (in Tegernsee). 21. Oktober: Fest der hl. Jungfrauen. Die spätere Sage machte aus diesem einfachen Feste heiliger Jungfrauen, wie es hier noch in unserem Kalendarium (und ebenso auch im Freisinger Kalendarium bei Eckardt) erscheint, die fabelhafte Legende von 11 000 Jungfrauen. Das alte Kölner Kalendarium aus dem IX. Jahrhunderte zählt 11 Jungfrauen: Ursula, Sencia, Gregoria, Pinosa, Martha, Saula, Britula, Satnina, Rabacia, Saturia, Palladia. 25. Oktober: Crispin und Crispinian, edle Römer, welche in Gallien der Verkündigung des Christentums sich widmeten und unter Diokletian in Soissons ihren Martyrtod fanden, aber nach Rom überführt und in der St. Laurentiuskirche bestattet wurden. Getreu dem Beispiele der Apostel, wollten Crispin und Crispinian ihr Brot durch Handarbeit selbst verdienen und benützten hierzu auch die Nacht. Wie der hl. Paulus das Handwerk eines Teppichwebers ausübte, so betrieben unsere Heiligen die Verfertigung von Schuhen. Was sie von Reichen an Almosen erhielten, verwendeten sie wieder zur Unterstützung von Armen. In der Legende war dieser besonderen Wohlthätigkeit gedacht. Die deutsche Form „staltas (= stellte das) Leder“ ist dann Veranlassung geworden zu der ebenso frivolen als unverständigen Auslegung, Crispin habe die Reichen bestohlen, um die Armen zu beschenken. Chrysanthus und Daria wurden unter Kaiser Numerian in Rom gemartert und deren Reliquien im Jahre 853 nach Gallien gebracht. Nach dem römischen Martyrologium war Daria die Gemahlin des Chrysanthus. In unserem Kalendarium aber erscheint sie als Jungfrau, wohl nur eine Verwechslung mit der hl. Daria von Konstantinopel, welche am 19. Juli ihre Gedächtnisfeier hat. Reliquien von Chrysanthus und Daria wurden 844 vom Abte Marquard in Prüm mit den Reliquien von 46 Martyrern in das Kloster Münstereifel gebracht. Auch der Erzbischof Adalbin von Salzburg brachte 859 Gebeine dieser beiden Heiligen nach Salzburg. 26. Oktober: Amandus, Bischof von Worms. Vedastus, Translationsfest des Bischofs Vedastus von Arras, welcher am 6. Februar erwähnt wurde. 28. Oktober: Fest der Apostel Simon und Judas, noch ohne Vigil. Es ist bemerkenswert, daß bei Apostelfesten häufig zwei zusammengenommen werden, wohl in Erinnerung an die Thatsache, daß der Heiland seine Jünger immer zu zwei aussandte. 29. Oktober: Zenobius, Konfessor. 31. Oktober: Der heilige Quintinus, Martyrer, Apostel und

Patron des französischen Gebietes Vermandois. Die Stadt St. Quentin ist nach ihm benannt; er fand unter Diokletian den Martyrtod. Zugleich Vigil von Allerheiligen.

Monat November.

1. November: Das Fest Allerheiligen wurde schon Jahrhunderte lang in verschiedenen Kirchen gefeiert, während es anderwärts unbekannt war. Dies gab dem Kaiser Ludwig dem Frommen Veranlassung, in seinem 21. Regierungsjahre (834 — 835) mit Zustimmung aller Bischöfe bei Papst Gregor IV. die Ausdehnung des Festes auf alle Kirchen zu veranlassen. Seitdem wurde es als Fest mit Vigil gefeiert. Auch eine eigene Präfation hatte es in unserem Missale, aber noch keine Oktav. Am selben Tage: Fest des Martyrers Cäsarius, Diakon in Terracina; Benignus, Martyrer, Glaubensbote in Gallien, unter Kaiser Marc Aurel hingerichtet. Allmählich fielen am 1. November die Gedächtnisfeiern einzelner Heiligen weg, da sie im Feste Allerheiligen inbegriffen waren. 2. November: Marina, Jungfrau. Bei den Bollandisten findet sich im November keine Marina, wohl aber mehrere in den Monaten Juni und Juli. 3. November: Pirminius, Bischof von Meaux († 753). 4. November: Amantius, Bischof von Rhodez, dessen Leben Fortunatus Venantius geschrieben hat. 5. November ist wieder ein Diöcesanfest, Kirchweihe St. Castulus in Moosburg. 8. November: Die vier Coronati. Es waren vier Brüder, welche in der Via Lavicana in Rom unter Diokletian den Martyrtod fanden. 9. November: Theodor, Marthyrer in Amasea in Pontus unter Kaiser Maximian. 10. November: Demetrius, Marthyrer und Bischof von Antiochien. Saturnin, Martyrer in Afrika im III. Jahrhunderte. Tiberius, Modestus und Florentia, Martyrer zu Agatha unter Diokletian. 11. November: Fest des hl. Martin, welches eine eigene Oktav hatte; es zählte zu den hervorragendsten Festen schon bei Ordnung des Kirchenwesens in Bayern unter Karl dem Großen. Martins Leben (Bischof von Tours († 401) ist allbekannt. Mennas, Soldat und Martyrer aus Ägypten unter Diokletian. 12. November: Arsacius, Konfessor zu Nikomedien in Bithynien († 358). Seine Translation nach Deutschland fand im Jahre 746 statt und wird Arsacius seit dieser Zeit kirchliche Feier erlangt haben. 13. November: Der hl. Briccius, Schüler und Nachfolger des hl. Martin, Bischof von Tours. 16. November: Othmar, Abt von St. Gallen, starb 759. Zehn Jahre später (769) wurde sein Leib

unversehrt gefunden und nach St. Gallen gebracht, wo Othmar alsbald als Heiliger verehrt wurde[1]. Augustin, wohl der Erzbischof von Canterbury, Apostel der Angelsachsen († 607). Sein Fest ist sonst am 26. Mai, seinem Todestage. Da er im Mai nicht vorkommt, so dürfte er hier gemeint sein. Anderer Ansicht ist Hoeynck[2]. 17. November: Anianus, Bischof von Orleans († 453). 18. November: Oktav vom heiligen Martin. 21. November: Kolumban, Abt von Bobbio († 615). 22. November: Cäcilia, die berühmte Jungfrau und Martyrin, welche unter Alexander Severus den Martyrtod erlitt und ihren Verlobten Valerian und dessen Bruder Tiburtius zum Glauben bekehrte. Longinus, Soldat und Martyrer in Kappadocien. 23. November: Clemens, der III. Nachfolger des hl. Petrus im Papsttume. Felicitas, die Mutter der sieben Söhne und Martyrer, starb gleichfalls den Martyrtod unter Kaiser Marc Antoninus. Ihr hl. Leib wurde kurz vor Abfassung unseres Kalendariums, im Jahre 964, von Kaiser Otto I. nach Magdeburg gebracht. 24. November: Chrysogonus, Martyrer unter Diokletian. 29. November: Saturnin. An diesem Tage ist die Gedächtnisfeier eines römischen Martyrers Saturnin und des Bischofs und Martyrers Saturnin von Toulouse; der erstere wird heute noch im Freisinger Brevier gefeiert. Die hl. Jungfrau und Martyrin Maura hat ihre Feier sonst am 30. November. 30. November: Fest des hl. Apostels Andreas, welcher nach unserem Kalendarium eigene Vigil am 29. und Oktav hat. Der 30. November galt von jeher in der Kirche als Todestag (natalis) des hl. Andreas.

Monat Dezember.

1. Dezember: Candidus, Erzbischof. Nach einer Legende, welche die Bollandisten nicht für beglaubigt halten, soll Candidus Erzbischof von Rheims gewesen sein. Sein Leichnam wurde am 24. August nach Innichen in Tyrol überführt und an diesem Tage das Translationsfest gefeiert. Durch diese Translation wird der Erzbischof Candidus in das Freisinger Kalendarium gekommen sein, da Innichen im Besitze des Bistums Freising war. Er ist durch die Translation ein Diöcesanheiliger geworden. Die Bollandisten[3] glauben an eine Verwechslung mit einem

---

[1] Cfr. Mon. G. h. SS. V. 99.

[2] Vgl. a. a. O. S. 279.

[3] Vgl. zum 24. August.

anderen Heiligen Namens Candidus. Es gibt mehrere=Martyrer[1] und auch einen Bischof Candidus, in Frankreich St. Candre genannt. Nach Migne[2] war er Regionarbischof des Bistums Maastricht=Tongern im V. Jahrhundert. In dem Freisinger Breviarium des XII./XIII. Jahrhunderts sind an den zwei ersten Tagen des Dezember zwei Candidus eingetragen, das sind wohl der in Innichen ruhende hl. Erzbischof und der soeben erwähnte Bischof von Maastricht=Tongern. 3. Dezember: Lucius ist der durch die Legende bekannte brittische König, Apostel der Schweiz. Kassian, Martyrer zu Tanger in Mauretanien. 6. Dezember: Nikolaus, der große Wunderthäter der griechischen Kirche, im 4. Jahrhunderte Bischof von Myra in Lycien. Im Jahre 1087 erfolgte die Entführung seiner Gebeine nach Bari im Neapolitanischen. Nikolaus wurde in den meisten Diöcesen als Festtag gefeiert. An diesem Tage wurden häufig arme, aber brave Mädchen mit Aussteuer ausgestattet und auch viele Stiftungen gemacht. 7. Dezember: Oktav vom hl. Andreas. 8. Dezember: Zeno, Bischof von Verona († 11. April 380.) 10. Dezember: Eulalia, Jungfrau und Martyrin in Spanien († 303). 11. Dezember: Damasus, Papst († 384). 13. Dezember: St. Lucia, Jungfrau und Martyrin in Syrakus, 970 nach Metz überführt. 18. Dezember: Der halb unleserliche Name ist nach Eckardts Freisinger Kalendarium mit Wunibald zu ergänzen; er war Bruder des hl. Willibald und starb als Abt zu Heidenheim 763. 19. Dezember: Ignatius, der berühmte Bischof und Martyrer von Antiochien, welcher in späterer Zeit am 1. Februar seine Gedächtnisfeier erhielt. Im Mittelalter hatte er gewöhnlich am 17. Dezember sein kirchliches Fest. 20. und 21. Dezember: Vigil und Fest des hl. Apostels Thomas. 24. Dezember: Vigil der Geburt Christi und Feier der hl. Eugenia, Martyrin zu Rom unter Kaiser Gallienus. 25. Dezember: Weihnacht, Geburt unseres Herrn und Heilandes; zugleich Feier der hl. Anastasia, welche in der Diokletianischen Verfolgung von ihrem eigenen heidnischen Gemahle Publius der Marter übergeben wurde. In unmittelbarer Verbindung mit dem Feste des Herrn standen von jeher das Fest des Protomartyrers Stephan (26.); des Lieblingsjüngers, des hl. Apostels Johannes (27.), und der unschuldigen Kinder (28.), welche aus Veranlassung der Geburt des Herrn zu Martyrern wurden. 31. Dezember: Sylvester, Papst († 335), welcher

[1] So z. B. im römischen Martyrolog. am 22. September und am 3. Oktober.
[2] Dictionnaire hagiographique.

im ganzen Mittelalter wegen der Verbindung mit dem Namen des ersten christlichen Kaisers Konstantin in hoher Verehrung war. In vielen Diöcesen wurde der Sylvestertag als Fest gefeiert.

Mit der Octava nativitatis, später circumcisio Domini — auch unser Kalendarium hat bereits diese Bezeichnung —, beginnt der Kreislauf eines neuen Jahres. —

Reihen wir sofort die wenigen Abweichungen und Zusätze an, welche der Auszug aus dem erwähnten Freisinger Kalendarium bei Eckardt zeigt. Wir finden am zweiten Feste der hl. Agnes (28. Jänner) die Erwähnung des Todestages Karls des Großen; am 5. Februar nach der hl. Agatha noch den hl. Ingenuin, Bischof von Säben-Brixen († 640); am 14. Februar: Valentin, Vitalis, Felicula und Zeno, Martyrer (letzterer in Bologna). 19. April: Leo IX. papa obiit 1054. 1. Juli: Oktav von Johannes Bapt. 4. Juli: Translatio S. Martini. Depositio S. Udalrici ep. Zur Zeit der Abfassung des älteren Kalendariums, dessen Entstehung wir noch vor 993 setzen, war die Kanonisierung des hl. Ulrich noch nicht erfolgt. Ulrich wurde 993 auf einer römischen Synode heilig gesprochen durch Papst Johannes XV. Er war der erste Heilige, welcher nach vorhergegangener Untersuchung durch päpstliche Bulle kanonisiert wurde. Am 17. Juli war Alexius, Konfessor († 412 zu Edessa in Syrien), eingesetzt. 25. Juli fand sich nach Jakob und Christoph noch Rustikus, Bischof und Martyrer. Es gibt hl. Rustikus, Martyrer und Bischöfe, zu Trier, Lyon, Narbonne und Cahors. Am 16. September: Lambert, Bischof von Lüttich († 770). 28. September bereits Fest des hl. Wenzeslaus († 936), Herzogs von Böhmen, Patrons dieses Landes. 1. Oktober: nach Remigius und Germanus noch Bischof Vedastus von Toul. 5. Oktober: Tod Kaiser Heinrichs III. 1056. 13. Oktober: der hl. Kolomann, Martyrer in Österreich († 1012). 29. Oktober: Narzissus, nach den Konversionsakten der hl. Afra, Bischof in Augsburg. 31. Oktober: der hl. Wolfgang, Bischof von Regensburg († 994). 7. November: Willibrord, Erzbischof von Utrecht und Gründer des Klosters Epternach († 739). 13. Dezember: nach Lucia noch Ottilia, Äbtissin von Hohenburg im Elsaß († 720). 14. Dezember: Tod der Kaiserin Agnes im Jahre 1077 zu Remis Nicassii. 18. Dezember: Wunibald, Abt von Heidenheim († 763).

Fügen wir noch die Heiligen der Litanei hinzu, so ist unter den männlichen Heiligen, welche sich im Kalendarium- und Missale nicht finden, nur der hl. Heliodorus, welcher wohl der bekannte Freund des hl. Hieronymus und Bischof zu Altinum (Venetien) war. Es gab auch verschiedene Martyrer Heliodorus. Unter den weiblichen Heiligen sind Digna, Columba, Glodesindis und Preciosa in der Litanei, aber nicht im Kalendarium und nicht im Missale enthalten. Digna, eine der drei Dienerinnen der hl. Afra; Columba, Jungfrau und Martyrin in England (16. März); Glodesindis († 830), Äbtissin in Metz (25. Juli); Preciosa ist uns gänzlich unbekannt; vielleicht soll statt Preciosa gemeint sein: Speciosa, Jungfrau zu Pavia (18. Juni), welche im Jahre 964 nach Hildesheim transferiert und dadurch in Deutschland bekannt wurde [1].

Das Kalendarium läßt nicht erkennen, welche Tage der Heiligen als Feiertage begangen wurden; auch das Missale gibt keine Anhaltspunkte dafür, soweit nicht Vigilien und Oktaven angegeben sind. Versuchen wir es, die Festtage zusammenzustellen:

Januar: 1. a) Circumcisio Domini (Neujahr),
6. b) Epiphanie oder manifestatio Domini mit Vigil und Oktav.

Februar: 2. Mariä Lichtmeß, welches im Missale mit Vigil am 1. Februar ausgezeichnet ist.
Der Tag des hl. Apostels Matthias, 24. Februar, dürfte noch kein Festtag gewesen sein, wenigstens fehlt im Missale jeder Hinweis darauf.

März: 25. Mariä Verkündigung, wofür die erwähnten Statuta Salisburgensia zeugen.

April: 25. Markusfest, welches im Missale mit eigener Präfation ausgezeichnet ist und als Bitttag allgemein gefeiert werden mußte.

Mai: 1. a) Philipp und Jakob, Apostelfest,
3. b) Kreuzauffindung, welches immer als Festtag erscheint.

Juni: 25. a) Johannes Bapt. (mit Vigil) und Oktav,
29. b) Peter und Paul mit Vigil und Oktav.

Juli: 25. Fest des Apostels Jakobus.

August: 10. a) Laurentius mit Vigil und Oktav,
15. b) Mariä Himmelfahrt mit Vigil und Oktav. Vielleicht auch 24. Bartholomäus?

---

[1] Die Gebeine der hl. Speciosa und des hl. Epiphanius wurden 964 heimlich in Pavia entwendet. Nach längerem Widerstreben wurde die Zustimmung des Kaisers Otto I. zur Ueberführung nach Hildesheim erlangt. Vgl. Beissel S. 93.

September: 8. a) Mariä Geburt und Corbinian mit Vigil und Oktav,
21. b) Matthäus mit Vigil,
29. c) Michael mit eigener Präfation.
Oktober: 16. a) Gallus mit Vigil und Oktav,
28. b) Simon und Judas mit Vigil.
November: 1. a) Allerheiligen mit Vigil und Oktav,
11. b) Martinus mit eigener Präfation und Oktav,
16. c) Othmar mit Vigil,
30. d) Andreas, Apostel, mit Oktav.
Dezember: 21. a) Thomas, Apostel,
25.—28. b—e) des Herrn Geburt, St. Stephan, St. Johannes, unschuldige Kinder, mit Oktaven.

Zu diesen 26 Feiertagen kamen noch das Kirchweihfest in den einzelnen Gemeinden und sicherlich noch einige besondere Diöcesanfeste, so die beiden Feste, welche in unserem Kalendarium Kirchweihe des hl. Quirinus (dedicatio Ecclesiae S. Quirini mart.) am 20. Oktober und des hl. Castulus (dedicatio Ecclesiae S. Castuli) am 5. November aufgeführt sind. Wir erinnern ferner daran, daß im Kanon der Messe, bei dem Libera nos quaesumus, nach dem Apostel Andreas eingeschaltet wurden noch folgende Heilige: Stephanus, Vitus, Urban, Martin, Korbinian, Benedikt, Felicitas, Margaretha und Walburga. Diese besondere Hervorhebung der erwähnten Heiligen deutet auf höhere Verehrung in der Freisinger Diöcese hin. Die Tage von Stephanus, Martin, Korbinian haben wir bereits als Feste mit Oktav bezeichnet. Es ist möglich, daß auch die Feste der übrigen Heiligen: Vitus, Urban, Benedikt, Felicitas, Margaretha, Walburga, als Feiertage, aber ohne Oktav, begangen wurden. Von Vitus, Benedikt und Margaretha dürfte diese Annahme sicher sein, denn ihre Tage sind in den späteren Kalendarien ausdrücklich roth als Feiertage eingetragen; bei Urban, Felicitas und Walburga ist dies allerdings nicht der Fall.

Immerhin sind ungefähr dreißig Heiligenfeste auf Grund unseres Kalendariums und Missales nachweisbar. Dazu kommen noch die beweglichen Feste des Herrn, soweit sie nicht, wie Ostern und Pfingsten, auf Sonntage fielen, als: Himmelfahrtsfest und die Feiertage der Charwoche.

Beda Dudik[1] hat in dem Kommentar zu einem Kalendarium und Nekrologium der Diöcese Olmütz aus dem XI. Jahrhunderte die Ansicht

[1] Bd. 59 des Archivs für Kunde österr. Geschichte.

vertreten, daß auch der 25. und 27. März als Todes- und Auferstehungstag des Herrn gefeiert worden seien. Das dürfte aber auf irriger Auffassung der Kalendarien beruhen. Die Eintragung dieser Tage bildet nur einen Teil der Chronologie der mittelalterlichen Kalendarien. Diese Chronologie der Kalendarien umfaßt das alte und neue Testament mit bestimmten Thatsachen und entsprechenden Zeitangaben. Am meisten tritt hervor der göttliche Heilsplan in den Werken der Schöpfung, Erlösung und Heiligung. Für die Schöpfung wird in unserem Kalendarium, in Übereinstimmung mit den Kalendarien der angelsächsischen und karolingischen Periode[1], der 18. März angegeben mit den Worten: Primus dies saeculi. Im angelsächsischen poetischen Menelogium findet sich das Datum der Weltschöpfung am Tage der Frühlingsnachtgleiche, nämlich am 21. März, also: „Nachtgleiche, weil Gott der Herr im Anfange Sonne und Mond an dem Tage geschaffen hat.“ Da aber Gott nach der Bibel Sonne und Mond am 4. Tage schuf, so fällt auch nach dieser Angabe der erste Schöpfungstag auf den 18. März. Am 8. Tage wurde der erste Mensch erschaffen. Auch diese Angabe findet sich in unserem Kalendarium am 25. März: Adam natus. Nach allgemeiner Annahme ist Adam nur 6 Stunden im Paradiese gewesen, ist in der 6. Stunde gefallen und in der 9. Stunde aus dem Paradiese vertrieben worden. Dem Sündenfalle entspricht die Erlösung. Am selben Tage, an welchem Adam geschaffen wurde, ist Christus geboren worden; in der 6. Stunde desselben Tages wurde Christus gekreuzigt, und in der 9. Stunde zog er mit dem Schächer in das Paradies ein. So heißt es in unserem Kalendarium zum 25. März: Erschaffung des Adam; des Herrn Empfängnis und Kreuzigung: Adam natus, Dominica conceptio et crucifixio. Diese Anschauung war im Mittelalter ganz allgemein und findet sich in allen einschlägigen Schriften, wobei meist auf Tertullian und Augustin verwiesen und Beda der Ehrwürdige als Autorität erwähnt wird. So schreibt der bekannte Gelehrte des Mittelalters, Vincenz von Beauvais, welcher das Wissen seiner Zeit (im XIII. Jahrhunderte) in encyklopädische Form brachte, also: „Adam und Eva haben am Tage ihrer Erschaffung im Paradiese um Mittag gesündigt und sind um die 9. Stunde vertrieben worden. Deshalb wurde auch der neue Mensch, Christus, nach Umlauf vieler Jahre am selben Tage, Freitag 25. März, gleichfalls in der

[1] Vgl. Piper, Die Kalendarien der Angelsachsen, S. 87.

6. Stunde gekreuzigt, sühnte die Schuld jener Sünde und eröffnete um die 9. Stunde den Zugang zum Paradiese."[1]

Dem Tage der Kreuzigung entsprachen der 27. März als Tag der Auferstehung, der 5. Mai als Tag der Himmelfahrt. So ist auch in unserem Kalendarium am 27. März zu lesen: resurrectio Domini; am 5. Mai: ascensio Domini. In den meisten Kalendarien ist die Chronologie noch viel ausgedehnter bezüglich des Lebens Jesu. So ist auf den 7. Jänner die Rückkehr aus Ägypten, am 15. Februar das Ende der Versuchung durch den Satan, am 17. Februar die Hochzeit zu Kana, am 1. Mai die erste Predigt, am 6. August die Verklärung u. s. w. angegeben[2].

Auch das alte Testament ist in die Chronologie der Kalendarien mit einbegriffen. So finden sich in fast allen Kalendarien genaue Daten, wie über die Schöpfung, so über die Sündflut. Die einen nehmen den 12., andere den 17. April als Tag des Beginnes der Sündflut an; als Ende wird der 27. April, manchmal der 27. Mai des folgenden Jahres bezeichnet. Unser Kalendarium enthält zwar keine Notiz über die Sündflut, aber sonstige Angaben über wichtige Personen und Ereignisse des alten Testamentes. So wird der 1. Juli als Todestag Aarons bezeichnet, der 6. Juli als Todestag des Propheten Isaias, der 21. Juli des Propheten Daniel, 1. September des Josua, 4. September des Moses, 6. September des Propheten Zacharias, 9. Oktober des Patriarchen Abraham, 5. November Tod des Zacharias, Vaters des heiligen Johannes Baptista.

Weder diese chronologischen Daten noch auch bestimmte Tage für Christi Tod und Auferstehung dürfen mit den kirchlichen Festen verwechselt werden. Gerade die richtige Bestimmung des alljährlichen Osterfestes bildete die Aufgabe einer fleißig gepflegten praktischen Wissenschaft des Mittelalters. Die ganze Anlage und Einrichtung der Kalendarien dienen diesem Zwecke und zeigen, daß das Osterfest der Mittelpunkt des kirchlichen Festkreises war. Das Osterfest aber wurde nicht am 27. März gefeiert, sondern am jeweiligen Sonntage nach dem Vollmonde, der auf das Frühlingsäquinoktium folgte, wie das Konzil von Nicäa endgiltig bestimmt hatte. Mit Rücksicht auf die richtige Berechnung des Osterfestes, von welchem die Gestaltung des gesammten Kirchenjahres abhing,

---

[1] Im bereits erwähnten Olmützer Kalendarium heißt es: Quod Dominus VIII. cal. aprilis crucifixus, VI. cal. april. resurrexit, constat sententia vulgatum.

[2] Vgl. Piper, a. a. O. S. 13.

wurde in den Kalendarien der Einteilung des Naturjahres die größte Aufmerksamkeit geschenkt. Wir finden in unserem Kalendarium die Jahreszeiten sowohl nach Isidor (secundum Latinos), wie nach Beda, welcher sich der griechischen Berechnung anschloß, angegeben und zwar als

Frühlingsanfang nach Beda: 7. Februar (Veris initium, habet dies XCI. hora III),
nach Isidor: 22. Februar (Ver oritur hora IV),
Sommeranfang nach Beda: 9. Mai (aestas initium, habet dies XC),
nach Isidor: 25. Mai (aestas oritur),
Herbstanfang nach Beda: 7. August (autumni initium, habet dies XCII),
nach Isidor: 25. August (autumnus oritur),
Winteranfang nach Beda: 7. November (hiemis initium, habet dies XCII),
nach Isidor: 24. November (hiems oritur).

Das Regensburger Kalendarium des Klosters St. Emmeram[1] vom Jahre 824 hat einige kleine Abweichungen, so für den Sommeranfang nach Isidor den 24. (statt 25.) Mai; für den Herbstanfang den 23. (statt 25.) August; für den Winteranfang den 25. (statt 24.) November.

Auch die Sonnenwenden und Nachtgleichen sind in unserem Freisinger Kalendarium[2] bemerkt und zwar:

21. März als Frühlingsnachtgleiche secundum Graecos und
25. „ „ „ „ „ Latinos;
ferner 20. September als Herbstnachtgleiche secundum Graecos und
24. „ „ „ „ „ Latinos;
dann 20. Juni als Sonnenwende secundum Graecos und
24. „ „ „ „ Latinos;
ferner 21. Dez. „ „ „ Graecos und
25. „ „ „ „ Latinos.

Am 14. Juli ist der Beginn der Hundstage (dies caniculares) bemerkt.

Unser Kalendarium gibt ferner in Übereinstimmung mit allen Kalendarien den 22. März als Sitz der Epakten des Mondes, welche das Alter desselben an diesem Tage anzeigen, ferner die Concurrentes oder Epakten der Sonne, welche den Wochentag des 24. März bezeichnen. Der 22. März ist sedes epactarum, der 24. März sedes Concur-

---

[1] CLM. 14456.

[2] Ebenso im Regensburger Kalendarium des IX. Jahrhunderts: CLM 14456.

rentium. Ebenso finden wir in unserem Freisinger Kalendarium die Embolismen (Unterschied des Mond- und Sonnenjahres) verzeichnet. Das Mondjahr hat nur 354 Tage, 11¼ Tage weniger als das Sonnenjahr. Die Ostergrenzen (und entsprechend die Grenzen des Pfingstfestes) sind gleichfalls bestimmt und zwar der 22. März als Anfangsgrenze (primum Pascha hic aliquando invenitur et non plus valet ad cal. Mart.), der 25. April als Endgrenze (ultimum Pascha) für die Bewegung des Osterfestes, sowie der 10. Mai als Anfangsgrenze (primum Pentecosten) und der 13. Juni als Endgrenze (ultimum Pentecosten) des Pfingstfestes[1].

In den Überschriften an der Spitze jeden Monates sind angegeben die Dauer der Sonnen- und Mondmonate, der Ursprung der lateinischen Bezeichnung, sowie die griechische und ägyptische Benennung. Jeder Monat ist durch einen Hexameter in naturgeschichtlicher Beziehung charakterisiert. Bei jedem einzelnen Monate sodann finden sich mehrere Abteilungen. Die erste Kolumne zeigt die Einteilung des Jahres durch die sich wiederholenden Zahlen von I—VII. Es werden dadurch für jeden Monat die Wochentage erkennbar gemacht, sobald man nur das Datum irgend eines Wochentages bestimmt hat, welchem Zwecke die Concurrentes für den 24. März dienten. In der zweiten Abteilung ist die römische Monatseinteilung nach Nonen, Iden und Kalenden geboten. Die dritte Abteilung ist bestimmt für die Eintragungen der Feste des Kirchenjahres, für die Darstellung des astronomischen Jahres, für die chronologische Feststellung der hl. Geschichte des alten und neuen Testamentes, endlich für die Aufzeichnungen zum Zwecke eines Nekrologiums. Unser Kalendarium ist nämlich zugleich auch Nekrologium und ist in dieser Beziehung namentlich für die Bischofsreihe von Freising schätzenswert. Wir geben nachstehend die Todestage der Bischöfe nach der Reihenfolge der Eintragung in unserem Kalendarium:

Der hl.	Korbinian,	1.	Bischof	von	Freising,	†	8. September.
Bischof	Erimbert,	2.	„	„	„	†	1. Jänner.
„	Joseph,	3.	„	„	„	†	17. Jänner.
„	Ellenhard,	19.	„	„	„	†	11. März (1078).
„	Nitker,	18.	„	„	„	†	6. April (1052).
„	Aribo,	4.	„	„	„	†	4. Mai.

[1] Über die Bestimmung der Osterfeier und über die christliche Festfeier überhaupt vgl. Kraus Franz Xaver: Lehrbuch der Kirchengeschichte (3. Aufl.) S. 111 ff. S. 200 ff.

Bischof Gottschalk,	16.	Bischof von Freising,	† 6. Mai (1005).
„ Waldo,	10.	„ „ „	† 18. Mai (905).
„ Drachulf,	12.	„ „ „	† 25. Mai (926).
„ Abraham,	15.	„ „ „	† 8. Juni (994).
„ Wolfram,	13.	„ „ „	† 9. Juni (937).
„ Uto,	11.	„ „ „	† 6. Juli (906).
„ Erchambert,	7.	„ „ „	† 1. August (854).
„ Lampert,	14.	„ „ „	† 19. September (957).
„ Arnold,	9.	„ „ „	† 22. September (883).
„ Atto,	5.	„ „ „	† 27. September.
„ Anno,	8.	„ „ „	† 9. Oktober (875).
„ Eigilbert,	17.	„ „ „	† 4. November (1039).
„ Hitto,	6.	„ „ „	† 11. Dezember (836).

Die ersten fünf Bischöfe (Korbinian, Erimbert, Joseph, Aribo und Atto) sind ohne Jahreszahl eingetragen. Die bei den übrigen Bischöfen angegebenen Jahreszahlen weichen teilweise von der jetzt offiziell geltenden Chronologie der Freisinger Bischöfe ab, wie sie z. B. im Schematismus der Erzdiöcese München-Freising und bei Potthast[1] sich findet. Wir geben nachstehend die Chronologie der ältesten 19 Freisinger Bischöfe nach den Eintragungen unseres Kalendariums und stellen in Vergleich damit die Daten bei Potthast.

Unser Kalendarium.	Potthast.
1. Korbinian † 8. September —	† 8. September 730
2. Erimbert † 1. Jänner —	† 1. Jänner 749
3. Joseph † 17. Jänner —	† 17. Jänner 764
4. Aribo † 4. Mai —	† 4. Mai 784
5. Atto † 27. September —	† 27. September 810
6. Hitto † 11. Dezember 836	† 10. Dezember 834
7. Erchambert † 1. August 854	† 11. Jänner 854
8. Anno † 9. Oktober 875	† 9. Oktober 875
9. Arnold † 22. September 883	† 21. September 883
10. Waldo † 18. Mai 905	† 18. Mai 906
11. Uto † 6. Juli 906	† 28. Juni 907
12. Drachulf † 25. Mai 926	† 25. Mai 926
13. Wolfram † 9. Juni 937	† 11. Juli 938

[1] Bibliotheca medii aevi, Supplementband, p. 315—316.

Unser Kalendarium.	Potthast.
14. Lampert † 19. September 957	† 19. September 957
15. Abraham ordiniert 21. Dezember (957),	ordiniert November 957
† 8. Juni 994	† 7. Juni 993
16. Gottschalk † 6. Mai 1005	† 6. Mai 1006
17. Eigilbert † 4. November 1039	† 4. November 1039
18. Nitker ordiniert 21. Dezember (1039)	ordiniert 2. Dezbr. 1039
† 6. April 1052	† 13. April 1052
19. Ellenhard ordiniert 15. November (1052)	ordiniert 3. Juli 1052
† 11. März 1078	† 11. März 1078

Es finden sich also Abweichungen in den Jahreszahlen bei den Bischöfen Hitto, Waldo, Uto, Wolfram, Abraham, Gottschalk; in den Todestagen bei den Bischöfen Hitto, Erchambert, Arnold, Uto, Wolfram, Abraham, Nitker; in den Ordinationstagen der Bischöfe Abraham, Nitker und Ellenhard.

Von den Ordinationstagen sind nur eingetragen jene der 3 Bischöfe Abraham, Nitker (beide 21. Dezember) und Ellenhard (15. November). Auch sind die Todestage eines Chorbischofes Gouno (16. September), mehrerer Archidiakonen (Amalrich, Reginpercht) verzeichnet. Sprachlich bemerkenswert erscheinen ein Liutpold presbyter († 14. Dezember) und ein Liutpold Diakon († 26. Dezember), jedesmal Liutpold (nicht Luitpold) geschrieben.

Das Nekrologium enthält auch mehrere fremde Bischöfe; so am 25. Februar: obitus Sancti Brunonis, Erzbischofs von Köln († 965, kaum zwei Jahrzehnte vor der Abfassung des Kalendariums). Er erscheint mit der Bezeichnung „sanctus“, aber nicht in der Form des Festverzeichnisses, sondern nur mit der Angabe seines Todestages. Auch der hl. Lampert, Bischof von Freising, erscheint noch nicht im Heiligenverzeichnisse, sondern im Nekrologium. Außerdem sind noch verzeichnet: Lupus, Patriarch von Aquileja († 3. November 944), und Erzbischof Herolt von Salzburg (abgesetzt 967, † 31. August 984); Bischof Adalbert von Passau († 15. Juni 970); Tuto, Bischof von Regensburg († 930); Starchand, Bischof von Eichstätt († 12. Februar 966), und Rihbert (Richpert), Bischof von Säben-Brixen; († 10. Dezember 976). Von Kaisern finden wir nur Otto I. und II., ferner Herzog Liudolf von Schwaben, Herzog Heinrich von Bayern, Herzog Heinrich von Kärnthen und zahlreiche Grafen. Von Frauen sind nur eine Mildrut (domna, † 30. Jänner) und eine Hiltigart (monialis, † 11. April) verzeichnet.

Doch liegt es außer dem Bereiche dieser Abhandlung, auf die geschichtliche Bedeutung des Nekrologiums weiter einzugehen, nachdem dasselbe bereits gedruckt und verwertet ist[1].

Werfen wir noch einen Blick auf die Heiligen, so sehen wir sofort, daß die römischen Festkalender unserem Kalendarium zu Grunde liegen. Die brittisch-angelsächsischen wie die gallisch-fränkischen Kalendarien bauten sich auf dem römischen Martyrologium auf, und zwar mit peinlicher Genauigkeit. Hatte doch die Synode zu Cloveshove unter Erzbischof Kuthbert 747 im XIII. Kanon ausdrücklich bestimmt, daß überall zu gleicher Zeit und an denselben Tagen die Festtage des Herrn und die Gedächtnistage der Heiligen nach römischer Vorschrift gefeiert werden sollen und zwar „nach dem Martyrologium der römischen Kirche mit den ihnen zukommenden Gesängen“[2].

Unser Kalendarium enthält zum überwiegenden Teile Heilige, welche zwar dem römischen Martyrologium entnommen sind, aber durch Überführung ihrer Reliquien mit deutschen und fränkischen Kirchen zusammenhingen. Beigefügt sind hervorragende Heilige der brittisch-angelsächsischen Kirche (Brigida, Kuthbert, Patricius, Kolumban, Augustin von Canterbury, Cannichi u. s. w.). Weit mehr wurden gallisch-fränkische Heilige aufgenommen; wir erwähnen: Genovefa, Hilarius, Speusippus, Vedastus, Desiderius von Vienne, Burgundofora, Genesius, Mamertus, Desiderius von Langres, Medardus, Radegund, Arnulf, Philibert, Regina, Amatus, Symphorian, Justus, Marcellus, Remigius, Germanus, Leodegar, Dionysius, Crispin und Crispinian, Amandus und Vedastus, Martinus, Briccius, Anianus, Pirminius u. s. w. Verhältnismäßig viele Heilige treffen auf die deutschen Diöcesen, die Schweiz mit inbegriffen; wir erwähnen: Erhard, Valerius (Trier), Alto, Walburga, Gertrud, Quirinus, Castulus, Florian, Gangulf, Maximin (Trier), Bonifacius, Albanus (Mainz), St. Goar, Willibald, Kilian und Genossen, Verena (Zurzach), Pelagius (Konstanz), Rupert und Erendrud (Salzburg), Magnus, Korbinian, Lampert, Mauritius, Emmeram, Gereon, Maximilian, Gallus, Ursula, Othmar, Paulinus, Lucius, Wunibald, Felix und Regula.

Aus dem Kalendarium bei Eckardt fügen wir an deutschen Heiligen noch hinzu: Ingenuin (Brixen), Suitbert, Ulrich, Wenzeslaus, Koloman (Passau), Narcissus (Augsburg), Wolfgang, Willibrord, Bardo (Mainz).

---

[1] Forschungen zur deutschen Geschichte, XV. Bd. (1875), S. 162—166.

[2] Vgl. Piper, a. a. O. S. 42.

Von den Heiligen des Kalendariums sind im Missale und Brevier der heutigen Erzdiöcese München-Freising nicht mehr verzeichnet:

1. Monat Jänner: Almachius, Macharius, Genovefa, Simeon der Säulensteher, Speusippus und Genossen, Papias, Valerius und Projektus.

2. Monat Februar: Vedastus, Sother, Desiderius, Calocerus, Felicula[1], Onesimus, Polychromius, Auffindung des Hauptes des Johannes Baptista.

3. Monat März: Achthundert Martyrer, Gajus, Alexander und zweihundert Martyrer, Macedonius, Patricia und Modesta, Kuthbert.

4. Monat April: Agape, Eustasius, Burgundofora, 7 Jungfrauen, Euphemia, Olympias, Maximus, Helena, Genesius, Papst Cajus, Simeon, Fortunatus, Christophorus.

5. Monat Mai: Viktor, Mamertus, Gangulf, Maria ad martyres, Pachumius, Maximin, Basilla, Januarius und Valens, Desiderius, Germanus.

6. Monat Juni: Nikomedes, Columba, Medardus, Avitus, Albanus, Genesius.

7. Monat Juli: St. Goar, Philipp, Agrippinus, Kassian, Sirikus und Jakob Bischof, Hilarius, Paulus und Dionysius, Mamas, Arsenius, Sabinus, Viktor, Philibert, Paula, Lucia, Ämilius und Martinian, Aurelius und Natalia, Julia und Jukunda.

8. Monat August: Epulus, Concordia, Radegund, Arnulf, Magnus Martyrer, Fortunat und Pelagius, Genesius, Alexander, Anastasius, Irenäus und Abundus, Rufus und Sulpitius.

9. Monat September: Verena, Priscus, Marcellus und Bonifaz, Eleutherius, Regina, Papst Hilarus, Felix und Regula, Amatus, Empfängnis von Johannes Bapt., Methodius, Trophimus und Xystus, Sosi, Leontius und Euprepius, Stacteus und Justinus.

10. Monat Oktober: Germanus und Vedastus, Leodegar, Markus und Martian, Domninus, Kassius, Gereon, Viktor und Florentius, Cannicus, Amandus und Vedastus, Zenobius und Quintinus.

11. Monat November: Cäsarius, Benignus, Marina, Pirminius, Amantius, Demetrius, Saturnin, Modestus, Tiberius, Florentia, Arsacius, Briccius, Kolumban, Longinus, Tiburtius und Valerian, Maura Martyrin.

---

[1] Über die Cömeterien der hl. Sother, der hl. Felicula und über die übrigen altchristlichen Cömeterien in der Umgebung von Rom vgl. Kraus Franz Xaver: Roma Sotteranea (2. Aufl.) p. 146; 517 ss.

12. Monat Dezember: Candidus, Lucius und Kassian, Eulalia, Wunibald, Eugenia.

Wie dieses Verzeichnis zeigt, ist ungefähr die Hälfte der Heiligen, welche im Kalendarium des IX. Jahrhunderts enthalten waren, heute aus dem Freisinger Missale und Brevier verschwunden, und andere Heilige sind an die Stelle getreten. Hauptsächlich waren es lokale und provinzielle Einflüsse, welche für die Aufnahme von neuen Heiligen in die Diöcesankalendarien entschieden haben. Auf dem Konzil zu Mainz 813 wurde für alle deutschen Diöcesen bestimmt, daß namentlich die Tage jener Heiligen gefeiert werden sollen, deren hl. Leiber oder Reliquien in den Kirchen ruhen. Für Freising war dies besonders der Gründer des Bistums, der hl. Korbinian, dessen Todestag (8. September) ein solches Fest war. Wir geben nachstehend die Meßorationen des hl. Korbinian, wie sie in unserem Missale sich finden, wobei wir bemerken, daß die erste Oration mit der heutigen Kollekte den gleichen Wortlaut hat, während Secreta und Postcommunio verschieden sind. Auffälligerweise hatte das hohe Fest auch eine Oratio super populum, welche jetzt nur noch in den Messen der Ferien der Fastenzeit sich findet. Der Wortlaut der 4 Orationen ist folgender:

Deus, qui beati Corbiniani confessoris tui atque pontificis instantia ad agnitionem tui nominis vocare dignatus es: concede propitius, ut cujus solemnia colimus, etiam patrocinia sentiamus. Per...

Hostias domine laudis tuis altaribus adhibemus, quas ejus tibi patrocinio credimus commendandas, cujus voluisti votis ad tuae pietatis pervenire notitiam. Per...

Beati Corbiniani confessoris tui atque pontificis domine precibus confidentes quaesumus clementiam tuam, ut per ea, quae sumpsimus, aeterna remedia capiamus. Per...

Populum tuum quaesumus domine pio favore prosequere, et a cunctis adversitatibus beato Corbiniano confessore tuo atque pontifice intercedente custodi. Per...

Das Fest der Translatio des hl. Korbinian findet sich in unserem Missale und Kalendarium noch nicht.

Neben den Heiligen, welche mit der Einführung des Christentums und mit der Gründung der Kirchen im Zusammenhange standen, wie in Freising Korbinian, Eustasius, Alto, Bonifacius u. s. w., wurden namentlich jene Heiligen hoch verehrt, deren hl. Leiber oder Reliquien aus Rom in die Diöcese kamen, wie Quirinus, Kastulus, Vitus, Justinus. Im X. und XI. Jahrhunderte war es das eifrigste Bemühen aller Bischöfe, bei Gelegenheit ihrer Romfahrten ganze hl. Leiber oder wenigstens Reliquien mitzubringen. Dem Bischofe Hitto gelang es, die Gebeine des hl. Justinus in Rom zu erlangen; wie zahlreiche Reliquien aber besonders bei Neubauten in Kathedralen und Klosterkirchen gesammelt wurden, dafür haben wir in unserem Missale selbst einen Beleg. Auf fol. 199^{b} ist von derselben Hand des XI. Jahrhunderts, welche die Todestage der späteren Bischöfe nachgetragen hat, eine Notiz enthalten über die Konsekration des neuhergestellten Hochaltares in der Freisinger Kathedrale[1]. Die Konsekration wurde vorgenommen durch die Bischöfe Heribert von Eichstätt (1022—1042) und Eberhard von Augsburg (1029—1047) in Gegenwart des Freisinger Bischofs Eigilbert (1006—1039) am Feste Mariä Geburt (8. September) und am Feste des hl. Korbinian. Der Altar wurde geweiht zu Ehren des hl. Kreuzes und der allerseligsten Jungfrau Maria, der hl. Korbinian und Adrian und von allen jenen Heiligen, von welchen Reliquien beigesetzt wurden, und schließlich von allen Heiligen. Das Verzeichnis dieser Reliquien hat eine Kreuzpartikel, einen Teil der Säule der Geißelung, der Tunika ohne Naht, sodann Reliquien der allerseligsten Jungfrau, des hl. Johannes Bapt., der Apostel Petrus und Andreas, der Martyrer Stephan, Laurentius, Mauritius, Pankratius, Gorgonius, Kosmas und Damian, Fabian und Sebastian, Cyprian, Florentius, Felix Papst, Quirinus, Parthenius, Calocerus, Alexander, Eventius, Theodul, Alexander (Sohn der hl. Felicitas), Georg, Prokulus, Mamas, Ingenuin, Ambrosius, Primus und Felicianus, Klemens,

[1] Renouata dedicatio altaris quod eſt huius ſediſ principale quae fiebat in ·VI· id' ſeptembris per episcopos Heribertum Eihſtatenſem. Eberhardum Auguſtenſem praeſente etiam Eigilberto eiusdem ſediſ uenerabili episcopo In nomine ſ$^{\text{ti.}}$ ſaluatoriſ. & in honorem ſ^{te} cruciſ. & ſ^{te} mariae matriſ domini. & ſ$^{\text{ti.}}$ corbiniani conf. & ep$^{\text{i.}}$ Adriani m. & ſ$^{\text{torum.}}$ quorum reliquiae hîc continentur. & omnium ſ$^{\text{torum.}}$ Inprimis de cruce domini. De columna, ubi flagellatus eſt. De tunica inconſutili. Reliquiae ſ$^{\text{tae.}}$ Mariae. S^{ti} Iohannis baptiſtae, ſ$^{\text{torum.}}$ ap^{lorum} Petri & Andreae. S^{torum} mart. Stephani protom. Laurentii. Mauricii. Pancracii. Gorgonii. Coſmae & damiani. Fabiani & ſebaſtiani. Cypriani. Florencii. Felicis papae. Quirini. Parthenii & Caloceri. Alexandri. Euentii & theodoli. Alexandri filii Felicis. Georgii. Proculi. Mamae. Ingenuini. Ambroſii. Primi & feliciani. Clementiſ. Urbani. Ruſtici & eleutherii. Criſanti & mauri. Iuliani. Criſogoni. S$^{\text{torum.}}$ innocentum. S$^{\text{torum.}}$ conf. Martini. Ambroſii. Iuſtini pr$^{\text{bri.}}$ Amandi S$^{\text{tarum.}}$ uirg. Felicitatiſ matris VII filiorum. Agathae. Iulianae. Anaſtaſiae. Barbarae. Waldburgae. Helenae. Aldegundis.

Urban, Rustikus und Eleutherius, Chrysantus und Maurus, Julianus und Chrysogonus, von den unschuldigen Kindern, von den Bekennern Martin, Ambrosius, Justinus (Presbyter), Amandus, von den weiblichen Heiligen Felicitas, Mutter der 7 Söhne, Agatha, Juliana, Anastasia, Barbara, Waldburga, Helene, Adelgundis.

Von diesen Heiligen sind sämtliche schon im Kalendarium enthalten, mit Ausnahme des hl. Ingenuin, welcher indes im Kalendarium bei Eckardt bereits nachgetragen ist, sowie der römischen Martyrer Parthenius und Calocerus[1]. Von den weiblichen Heiligen finden sich Barbara und Adelgundis in unserem Kalendarium noch nicht, wurden aber in die späteren Freisinger Kalendarien aufgenommen.

Die Konsekration des Altares muß zwischen 1029 und 1039 erfolgt sein, da Eberhard von Augsburg 1029 erst Bischof wurde, Eigilbert aber 1039 schon starb.

Anderthalb Jahrhundert später, bei Einweihung der Kathedrale in Salzburg am 17. Mai 1182 unter Erzbischof Konrad III., Grafen von Wittelsbach, wurden folgende Reliquien[2] beigegeben: eine Kreuzpartikel, eine Reliquie vom Kleide der allerseligsten Jungfrau Maria, Reliquien von Johannes Bapt., von den Aposteln Paulus, Bartholomäus, Jakobus (fratris Domini), Simon, Juda, Matthias, von den Martyrern Stephan, Klemens, Blasius, Laurentius, Johann und Paul, Gereon, Pankratius, Hermes, Mauritius, Cyriakus, Vitus, Sebastian, von den Bekennern Martin, Nikolaus, Augustin, Ambrosius, Gotthard, Germanus, Heinrich, von Maria Magdalena, Gertrud, Margaretha, Agatha, Cäcilia, Lucia. Eingeweiht wurde die Kirche zu Ehren des siegreichsten Kreuzes, der

---

[1] Vgl. Kraus: Roma Sotteranea, p. 189.

[2] CLM. 11004, fol. 5: Anno ab incarnatione Domini M. C. LXXXII. indictione 15. XVI cal. Iunii dedicata est haec ecclesia a venerabili sanctae Salzburgensis eccles. archiepiscopo Conrado III. in honorem sanctae et individuae Trinitatis et victricissimae S. Crucis et S. Mariae perpetuae Virginis et praecipue S. Pancratii mart. et S. Martini conf. Continentur autem in ea haec reliquiae: De ligno S. Crucis, de veste S. Genitricis Mariae, de reliquiis S. Ioannis Bapt., Pauli, Bartholomaei, Iacobi, fratris Domini, Simonis et Iudae, Matthiae apostolorum, sanctorumque martyrum Stephani protomart., Clementis ppe, Blasii, Laurentii, Ioannis et Pauli, Gereonis, Pancratii, Hermetis, Mauricii, Cyriaci, Viti, Sebastiani, sanctorumque confessorum Martini, Nicolai, Augustini, Ambrosii, Gotthardi, Germani, Henrici, sanctarum virginum Mariae Magdalenae, Gertrudis, Margarethae, Agathae, Caeciliae, Luciae.

hl. immerwährenden Jungfrau Maria, des hl. Virgilius und besonders des hl. Martyrers Pankratius und des hl. Bekenners Martinus. Erzbischof Konrad, der im folgenden Jahre 1183 Erzbischof von Mainz wurde, spendete einen 40 tägigen Ablaß denjenigen, welche an den Festtagen von Pankratius und Martinus und am Kirchweihtage (17. Mai) beichten, die hl. Kommunion empfangen und am St. Martins-Altare beten würden.

Durch die Hinterlegung von so zahlreichen Reliquien und durch die Einweihung von vielen Kirchen zu Ehren verschiedener Patrone wurde der Festkreis der Heiligen in den einzelnen Diöcesen immer mehr erweitert. Dazu kamen gerade im XI. und XII. Jahrhunderte die zahlreichen Translationen und Elevationen von Heiligen.

Bei der Unsicherheit der Zeiten im IX. und X. Jahrhunderte, bei den Verheerungszügen der Normannen von Westen, der Magyaren von Osten her waren zahlreiche Kirchen in Schutt zerfallen, viele Heiligtümer in Verlust geraten. Andere heilige Leiber waren tief versenkt worden, um sie vor Plünderung zu schützen. Meistens wurde es geheim gehalten, wo die hl. Reliquien verwahrt wurden, um sie vor Verrat zu sichern. Dadurch entstand aber bald Unsicherheit. Wird doch erzählt, die Normannen hätten zu Trier so viele Mönche und andere Einwohner getötet, daß kein einziger übrig blieb von denen, welchen der Ort des Grabes des hl. Maximin bekannt war. In Venedig vergruben die Einwohner die Reliquien des hl. Markus so sicher, daß der Ort, wo sie vergraben wurden, unbekannt blieb. Anderwärts wird es ähnlich gewesen sein[1]. Als nun aber mit dem Zeitalter der Ottonen mehr Sicherheit in den deutschen Ländern eingekehrt war, suchte man dort, wo die Reliquien in Verlust geraten waren, solche von Rom und von anderen italienischen Städten auf gütlichem Wege oder durch List und Gewalt[2] zu gewinnen, dort aber, wo noch Reliquien begraben waren, sie an einen würdigen Platz zu bringen und zur Verehrung auszustellen. Damit war die Zeit für Translation (von der früheren Beisetzung an einen anderen Ort) und zugleich für Einführung der Feste translationis angebrochen[3]. Auch der hl. Korbinian erhielt sein Fest

---

[1] Vgl. Beissel a. a. O. S. 104.

[2] Beispiele hievon bei Beissel a. a. O. S. 77 ff.

[3] Über die zahlreichen Translationen in Rom, aus den Katakomben in neugebaute Kirchen, unter den Päpsten Paul I. (757—67); Paschalis I. (817—24)

translationis am 20. November. Die Reliquien wurden ferner an bestimmten Tagen auf eine erhöhte Stelle gebracht, wodurch sie den Augen des Volkes zugänglich wurden. Unser Missale enthält fol. 196[b] folgende Oratio, quando levantur reliquiae:

Oratio. Aufer a nobis, quaesumus Domine, iniquitates nostras, ut ad sancta Sanctorum puris mereamur mentibus introire. Per Dominum... Daraus entstand allmählich wieder ein eigenes Fest, das der Reliquien, welches jetzt in der Freisinger Diöcese am 2. Sonntage im August gefeiert wird. Wie rasch in wenigen Jahrhunderten die Verehrung der Heiligen in der Freisinger Diöcese wechselte, dafür bietet uns ein Beispiel die Vergleichung unseres Missale und Kalendarium aus dem Ende des X. Jahrhunderts mit einem Freisinger Brevier aus dem Ende des XIII. oder dem Anfange des XIV. Jahrhunderts. Es ist dies codex latinus 11 013 der Münchener Staatsbibliothek. Der Codex ist als Passauer (saeculi XIII) bezeichnet, kam aus Passau in die Kgl. Staatsbibliothek und führt den seltsamen Titel: loci varii novi Testamenti. Er ist aber thatsächlich ein Freisinger Brevier. Daß dasselbe bei der Säkularisation in Passau gefunden wurde, dürfte durch die Thatsache leicht erklärt werden, daß viele Domherren dem Freisinger und dem Passauer Kapitel zugleich angehörten.

---

und den folgenden Päpsten vgl. Kraus: Roma Sotteranea p. 116 ss. Paschalis I. ließ allein am 20. Juli 817 zweitausend dreihundert Leiber in die Kirche San Prassede überführen.

2.

Ein Freisinger Brevier aus dem XIII./XIV. Jahrhundert, CLM. 11013.

Dem Brevier fehlt die erste Seite; die zweite Seite beginnt mit der Pfingstzeit. Es ist bemerkenswert, daß der Sonntag Trinitatis als Octava Pentecostes und der darauf folgende Sonntag als Dominica I post Octavam Pentecostes bezeichnet wird; doch ist das Fest Trinitatis, als mit dem ersten Sonntage nach Pfingsten verbunden, S. 16 aufgeführt. S. 10 ist bereits das Fronleichnamsfest mit Oktav nach dem jetzigen Ritus enthalten, ein Beweis, daß das Brevier vor dem Ende des XIII. Jahrhunderts nicht geschrieben sein kann. Das Fronleichnamsfest wurde zwar 1264 von Papst Urban IV. für die ganze Kirche anbefohlen, aber nicht überall gleichmäßig eingeführt, bis das Konzil von Vienne 1311 die Feier desselben strenge gebot und Papst Johann XXII. im Jahre 1317 auch die Abhaltung der Prozession mit dem Allerheiligsten vorschrieb.

Von S. 60 an bringt das Breviarium die sonntäglichen Evangelien von Pfingsten bis Advent; die von Advent bis Pfingsten fehlen.

S. 80 beginnt der für uns wichtige Teil des Breviers: De Sanctis, und zwar mit der Vigil vom hl. Andreas, wie die heutigen Breviere. Die verschiedenen Heiligen haben teils ein ganzes Officium mit 9 Lektionen, teils nur 6 oder 3 Lektionen, teils nur eine eigene Oration, während alle übrigen Teile des Officiums dem Commune entnommen wurden. Die Entnahme aus dem Commune wird genau verzeichnet. Das Officium beginnt immer mit der Antiphon der ersten Vesper. Abweichend vom jetzigen Officium sind die ersten 6 Lektionen stets der Biographie des Heiligen entnommen, während die letzten 3 Lektionen

Homilien zum Evangelium sind. Im heutigen Officium sind die ersten 3 Lektionen dem alten Testamente entnommen, und nur die Lektionen 4—6 der Geschichte des Festes gewidmet. Wir geben zum Schlusse einige Feste im Wortlaute, so daß jeder daraus ein Bild des vorliegenden Breviers aus dem XIII./XIV. Jahrhunderte schöpfen kann und wenden uns sofort zu den Heiligen.

Die Heiligen folgen von Andreas ab in der Reihenfolge nach den Monaten vom 30. November angefangen bis wieder zur Vigil des hl. Andreas (29. November). Für die einzelnen Feste ist kein spezielles Kalenderdatum angegeben; dasselbe ergiebt sich aber aus der Reihenfolge. Wir stellen die Feste nach Monaten zusammen und beginnen mit dem 1. Jänner.

Jänner.

1. Circumcisio
2. Octava S. Stephani
3. Octava S. Ioannis
4. Octava Innocentium } (9 Lektionen).
5.
6. Epiphania
7.
8.
9.
10. Paul Eremita (nur oratio).
11.
12.
13. Octava Epiphaniae. Hilarius (nur oratio).
14. Felix (nur oratio).
15.
16. Marcellus
17. Antonius } nur oratio.
18. Prisca
19.
20. Fabian (nur oratio) und Sebastian (9 Lektionen).
21. Agnes (9 Lektionen).
22. Vincentius
23. Emerentiana } nur oratio.
24. Timotheus

25. Pauli Bekehrung (9 Lektionen). Hl. Ananias (3 Lektionen). Projektus (oratio).
26. Polykarp (oratio).
27. Chrysostomus }
28. Agnes' Geburt } nur oratio.
29. Valerius }
30.
31.

Februar.

1. Brigida (oratio).
2. Mariä Lichtmeß (9 Lektionen).
3. Blasius (9 Lektionen).
4.
5. Agatha (6 Lektionen).
6. Dorothea (6 Lektionen).
7.
8.
9. Alto (oratio). Vedastus und Genossen (oratio).
10. Jungfrau Scholastika (3 Lektionen). Jungfrau Sotheris (oratio).
11.
12.
13.
14. Valentin, Martyrer. Vitalis und Genossen (oratio).
15.
16. Juliana (oratio).
17.
18.
19.
20.
21.
22. Petri Stuhlfeier (9 Lektionen).
23.
24. Matthias (9 Lektionen).
25. Walburga (oratio).
26.
27.
28.

März.

1.
2.
3. Kunigund (oratio).
4.
5.
6.
7. Perpetua und Felicitas (oratio).
8.
9.
10.
11.
12. Papst Gregor Magnus (9 Lektionen).
13.
14.
15.
16.
17. Gertrud (oratio).
18.
19.
20.
21. Benedikt (9 Lektionen).
22.
23.
24. Quirinus (oratio).
25. Mariä Verkündigung (9 Lektionen).
26. Castulus (oratio).
27. Rupert (6 Lektionen).
28.
29.
30.
31.

April.

1.
2.
3.
4. Ambrosius (9 Lektionen).
5.
6.

7.
8.
9. Maria Aegyptiaca.
10.
11. Leo, Papst.
12.
13.
14.
15. Tiburtius und Valerian (oratio).
16.
17.
18.
19.
20.
21.
22.
23.
24. Georg (oratio). Adalbert, Bischof und Martyrer.
25. Markus (3 Lektionen propr.; das übrige de communi; Litania major).
26.
27.
28. Vitalis.
29.
30.

Mai.

1. Philipp und Jakob (alles de communi ap.) und Walburga (oratio).
2.
3. Kreuzauffindung (9 Lektionen). Alexander, Eventius und Theodul (oratio).
4. Florian (oratio).
5.
6. Johannes ante port. lat. (de communi).
7. Juvenal (oratio).
8. Viktor, Martyrer, und Erscheinung des hl. Michael (oratio).
9.
10. Gordian und Epimachus (oratio).
11.

12. Nereus und Achilleus (oratio). Pankratius (oratio).
13. Maria ad martyres. Servatius und Gangulf (oratio).
14.
15.
16.
17.
18.
19. Pudentiana (oratio).
20.
21.
22.
23.
24.
25.
26. Urban (oratio).
27.
28.
29. Maximinus (oratio).
30.
31. Petronilla (oratio).

Juni.

1. Nikomedes (oratio).
2. Marcellinus und Petrus (oratio).
3. Erasmus (9 Lektionen).
4.
5. Bonifaz (oratio).
6. Servatius (9 Lektionen).
7.
8.
9. Primus und Felicianus (oratio).
10.
11. Barnabas (oratio de communi).
12. Basilides, Cyrinus, Nabor (oratio).
13.
14.
15. Vitus, Modestus, Crescenz (9 Lektionen).
16.
17.

18. Markus und Marcellian (oratio).
19. Gervasius und Protasius (oratio).
20.
21. Albanus, Martyrer (oratio de communi).
22. Achacius (9 Lektionen).
23. Vigil } von Johannes Bapt. (9 Lektionen).
24. Fest }
25.
26. Johann und Paul (9 Lektionen).
27.
28. Papst Leo (oratio). Vigil der Apostel.
29. Peter und Paul (9 Lektionen).
30. Commemoratio S. Pauli (9 Lektionen).

Juli.

1. Oktav von Johannes Bapt.
2. Processus und Martinian (oratio).
3. Translatio des hl. Thomas.
4. Ulrich (9 Lektionen) und Translatio S. Martini.
5.
6. Oktav von Peter und Paul.
7. Willibald (de communi).
8. Kilian (oratio propria).
9.
10.
11. Translatio S. Benedicti (oratio).
12. Margaretha (9 Lektionen).
13.
14.
15. Divisio Apostolorum (3 Lektionen).
16.
17. Alexius (9 Lektionen).
18.
19.
20.
21. Praxedis (oratio).
22. Maria Magdalena (9 Lektionen).
23. Apollinaris (oratio).

24.
25. Jakobus (9 Lektionen).
26. Anna (9 Lektionen).
27. Pantaleon (oratio).
28.
29. Martha (9 Lektionen). Felix, Simplicius, Faustinus und Beatrix (oratio).
30. Abdon und Sennen (oratio).
31.

August.

1. Petri Kettenfeier und die sieben machabäischen Brüder (oratio und 3 Lektionen).
2. Papst Stephan (3 Lektionen).
3. Inventio S. Stephani (9 Lektionen).
4. Justinus (Fest mit 9 Lektionen).
5. Oswald, rex (9 Lektionen), und Dominikus (oratio).
6. Sixtus, Felicissimus und Agapitus (oratio).
7. Afra (9 Lektionen) und Donatus (oratio).
8. Cyriakus (oratio).
9. Vigil } des hl. Laurentius (9 Lektionen).
10. Fest }
11. Tiburtius (oratio).
12. Hilaria, Digna, Eunomia (oratio propria), Klara (oratio com.).
13. Hippolytus (9 Lektionen). Radegund (oratio).
14. Vigil } der Himmelfahrt Mariä (9 Lektionen).
15. Fest }
16.
17. Oktav vom hl. Laurentius.
18. Agapitus (oratio).
19. Magnus, Martyrer (oratio).
20. Bernhard (oratio propria).
21.
22. Timotheus und Symphorian (oratio) und Oktav von Mariä. Himmelfahrt.
23.
24. Bartholomäus (9 Lektionen).
25. Genesius.
26.

27. Rufus.
28. Augustinus Hauptfest und Translationsfest (9 Lektionen). Hermes (oratio).
29. Johannis Bapt. Enthauptung (9 Lektionen). Sabina (oratio).
30. Felix und Adauctus.
31. Paulinus.

September.

1. Ägidius (oratio). Priskus (oratio).
2. Nonnosus (9 Lektionen).
3.
4.
5.
6. Magnus, Konfessor (oratio).
7.
8. Mariä Geburt (9 Lektionen), Adrian (oratio) und Korbinian. (9 Lektionen).
9. Gorgonius (oratio).
10.
11. Protus und Hyacinthus (oratio).
12.
13.
14. Kreuzerhöhung (9 Lektionen). Kornelius und Cyprian (oratio).
15. Oktav von Mariä Geburt und von Korbinian. Nikomedes (oratio).
16. Euphemia (oratio).
17. Lampert, Bischof und Martyrer (oratio).
18.
19.
20.
21. Matthäus (9 Lektionen).
22. Mauritius (9 Lektionen). Emmeram (oratio communis).
23.
24.
25.
26.
27. Kosmas und Damian (oratio).
28. Wenzeslaus, Mart. (oratio communis).
29. Fest des hl. Michael (9 Lektionen).
30. Hieronymus (9 Lektionen).

Oktober.

1. Remigius, Germanus und Vedastus (oratio).
2.
3.
4. Franziskus (Officium folgt unten).
5.
6.
7. Markus (oratio).
8.
9. Dionysius (oratio).
10. Gereon und Genossen (oratio).
11.
12.
13.
14. Callistus (oratio).
15. Gallus (9 Lektionen).
16.
17.
18. Lukas (9 Lektionen).
19. Januarius.
20.
21. 11 000 Jungfrauen (9 Lektionen).
22.
23.
24.
25. Krispin und Krispinian (oratio).
26.
27.
28. Simon und Juda (9 Lektionen).
29. Narcissus, Bischof (oratio communis).
30.
31. Vigil von Allerheiligen.

November.

1. Fest Allerheiligen (9 Lektionen). Cäsarius (oratio).
2.
3.
4.

5.
6. Leonhard, Konfessor (oratio).
7.
8. Die 4 Gekrönten (oratio).
9. Theodor (oratio).
10.
11. Martinus (9 Lektionen). Mennas (oratio).
12. Arsacius (oratio).
13. Briccius (9 Lektionen).
14.
15.
16. Othmar (9 Lektionen).
17.
18. Octava S. Martini.
19. Elisabeth (9 Lektionen).
20. Translatio S. Corbiniani (9 Lektionen).
21.
22. Cäcilia (9 Lektionen).
23. Clemens (9 Lektionen).
24. Chrysogonus (oratio).
25. Katharina (9 Lektionen).
26.
27.
28.
29. Saturnin, Chrysanthus, Maurus und Daria virg., dazu Vigil vom
30. Fest des hl. Andreas.

Dezember.

1. Candidus, Martyrer (oratio).
2. Candidus, Martyrer (oratio).
3.
4. Barbara (9 Lektionen).
5.
6. Nikolaus (9 Lektionen).
7. Oktav von Andreas.
8. Mariä Empfängnis (9 Lektionen). Zeno (oratio).
9.
10.

11. Damasus (oratio).
12.
13. Lucia (3 Lektionen). Jodokus (oratio). Ottilia (oratio).
14.
15.
16.
17.
18.
19.
20.
21. Thomas, Apostel (9 Lektionen).
22.
23.
24. Vigil.
25. Weihnacht.
26. St. Stephan.
27. Johannes Evang.
28. Unschuldige Kinder.
29. Thomas von Canterbury (oratio).
30.
31. Silvester (3 Lektionen).

Vergleichen wir dieses Verzeichnis der Heiligen aus dem Brevier des XIII./XIV. Jahrhunderts mit dem Kalendarium aus dem X. Jahrhunderte, so finden wir im ersteren viel weniger Heilige, als im letzteren. Viele der Heiligen des älteren Kalendariums hatten keine kirchliche Feier mehr; dagegen ist die Zahl der neu aufgenommenen Heiligen nicht sehr groß. Wir stellen sie nachstehend nach den Monaten zusammen:

a) im Monate Jänner: Ananias (25.) und Chrysostomus (27.); b) im Monate Februar —; c) im Monate März: Kunegund (3.); d) im Monate April: Maria Ägyptiaca (9.), Adalbert (24.); e) im Monate Mai: Michaelis Erscheinung (8.); f) im Monate Juni: Erasmus (3.), Servatius (6.), Achacius (22.); g) im Monate Juli: Divisio Apostolorum (15.), Anna (26.), Martha (29.); h) im Monate August: Dominikus (5.), Hilaria und Genossen, Klara (12.), Bernhard (20.); i) im Monate September: Ägidius (1.), Nonnosus (2.); k) im Monate Oktober: Franziskus (4.), Narcissus (29.); l) im Monate November: Leonhard (6.), Elisabeth (19.), Katharina (25.); m) im Monate Dezember:

Candidus (2.), Barbara (4.), Mariä Empfängnis (8.), Jodokus (13.), Thomas von Canterbury (29.). Dazu noch einige Oktaven und Translationen: die Oktav von Johannes Bapt. (am 1. Juli), die Translation des hl. Augustin (28. August) und die Translation des hl. Korbinian (20. November).

Es sind nur gegen dreißig Heiligenfeste, welche Aufnahme fanden, während die dreifache Zahl älterer Heiligen verschwunden ist. Lampert, Bischof von Freising, ist auch in diesem Brevier noch nicht enthalten. Die neuen Feste lassen sich ihrem Ursprunge nach in vier Klassen scheiden:

a) Feste, welche der biblischen Erzählung den Ursprung verdanken, so das neue Fest Mariä Empfängnis. Die Entstehung desselben erzählen die Lektionen des Breviers, welche wir vollständig zum Abdrucke bringen und deshalb darauf verweisen. Mit der Empfängnis Mariä war das Fest ihrer Mutter, der hl. Anna, eigentlich von selbst gegeben. Dagegen hat das Brevier das Fest des hl. Joseph noch nicht. Mit der Bekehrung des hl. Paulus stand die Person des Ananias[1], der ihm die Hände auflegte, in unmittelbarer Verbindung, weshalb sein Andenken am Tage der Conversio S. Pauli gefeiert wurde. In späteren Kalendarien ist indes Ananias bereits wieder verschwunden. Der Apostelgeschichte ist ferner das Fest der Trennung der Apostel (Divisio Apostolorum) entnommen. Auch dieses Fest überdauerte in der Diöcese Freising nicht die Zeiten des Mittelalters. Mit den Erzählungen der Evangelien hing ferner die Einführung des Festes der hl. Martha zusammen.

b) Feste, welche damals erst durch die Kanonisierung von Heiligen für die ganze Kirche vorgeschrieben wurden: Adalbert, Thomas von Canterbury, Bernhard, Dominikus und Franziskus, die hl. Klara, Elisabeth und die hl. Kunegund. Die drei großen Ordensstifter Bernhard, Vater der Cistercienser, Dominikus, Begründer der Dominikaner, und Franziskus, Stifter des Franziskanerordens, waren in der ganzen Kirche hochgefeiert. Bemerkenswert ist indes, daß Bernhard und Dominikus keine eigenen Officien hatten; es wurde alles dem Commune confessorum entnommen; nur eigene Orationen hatten sie. So Bernhard: Perfice, Domine, ipsum in nobis sanctae religionis effectum, et ad obtinendam tuae gratiae largitatem beatus Bernhardus abbas et doctor egregius suis apud te semper pro nobis virtutibus et precibus intercedat. Per ... Der hl. Dominikus hatte folgende oratio:

---

[1] Acta Ap. IX, 10—18.

Deus, qui ecclesiam tuam beati Dominici confessoris tui illuminare dignatus es virtutibus et exemplis, concede, ut intercessione ejus spiritualibus non destituatur auxiliis et temporalibus semper proficiat incrementis. Per. Das Fest des hl. Dominikus wurde auf den 5. August angesetzt, weil in der Freisinger Diöcese am 4. August das Fest des hl. Presbyters Justinus gefeiert wurde, dessen hl. Leib Bischof Hitto von Rom nach Weihenstephan bei Freising gebracht hatte. Die Geschichte dieser Ueberführung ist anschaulich geschildert in den Lektionen dieses Festes, welche wir wörtlich zum Abdrucke bringen. Der hl. Franziskus hatte ein eigenes Officium, welches wir gleichfalls im Wortlaute dem Brevier entnehmen, und dem Leser bieten. Mit der Geschichte des hl. Franziskus sind unzertrennlich verbunden die hl. Klara und die hl. Elisabeth. Die hl. Klara hatte kein eigenes Officium, wohl aber die hl. Elisabeth, die gefeierte Landgräfin von Thüringen, welche den Ruhm der deutschen Nation bildete, wie sich schon aus der Antiphon zur ersten Vesper ergiebt: Laetare, Germania, claro felici germine nascentis Elisabeth ex regali semine. Sie hatte ein Fest mit 9 Lektionen.

Der hl. Thomas von Canterbury wurde alsbald nach seinem Martyrium heilig gesprochen († 1170, kanonisiert 1173). Bereits 8 Jahre nach seinem Tode, am 17. März 1178, weihte der Erzbischof Konrad III. von Salzburg, der berühmte Wittelsbacher, die Mönchsbergkirche (Maximilianshöhle) bei St. Peter in honorem S. Thomae, episcopi et martyris. Der hl. Adalbert, Bischof von Prag, Apostel der Pommern, Martyrer 997, gehörte, wie die hl. Kunegund, Kaiserin († 1040), zu den in den süddeutschen Diöcesen gefeierten Heiligen. Kaiser Heinrich findet sich in unserem Brevier noch nicht.

c) Neben diesen Heiligen, welche der unmittelbaren Vergangenheit jener Zeit angehörten, finden wir noch neue Feste, welche auf den damals entstandenen Legenden der Nachbardiöcesen, besonders auf Legenden von Heiligen im merovingischen und karolingischen Reiche fußten; andere Feste waren dem römischen Martyrologium, teilweise bereits den griechischen Menologien entnommen, welche durch die Verbindung einzelner deutscher Könige und Kaiser mit dem griechischen Hofe in Konstantinopel und durch die Kreuzzüge bekannt wurden. Zu den Heiligen, deren Feste aus Legenden hervorgingen, sind zunächst zu rechnen die Dienerinnen der hl. Afra, nämlich Hilaria, Digna, Eunomia, welche innerhalb der Oktav der hl. Afra, am 12. Juli, gefeiert wurden. Mit der Afra-Legende hing auch zusammen der hl. Narcissus, Bischof

(29. November)[1]. Der hl. Ägidius, Gründer und erster Abt von St. Ägid in Südfrankreich († circa 711—725); Jodokus, Priester und Einsiedler zu Ponthieu in der Picardie, Sohn eines Grafen Judhael († 668 in der Einöde Villers-Saint-Josse); Servatius, Bischof von Tongern (im IV. Jahrhunderte); der hl. Leonhard, Abt und Konfessor († 559) in der Diöcese Autun, Zeitgenosse des hl. Remigius und des ersten christlichen Frankenkönigs Chlodwig, — gehören dem Gebiete des gallisch-fränkischen Reiches an. Der hl. Chrysostomus, der große Kirchenlehrer und Bischof († 14. September 407 in der Verbannung zu Komana in Pontus); die hl. Barbara, Tochter eines Heiden Dioskorus, von dem eigenen Vater dem Richter übergeben und enthauptet (nach einigen 235 zu Nikodemien, nach anderen 306 zu Heliopolis); Katharina, die große Gelehrte und Martyrin († 307); Achacius und Genossen; Maria Ägyptiaca († 321) — sind Heilige auf dem Boden der griechischen Kirche, wurden in Deutschland hauptsächlich durch die Kreuzzüge bekannt und genossen dann die höchste Verehrung; in vielen Diöcesen galten ihre Gedächtnistage als Feiertage. Michaelis Erscheinung (8. Mai) hängt mit der Legende, die mit dem Berge Garganus verknüpft ist, zusammen. Nonnosus, Vorstand des Klosters auf dem Berge Sorakte († circa 576), ist aus Dialogen Papst Gregors des Großen bekannt. Über die beiden Bischöfe und Martyrer Candidus haben wir bereits beim Kalendarium des X. Jahrhunderts die entsprechenden Angaben gemacht. Erasmus, Bischof von Formia und Martyrer unter Diokletian.

d) Außerdem finden wir noch zwei neue Feste Translationis, und zwar am 20. Oktober Translatio S. Corbiniani. Wir geben das Officium nach unserem Brevier unten wörtlich. Der hl. Augustin erscheint gleichfalls mit einem Translationsfeste, und zwar ist dieses im Breviere dem Hauptfeste unmittelbar angeschlossen. Damit ist für den Tag dieser Feier nichts bestimmt, denn auch die Oktaven von Mariä Geburt und Korbinian sind diesen Festen unmittelbar angereiht, und dann erst folgen die Zwischenfeste, z. B. Protus und Hyacinthus, Cyprian, Kornelius, Kreuzerhöhung. In gleichzeitigen und späteren Kalendarien erscheint das Fest Translationis des hl. Augustin am 11. Oktober.

Diese sämtliche Feste sind noch heute im Direktorium der Freisinger Diöcese enthalten, mit Ausnahme jener des Ananias, der Maria Ägyp-

[1] Cf. Relles: historia apologetica de la vida y martyrio de S. Narcisso. Barcelona 1679.

tiaca, des Erasmus, Servatius und Achacius, der Divisio Apostolorum, der Hilaria und Genossen, des hl. Narcissus, der Translatio Augustini, der beiden Candidus, endlich des hl. Jodokus.

Als bemerkenswert heben wir hervor, daß in unserem Breviere die Übertreibung der Legende von den 11 000 Jungfrauen Aufnahme gefunden hat. Auffällig erscheint, daß dasselbe den hl. Wolfgang nicht enthält, nachdem er bereits im Freisinger Kalendarium bei Eckardt aufgeführt ist. Auch das Fest Allerseelen ist noch nicht erwähnt, dagegen hatte das Fest Allerheiligen ein eigenes, vom jetzigen wesentlich abweichendes Officium. So lauteten die ersten 4 lectiones: I. Legimus in ecclesiasticis historiis, quod S. Bonifacius, qui quartus a beato Gregorio romanae urbis episcopatum tenebat, temporibus suis a Phoca Caesare impetraverat, donari ecclesiae Christi templum, quod Pantheon ante vocabatur. II. in quo eliminata omni spurcitia fecit ecclesiam sanctae Dei genitricis et omnium Sanctorum, ut exclusa multitudine daemonum multitudo ibi Sanctorum in memoria haberetur. III. Plebs universa in capite calendarum Novembris sicut in die natalis Domini ad ecclesiam in honorem omnium Sanctorum consecratam conveniret et missarum solemnia cum aliis divinis officiis audiret. IV. Ex hac consuetudine decretum est, ut in ecclesiis Dei, quae per orbem terrarum longe lateque construuntur, honor et memoria omnium Sanctorum in die qua praediximus haberetur. Die V. und VI. Lektion enthielten die Aufforderung, das Fest im Geiste aller Heiligen im Himmel würdig zu feiern. Interessant sind auch die Lektionen des hl. Benedikt, des hl. Ulrich[1], der hl. Margaretha[2] und der hl. Anna[3], ganz abweichend vom jetzigen Officium.

Die oratio des hl. Vitus lautete: Deus, qui beatum Vitum in parvuli adhuc aetate triumphantem coronasti et Modestum atque Crescentiam ejus meritis coaequasti, concede propitius, ut quorum veneranda natilicia colimus, eorum apud te patrociniis adjuvemur.

---

[1] Erste Lektion: Egregius Christi confessor Udalricus ex alta mannorum prosapia extitit oriundus, cujus parentes Xypaldus scilicet ac Lyepurga secundum saeculi dignitatem nobiles, sed in fide nobiliores fuerunt.

[2] I. Lectio: Beata Margaretha erat Theodosii filia, qui erat patriarcha gentilium et idola adorabat...

[3] I. Lectio: Beata Anna de Bethlehem civitate David de tribu Juda orta, soror fuit Esmeriae etc.

Der hl. **Servatius** hatte folgende oratio: Deus, qui populo tuo sanctum dedisti Servatium praedicatorem, quaesumus, ut tanti pontificis intercessione et tuae pietatis interventione ab omnibus ubique liberemur adversis et tranquilla prosperitate in tua jugiter laude laetemur. **Erasmus**: Deus, in cujus virtute beatus martyr et pontifex tuus Erasmus universa tormentorum suorum genera superavit, fac nos quaesumus ejus intervenientibus meritis cunctas inimicorum nostrorum insidias superare et a paupertate et a morte perpetua liberari. **Georgius**: Deus, qui nos beati Georgii martyris tui meritis et intercessione laetificas, concede propitius, ut qui ejus beneficia poscimus, dono tuae gratiae consequamur per tuam nobis indulgentiam. **Johannes Baptista**: Omnipotens aeterne Deus, da cordibus nostris illam tuarum rectitudinem semitarum, quam beati Joannis Bapt. in deserto vox clamantis edocuit. **Afra**: Omnipotens sempiterne Deus, vera justorum et peccatorum venia, qui beatae Afrae martyris dignum poenitentiae suscepisti fructum, concede nobis ejus festa colentibus, quatenus ipsius meritis placatus nostra quoque vota suscipias. **Florian**: Deus, qui nos sancti Floriani martyris tui annua passionis solemnitate laetificas, da quaesumus, ut ejus societatis laetitiam te largiente adipisci mereamur[1].

Wir geben nachstehend die Officien der Empfängnis Mariä, des hl. Justin, des hl. Korbinian, des hl. Franziskus und der Translation des hl. Korbinian. Das Officium Mariä Empfängnis giebt uns ein geschichtliches Bild der Entstehung der Festfeier; das Fest des hl. Justinus schildert uns die Ueberführung von Rom nach Freising. Die beiden Feste des hl. Korbinian sind für die Diöcese Freising von hervorragendster Bedeutung.

Endlich zeigt uns das Officium des hl. Franziskus ein interessantes kirchengeschichtliches Bild. Alle diese Feste zusammen aber veranschaulichen uns die Abweichung der damaligen Officien von denjenigen des heutigen Breviercs und gewähren einen wesentlichen Beitrag zur Geschichte des Bremiers überhaupt.

---

[1] Die heutige oratio ist ähnlich, aber etwas länger.

In Conceptione sancte Marie virg. Ad uesperas super ps. ant.

Gaude mater ecclesia noua frequentans gaudia lux micat de caligine roſa de ſpina germine. *ps.* Laud. pueri. *Ant.* Hec est illa ſtella maris per quam fulsit lux ſolaris cuius festum celebremus et iuuamen imploremus. *Ant.* Hec est botrum paritura uirgo plena gratia qui crucis preſſus in prelo conuiuantes de ebriat. *Ant.* O Maria clauſus ortus naufragantis mundi portus placa nobis qui te fecit matrem ſibi quam elegit. *Ant.* Adeſto iam ſupplicibus tuis fauendo precibus manum benignam porrige uitamque nostram dirige. ℞. Cordis ac uocis iubilo pangamus laudes domino cuius matris conceptio mundum perfudit gaudio. *V.* Suſcipe deuote preconia Xpe caterue. Cuius. *Ymnus.* Gaude uiſceribus. Aue decus uirgineum aue iubar ethereum nobis preſens. *super Magn. Ant.* ſolempnitas aſſit prope est iocunditas tua namque conceptio ſummis est gratulatio. Alleluia. *Coll.* Deus ineffabilis misericordie qui prime mulieris piacula per uirginem expianda ſanxiſti. Da nobis quaesumus concepcionis eius digne ſolempnia uenerari que unigenitum tuum uirgo concepit et uirgo peperit. Dominum nostrum Ihm̃ Xpm̃ *Eodem die Zenonis confess[s]. Collecta.* Uenerabilem diem beati Zenonis confeſſoris tui atque pontificis domine annua deuocione celebramus. presta quesumus. ut eius patrocinio confidentes a peccatorum nostrorum uinculis eruamur. Per. *Ad Completor. Ymnus.* Te nunc ſuppliciter. *An.* Tota pulchra es. *Inuit'* Eya peruigiles domino iubilate fideles conceptumque pie ſollempnizate Marie. *p[s]* Venite exul. *In. p[o]. n[o]. an.* Gaude fidelis concio adeſt eius conceptio que delet eue maculam mundo redonat infulam. *ps.* Domine deus noster *cum rel. uer. de beata vg. An.* Cui eua obediuit hec ſerpentis caput triuit iugum ſpernens nupciarum deo nouit celibatum *An.* A prophetis precinitur et figuris oſtenditur quod mulier procederet que deum uirgo pareret. *V.* Specie tua. *Leccio prima*

TEmpore illo quo diuine placuit pietati anglorum gentem de malis ſuis corrigere. glorioſiſſimo Normannorum duci Wilhelmo eandem patriam debellando ſubegit. Cuius pie intencionis operibus inuidens dyabolus multotiens conatus eſt obſiſtere ſucceſſibus ſed protegente domino ad nichilum deductus est malignus. Fulget dies hodierna digna laude ſempiterna *qua con*cepta eſt

Maria per quam patet uite uia. *vers.* Germine regali nec non et pontificali. Qua concep. *lect. II.* Audientes datii angliam ſubiectam normannis grauiter indignati. ſe quaſi hereditario iure priuati preparant arma. claſſem aptant et eos a data ſibi diuinitus prouincia expellant. Hoc conperto predictus Wilhelmus rex Elſinum abbatem Ram'ſienſis cenobii in datiam dirigit ut inquirat huius rei ueritatem. At ille ut erat admodum ſagacis ingenii ſtre'nuis regis exquirit. Quo pacto mare ingreditur et ecce horrida tempeſtas orta eſt. ℞. Abrahe ſtirpe generoſa uirgo procedit glorioſa *que* nullius per exemplum ſe ſacrauit deo templum. V*ers.* Hec ammiranda cunctis hec eſt imitanda. Que. *lect. III.* Fatigatis nautis funibus ruptis cadentibus uelis ſalutis ſpes amittitur. et nichil niſi inditium ſubmerſionis miſerabiliter exſpectatur. Cumque corporum ſalute deſperati animarum curam ſolummodo creatori ſuo comendarent et beatam Mariam miſerorum refugium deuote inclamarent. ecce ſubito conſpiciunt quendam reuerende albitudinis uirum. pontificali infula decoratum quaſi inter undas ſtantem naui proximum. ℞ Virga yeſſe de radice genus duxit inclitum oraculis *R^m.* prophetarum quod fuerat predictum unde uirgam egreſſuram florem *Xpũm* parituram. *Vers.* Voce prophetis ſignatur origo Mariae. Xpm. pa. Nam rubus incombuſtus moyſen qui terruit. *In IIn^o. An.* hec est uirgo que pudore ſaluo deum genuit. Virga aaron fructifera Mariae typum geſſerat que fructum nobis attulit famem qui nostram depulit. *An.* Yſaias diuus ſecretorum dei riuus uirge mouens mentionem pandit hanc conceptionem. *lect. IV.* Tunc aduocans Elſinum abbatem dixit. Vis periculum maris euadere et in prouinciam ſanus redire. Cumque ille hoc ſolum ſe expetere responderet ait. Scias me ad te a dei genitrice Maria miſſum. quam tu dulciter reclamaſti. et ſi mihi obtemperare uolueris. euades periculum mortis. Spondet illico ſe in omnibus obtemperaturum. ſi hoc euaderet naufragium. Promitte inquit ille deo et mihi. ut diem concepcionis matris Xpi. ſollempniter annuatim celebres. et celebrandum predices. Ille autem ut prudentiſſimus ait. Quis dies in hoc feſto erit celebrandus. Sexto idus decembris hoc feſtum ſollempnizatum tenebis. ℞. Sicut roſa inter ſpinas illis addit ſpeciem ſic uenuſtat ſuam uirgo Maria progeniem. *germ*inauit eum florem qui uitalem dat odorem. *V^s.* Eius cunctorum laus promitur ore piorum. Germinauit. *lect. V.* Tunc abbas dixit. Et quo ſeruitio utimur in hoc feſto. Omne inquit officium quod dicitur in eius natiuitate. dicetur et in concepcione excepto quod nomen natiuitatis mutabitur nomine concepcionis. Hijs etenim dictis ille difparuit. Statim fedata tempeftate. ferenitas redijt. Et abbas cum fuis alacer anglicis applicuit litoribus et que uiderat omnibus notificauit. Et hoc feftum in ecclesia fua ftatim inftituit celebrari. Tu. ℟m. Verbum patris mundo fulfit uirginis per uterum cuius mentem non grauauit onus premens fcelerum. *Vt sicut* in vellus pluuia fic defcendit in mariam. *vers.* Solem iufticie concludunt clauftra Marie *lect. VI.* Adeft nobis hodie dilectissimi dies ualde uenerabilis. dies omnium fanctorum follempnitate precellens. Adeft nobis inquam dies preclara. dies inclita. dies in qua concepta creditur uirgo Maria. Curemus ergo dilectissimi hoc feftum fic deuote colere. ut cum beata dei mater uirgo Maria fue conceptioni nos intereffe confpexerit. ardentius nobis fubuenire feftinet apud filium eius Iesum. ℟. Celebris dies colitur in qua uirgo concipitur que per obedientiam mundo refudit graciam. *ut quod* ruit per feminam releuetur per feminam. *Vs.* Ifta funt digna tranfgreffus tergere figna. Vt quod *In* ııȷo. *No. Ant.* Abrahe fit promiffio quod illius fucceffio uelut harena crefceret ftellisque equalis fieret. *Ant.* Hoc promiffum eft impletum cafte per Marie fetum que gignendo granum feuit de quo feges tanta creuit. *Ant.* Vinea quondam fterilis deo cultore fertilis uitem fecundam pullulat fundentem cunctis pocula. *Secundum Matheum. lect. VII.*

Liber generacionis Iesu Christi filii dauid. filii abraham. Abraham genuit Yfaac. Yfaac autem genuit Jacob. & rel. IGitur matheus humani generis *Omelia leccionis eiusdem* inicio per preuaricacionem corrupto in primo noui teftamenti libro respondens. Primo ueteris legis libro. ubi fcriptum est. Hic est liber generacionis celi et terre et rurfum hic est liber generationis ade. ade uidelicet ueteri per quem totus corruptus est mundus. adam obponens nouum in quo reftaurata funt omnia que in celo et que in terra confiftunt. dedit manifefte intelligi. quod ipsius fumpferit fecundum carnem generacionem narrandam qui electos fuos in filiorum dei affumeret adoptionem. T. ℟. Ecce nouum per prophetam fuper terram facere fe promifit auctor uirum feminam circumdare ueneranda nouitate prodeunt miracula nam Marie pregnans aluus dei *prolem* baiulat. *Vus.* Sanctus obumbrabit huic fpiritus et gravidabit fitque parens et uirgo manet. Prolem. *lect. VIII.* Quare autem librum dixerit generacionis. cum paruam libri particulam teneat generacio. per hoc intelligitur quod confuetudinem gentis fue fecutus fit. Confuetudo enim hebreorum eft. ut uoluminibus ex eorum principiis imponant nomina. ut est genefis. exodus et ceteri libri legales. Quod autem dicit Iesu Christi regalem et facerdotalem in eo exprimit dignitatem. T. ℟. Patriarcharum femine prophetarum origine regum atque pontificum genus ueniat magnificum. *Vnde* virgo concipitur christique mater eligitur. *Vs.* Nobilis et clara ftirps eft domino quoque cara. Vnde uirgo. *lect. IX.* Nam Iesus qui nominis huius prefagium pretulit primus poft moyfen in populo ifrael ducatum tenuit et filios ifrael in terram repromiffionis induxit. Aaron uero qui myftico confecratus eft ungento primus in lege facerdos fuit. Saluator igitur noster quem unxit deus oleo leticie pre omnibus participibus fuis et eft rex de quo propheta dicit. Multiplicabitur eius imperium, et pacis non erit finis. T. ℟. O Maria claufa porta quam nemo aperuit princeps ille qui tranfiuit deus et homo fuit nec ingreffu nec egreffu uiolauit claufulam fed quam prius non habebat fumpfit carnis fibulam. fic togatus tamquam fponfus fuo proceffit thalamo. *Vus.* Perfudit totam facra uirgo te theotecam decreuitque deus filius effe tuus. Sic togatus. *Ad Laudes. Ant.* Conceptus hodiernus marie femper uirginis nexum tollit nexum tergit uetufte originis. moeftis reddit leticiam dat criminofis ueniam. *Ant.* Gloriofa femper uirgo Maria dulciffima precibus te uenerantium annue piiffima in offenfis ne labamur a te femper protegamur. *Ant.* Maria plena gracia ftirpe concepta regia affiftentes tue laudi miferando nos exaudi. *Ant.* O quam larga te perfudit uirgo benediccio qua deletur quam induxit eue malediccio intende nostris laudibus beata in mulieribus. *Ant.* Dignare me laudare te uirgo et puerpera te laudantes ab erumpnis leua fuper ethera. potes enim ut domina poli pandere lumina. *In eug° Ant.* Benedicta es Maria laus noftra fpes et domina te collaudat tremit trina mundi machina in tua conceptione congaudentes confoue profutura largiendo nocitura dimoue alleluia. *Coll'. ut supra. In IIa uesp. Ant.* Conceptus hodiernus *cum rel. Ps.* Dixit dominus *cum rel. ut de .S. Maria.* ℟. O Maria. *Ymnus.* Nos hac die. *super Magn. Ant.* Aue regina celorum aue domina angelorum uale ftirps fancta per quam mundo lux est orta uale gloriofa fuper omnes ſpecioſa ſalue ualde decora et pro nobis ſemper Christum exora alleluia.

De .S. Justino confess. Ad uesp. super *ps^os^* *Ant.* Similabo eum. ℟. Amauit eum dominus. *super Magn. Ant.* Iſte homo ab adolesc. *Oratio:* Supplices te rogamus omnipotens deus. ut interueniente beato Juſtino confeſſore tuo et in nobis dona tue pietatis multiplices et uitam nostram ab omni aduerſitate defendas. Per. *Inuit.* Regem confeſſ. *Ant.* Beatus martyr. *cum rel. L. p^a^*

ANno ab incarnacione Christi octingenteſimo triceſimo quarto Indicione duodecima Kalendas Junij decimo hytto uenerabilis antiſtes Friſingenſis romam peruenit. Quem papa Gregorius in die ſancto pentecoſtes excipiens honorabiliter eius peticiones inuitus admiſit. T. ℟. Euge ſerue bone. *Leccio secunda.* Venerat namque pro ſanctis Alexandro atque Iuſtino. post crebras igitur collocuciones inſtantiſſimasque preces. cor apostoli manu dei est emollitum. et thesaurum ſoli prodit pontifici. Efferimus ergo precioſi ponderis nobilem ſarcinam. T. ℟. Juſtus germinabit. *lect. III^a^* Ciues ſubito mirati concurrunt. fama ſancti totam concitat urbem precipue propter ſanctum Alexandrum qui quintus poſt beatum petrum pontificalem tenens kathedram ma[r]tyrio est coronatus. ℟. Iſte cognouit. *lect. IIII^a^* Sanctum eciam Iuſtinum presbyterum cuius mencionem facit paſſio laurencij leuite ſibi de roma tolli uehementer dolebant. Sequenti die conuenit tanta multitudo. quanta uix capere totam poſſe crederes ciuitatem. T. ℟. Poſui adiutorium. *lect. V^a^* Diximus alacres ſed egreſſum nostrum ſubitus ymber ac munus probare quiuit inhibere non ualuit. Geroldus quidam terciane febre diu uexatus. tacto feretro idem Ergelboldus quartane febris laborans. incomodo ſunt ſanati. Tu. *lect. VI^a^* Quidam cocus Ginther nomine mente fuit captus qui ductus ad eorum tabernaculum meritis ſanctorum incolumis est effectus. Anamuet quidam de nostris uiſum perdiderat. ſed per manum tractus ad feretrum lumen recepit.

IN illo t'. Dixit I. d. s. Nemo lucernam *secundum Lucam* accendit et in abſcondito ponit neque ſub modio. ſed ſupra candelabrum. ut qui ingrediuntur lumen uideant. & rel. De ſe ipso dominus hec loquitur. Ipse quippe *Omel. lecc. eiusdem* lucernam accendit. qui teſtam humane nature flamma diuinitatis ſue impleuit.

lect. VIIIa. Quoniam profecto lucernam nec credentibus abſcondere. nec modio ſubponere. hoc eſt ſub menſura legis includere uoluit. ſed ſupra candelabrum. ut qui ingrediuntur lumen uideant. Candelabrum eccleſiam dicit. *lect. IXa.* Denique precepit ne opera tantummodo ſed et cogitaciones et ipsas eciam cordis intenciones mundare et caſtigare meminerint. Nam ſequitur. Lucerna corporis tui eſt oculus tuus. T. *Laud'. Ant.* Quinque mi deus. *In evgo. Ant.* Serue bone et fidelis.

De sancto Corbiniano.

Ant. Corbinianum qui flore meriti et documento fidei ſanctam illuſtrauit ecclesiam precamur ut ſuis precibus liberemur nostris a criminibus. Coll. Deus qui nos deuota beati Corbiniani confeſſoris tui atque pontificis inſtancia ad agnitionem tui nominis uocare dignatus es. concedo propicius ut cuius ſollempnia colimus eius patrocinia ſentiamus. Per. *De S. Gorgonio Coll'.* Sanctus Gorgonius quesumus domine ſua nos interceſſione letificet et pia iugiter faciat ſollempnitate gaudere. Per. *Inuit.* Iubilemus deo beatorum preſulum regi glorioſo qui eternam gloriam beato dedit pontifici Corbiniano. *Ps.* Venite exult. *In Io. no. Ant.* Beatus uir *cum rel. Leccio Ia.*

AD preſentia beatiſſimi patris nostri ſollempnia ſuperna beatorum ſpirituum curia. et celeſtis mater nostra congratulatur ecclesia. que dum hodie tante prolis felici aſſumpcione donatur. multorum filiorum acquiſicione letatur. T. ℞. Euge ſerue bone. *lcio. IIa.* Exultet ſuperne ciuitatis filia in huius adhuc peregrinacionis exercenda milicia. que patronum uidet ſibi iam in celis. quem paſtorem habebat in terris. quem ſicut in uia ducem sociumque laboris acceperat. sic particeps ipsius conſolacionis in patria fieri non deſperat. ℞. Ecce ſacerdos magn. *lcio. IIIa.* Precipua ac ſingulari leticia ad tanti uiri preconia nostra ſpecialiter concurrat ecclesia. quam ab ydolatrie purgatam erroribus primus ipse uerbo predicacionis excoluit miraculorum inſignibus mirabiliter adornauit. ℞. Iurauit dominus. *In IIo. no. Ant.* Inuocantem exaud' *cum rel. lcio. IIIIa.* Beatus Corbinianus pater ſanctiſſimus qui uinee quam plantauerat fructu ſuper menſam domini edens et bibens in regno dei perfruitur. Cuius filii ſicut nouelle oliuarum inſiſtere ueſtigiis et doctrinis informari letantur. ℞. Poſui adiutorium. *lcio.*

V^a. Sicut moyſes quedam uirga maris uoraginem ſiſtere diuino nutu potuit ne flueret. ſic meritis uiri dei conceſſum eſt. ut muſti ferueſcentis liquor licet obſtancia ſibi clauſtra propelleret. tamen inutiliter non potuit effluere. T. ℟. Iſte eſt qui ante. *lcio. VI^a.* Preterea ſicut aſina quondam ſeſſorem ſuum prophetam maledictum ab itinere male incepto retraxit ſic mula uiri dei furtum a fure ſubtracta furis audatiam diuino nutu repreſſit. T. ℟. Iſte homo ab adolesc. *In III°. n^o. Ant.* Ex uiri dei *cum rel. Evg.* Homo quidam peregre. ℟. Beati Corbiniani. ℟. Sanctus dei plenus. ℟. Pontificis romani. *Laud'. Ant.* Beatus Corbinianus hanc sibi *cum rel. In evg^o. Ant.* Beatiſſime preſul Corbinia[ne].

De S. Francisco. Ad ues^as. super ps^os. Ant.

FRanciſcus uir katholicus et totus apostolicus ecclesie teneri fidem romane docuit presbyterosque monuit pre cunctis reuereri. *Ps.* Laud'. pueri *cum rel. Ant.* Cepit ſub innocencio curſumque ſub honorio perfecit glorioſum ſuccedens huic gregorius magnificauit amplius miraculis famoſum. *Ant.* Hunc ſanctus preelegerat in patrem quando preerat ecclesie minorum. hunc ſpiritu prophetico prouiſum apostolico predixerat honori. *Ant.* Franciſcus evangelicam nec apicem uel unicam tranſgreditur nec iota nil iugo Christi ſuauius huic onere nil leuius in huius uite rota. *Ant.* Hinc creaturis imperat qui nutui ſubiecerat ſe totum creatoris quicquid in rebus reperit delectamenti regerit in gloriam factoris. ℟. De paupertatis ho. *Ymnus.* Proles de celo. *V^sus.* Gloria et honore. *super Magn. Ant.* O ſtupor et gaudium o iudex homo mencium tu nostre milicie cursus et auriga ignea presentibus tranſfiguratum fratribus in ſolari ſpecie uexit te quadriga in te ſignis radians in te uentura imitans requieuit ſpecies duplex prophetarum tuis aſta poſteris pater Franciſce miſeris nam increſcunt gemitus ouium tuarum. *Collecta.* Deus qui ecclesiam tuam beati Franciſci meritis fetu noue prolis amplificas. tribue nobis ex eius imitacione terrena deſpicere et celeſtium donorum ſemper participacione gaudere. Per. *Ad complet. Ymnus* Domum portam. *super nunc di. Ant.* Celorum candor ſplenduit nouum ſidus apparuit ſacer Franciſcus claruit cui ſeraphyn apparuit ſignans eum karactere inuol[uens] plantis latere dum formam crucis gerere uult corde ore opere. *Inuitatorium.* Regi que fecit opera Christo confiteantur cuius in ſancto uulnera

Franciſco renouantur. *Ps.* Venite exult. *In primo n°.* *Ant.* Hic uir in uanitatibus nutritus indecenter. diuinis kariſmatibus inuentus est clementer. *Ps.* Beatus uir. *Ant.* Excelſi dextre gratia mirifice mutatus dat lapſis ſpem de uenia cum Christo iam beatus. *Ps.* Quare fremuer. *Ant.* Manſuetus ſed non penitus in primis per languores qui captis armis celitus ad plenum mutat mores. *Ps.* Domine quid nil.

V^us Gloria et hon. *lcio prima.*

Apparuit gratia dei ſaluatoris nostri diebus iſtis nouiſſimis in ſeruo ſuo Franciſco. quem pater misericordiarum et luminum in tam larga dulcedinis benediccione preuenit quod ſicut ex uite ipsius decurſu luculenter apparet. non ſolum de mundialibus tenebris eduxit in lucem. ſed et perfectis efficit uirtutum prerogatiuis et meritis celebrem nec non et preclaris circa eum crucis oſtenſis myſteriis inſigniter demonſtrauit illuſtrem. T. ℞. Franciſcus ut in publicum ceſſat negociari in agrum mox dominicum ſecedit meditari. *Inuentum* euangelicum thesaurum uult mercari. *V^us.* Deum quid agat unicum conſultans audit celitum inſigne ſibi dari. Inuentum. *lcio. II^a.* Hic nimirum de uallis ſpoletane partibus ciuitate Aſſyſi trahens originem primumque iohannes uocatur a matre dehinc Franciſcus a patre. nominacionis quidem paterne uocabulum tenuit ſed et rem materni nominis non reliquit. ℞. In dei feruens opere ſtatim ut ſua uendit pauperibus impendere pecuniam. *que graui* ſuo pondere cor liberum offendit. *V^us.* Quam formidante paupere presbytero recipere abiectam uilipendit. Que graui. *Lcio. III.* Licet enim inter uanos fuerit hominum filios iuuenili etate nutritus in uane. et poſt aliqualem literarum noticiam lucratiuis mercationum deputatus negociis. ſuperno tamen sibi aſiſtente presidio. nec inter cupidos mercatores ſperauit in pecunia et thesauris. ℞. Dum pater hunc perſequitur latens dat locum ire conſtanter poſt agreditur in publicum prodire. *squalenti* uultu cernitur putatur inſanire *V^us.* Luto ſaxis inpetitur ſed paciens uir nititur ut ſurdus pertranſire. Squalenti. *In II°. n°.* *Ant.* Pertractum domi uerberat plus cunctis furens pater obiurgans uincit carcerat quem furtim ſoluit mater. *Ps.* Cum inuoc'. *Ant.* Iam liber patris furie non cedit effrenati clamans ſe uoluntarie pro Christo mala pati. *Ps.* Verba mea. *Ant.* Ductus ad loci preſulem ſua patri reſignat nuduſque manens exulem in mundo ſe deſignat. *Ps.* Domine deus nost. *Vus.* Inerat namque iuuenis Franciſci precordiis *Lcio. IV.* Poſuiſti deus diuinitus indita cum lenitate manſuetudinis quedam ad pauperes miſeracio liberalis. que ſecum ab infancia creſcens tanta cor illi benignitate repleuerat. ut iam euangelium non ſurdus auditor omni proponeret ſe petenti tribuere maxime ſi diuinum allegaret amorem. In ipso quippe iuuentutis flore firma ſe domino ſponſione conſtringens. quod nunquam ſi poſſibilitas afforet petentibus pro amore domini ſe negaret. Tu autem. ℟. Amicum querit priſtinum qui ſpretum in cenobio tunicula contexit. *contemptu* gaudens hominum leproſis fit obſequio quos antea deſpexit. Sub typo trium ordinum tres nutu dei preuio ecclesias erexit. Contemptu. *Lcio. V.* Dum promiſſum tam nobile uſque ad mortem ſeruare non deſtitit ad copioſiora in deum dileccionis et gracie incrementa peruenit. Verum licet hic iugiter in corde ipsius diuini amoris uigeret ignicula ignorabat adhuc adoleſcens curis terrenis implicitus celeſtis allocucionis archanum donec facta manu domini ſuper eum. et caſtigatus fuit exterius prolixi languoris grauedine et clarificatus interius ſancti ſpiritus unccione. ℟. Audit in evangelio que ſuis Christus loquitur ad predicandum miſſis hoc inquit est quod cupio *letanter* his innititur memorie commiſſis. *Vus.* Non utens uirga calceo nec pera fune cingitur duplicibus dimiſſis. Letanter. *Lcio. VI.* Corporeis poſtmodum uiribus utcunque reſumptis. menteque mutata in melius cum militem quendam nobilem quidem genere ſed in opere rebus obuium inſperato habuiſſet occurſu generoſi regis et pauperis Chriſti memor effectus. tanta fuerit erga uirum pietate permotus. ut decencia que sibi de nouo parauerat indumenta deponeret. illumque protinus ſe nudato ueſtiret. T. ℟. De paupertatis horreo ſanctus Franciſcus ſatiat turbam Christi famelicam in uia ne deficiat. Iter pandit ad gloriam et uite uiam ampliat. *Vus.* Pro paupertatis copia regnat diues in patria reges ſibi ſubſtituens quos hic ditat inopia. Iter pandit. *Ant. Ni. IIIi.* Cor uerbis uoue gratie ſollicitus apponit uerbumque prime ſimpli . . . proponit. *Ps.* Domine quis h. *Ant.* Pacem ſalutem nuntiat in ſpiritus uirtute uereque pati ſociat longinquos a ſalute. *Ps.* Domine in uirt *Ant.* Vt noui ſancti merita remunerentur natis hiis noua tradit monita uiam ſimplicitatis. *Ps.* Domini est ter. *Vus.* Amauit eum dominus. *Evangelium.* Confiteor tibi domine pater celi et terre. ℟. *dominica*

VIa. post epyphaniam. ℟. Carnis ſpicam contemptus area Franciſcus frangens terreus. terrea. *granum* purum excuſſa palea summi regis intrat in horrea. *Vus.* Viuo pane morte iunctus uita uiuit uita functus. Granum. ℟. Archana ſuis reſerans octauum tandem recipit et ad diuerſas gentes binos mittendos federans. humiliari precipit et esse pacientes. Grex procidit obtemperans paſtor erectos ſuſcipit ad oſcula gaudentes. humiliari. ℟. Sex fratrum pater ſeptimus abſcorptus luce celitus diuina contemplatur. *Inter minores* minimus quis parui gregis exitus preclare ſpeculatur. *Vus.* Quadrans quoque nouiſſimus culparum ſibi penitus dimitti reuelatur. Inter minores. *Laudes. Ant.* Sanctus Franciſcus preuiis oracionum ſtudiis quid faciat inſtructus non ſibi ſoli uiuere ſed aliis proficere uult dei zelo ductus. *Ant.* Hic predicando circuit et quem non homo docuit fit doctus in ſtuporem uirtutum uerba loquitur nouumque noua ſequitur milicia ductorem. *Ant.* Tres ordines hic ordinat primumque fratrum nominat minorum pauperumque fit dominarum medius ſed penitencium tercius ſexum capit utrumque. *Ant.* Doctus doctrine gratia doctus experientia que ſunt perfeccionis hec fratres docet omnia tam factis quam frequencia melliflui ſermonis. *Ant.* Laudans laudare monuit laus illi ſemper affuit laus inquam ſaluatoris inuitat aues beſtias et creaturas alias ad laudem conditoris. *In eugo. Ant.* Sancte Franciſce propere ueni pater accelera ad populum qui premitur et teritur ſub onere palea luto latere et ſepulto egyptio ſub ſabulo nos libera carnis extincto uicio. *In secunda uespa. Ant. super ps.* Sanctus Franciſcus preuiis *cum rel. Ps.* Dixit dominus. *Ps.* Confitebor. *Ps.* Beatus uir. *Ps.* Laude. pueri. *Ps.* Laude. do. o. g. ℟. Sex fratrum. *Ymnus.* Decus morum. *Vus.* Gloria & hon. *super Magn. Ant.* Salue ſancte pater patrie lux forma minorum uirtutis ſpeculum recti uia regula morum carnis ab exilio duc nos ad regna polorum.

In Translacione. sancti Corbiniani. — Ad uesas. super psos. Ant.

ADeſt beatiſſimi Corbiniani diei electa feſtiuitas gratulantes hodie iubilent Katholici letabundi memor nostri ora pater quatenus relictis ſordibus terrenis induamur Christo ymnologis zeumatibus adherentes ei in eternum. *Ps.* Laude pueri *cum rel.* ℟. Pontificis romani: *Ymnus.* Aue paſtor bone. *V^us.* Gloria et hon. *super Magn. Ant.* O beatum et glorioſum antiſtitem Corbinianum qui flore meriti et documento fidei ſanctum illuſtrauit ecclesiam precamur ut ſuis precibus liberemur nostris a criminibus. Coll. Deus qui nos deuota beati Corbiniani confeſſoris tui atque pontificis inſtancia ad agnicionem tui nominis uocare dignatus es, concede propicius ut cuius Tranſlacionem colimus eius patrocinia ſenciamus. Per. *Ad matut. Inuitatorium.* Laus confeſſorum tibi Christe corona tuorum qui celis uranum ſociaſti Corbinianum. *Ps.* Venite exult. *In I^o. n^o. Ant.* Corbinianus uir beatus tamquam lignum tranſplantatus ſecus fluctuum fluenta inconvulſo robore uiua fructuum crementa ſuo dedit tempore. *Ps.* Beatus uir. *Ant.* Supra montem conſtitutus predicans preceptum dei uerbum opere ſecutus in timore ſeruit ei. *Ps.* Quare frem. *Ant.* Suſceptorem ſuum deum uoce clamans innocauit et de monte ſancto eum exauditum laureauit. *Ps.* Domino quid mul. *V^us.* Gloria et honore. *Leccio prima.*

GAudete dulciſſimi fratres in domino qui ad ſanctiſſimi patris et protectoris nostri Corbiniani ſollempnia conueniſtis et ex intimo cordis affectu Iesum Christum collaudate. qui nos ad agnicionem ſui ſancti nominis per ſui ſancti ſacerdotis predicacionem perducere dignatus eſt. Tu. ℟^m. Felix waltegyzo patre et corbiniana matre est defuncto patre natus patris nomine uocatus ſed fauſto poſt omine matris grato nomine dictus eſt Corbinianus *deo plenus* fide ſanus. *V^us.* Lux oritur caſtris melitonica purior aſtris. Deo ple. *lcio. II.* Sequamur unanimiter tam ſancti doctoris ueſtigia. non ſimus tanti patris degeneres filii. ſed ſanctitatem uite illius. morum nobilitate imitemur. Non ſint alicuius malicie uel nequicie occulta in nobis ſemina. ℟. Preclare puer yndolis et mentibus almiuolis Christo ſecurus aſtitit ſed blandimentis subdolis *mundique* pompis friuolis relicturus abſtitit. *V^us.* Nam ſcripturarum ſtudet indagare ſacrarum myſtica diuinorum cum pſalmis eulogiorum. Mundique. *lcio. III.* Preparemus nos in omni bonitate ut preclarus pontiſex et pius predicator noſter ſanctus Corbinianus episcopus gaudens nos ante tribunal ſummi iudicis in die ultimo deducat quatenus cum illo deſiderabilem mereamur audire ſentenciam: Venite benedicti patris mei percipite regnum quod uobis paratum eſt ab origine mundi. ℟. Amator caſtimonie ſeruator parſymonie ieiuniis uigiliis orationum ſtudiis creber inſiſtebat. *declinans* tranſitoriam uanamque mundi gloriam uitam solitariam ſeculi penuriam pre cunctis eligebat. *Vus.* Eſuriens et ſiciens iuſticiam cordis oris operis obtemperat officia ſic pauper Christi pauperis aſſequitur ueſtigia que totus ſiciebat. Declinans. *In IIo. no* Mirificatum et ſignatum uultus tui lumine letificaſti faciaſti multiplicaſti domine. *Ps.* Cum inuoc. *Ant.* Mane aſtans cum beatis te uidebat in idipsum ſcuto bone uoluntatis tue coronaſti ipsum. *Ps.* Verba mea. *Ant.* Eleuato ſuper celos ſubieciſti omnia hinc eternum canat melos pro honoris gloria. *Ps.* Domine deus noster. *Vus.* Poſuiſti domine. *lcio. IV.* Beatus Corbinianus de celeſti patria piis oracionibus nostrum cottidie agonem adiuuare non deſiſtit. deſiderans ſuos cariſſimos filios quos paterna pietate genuit in Christo ad gloriam perpetue beatitudinis peruenire. ℟. Creſcente fama uiri dei aduentantis plebis ei concurſus increbruit quod uir ſanctus horruit romam igitur petebat adiens Gregorium cui cordis exponebat intus quicquid habuit depoſcensque clanculum anguli latibulum apud oratorium ſancti petri manibus qua pro ſuis uictibus operari cupiebat degens. *nec* obtinuit. *Vus.* Nam in modum papa mirum ſtupens ſanctitatis uirum clam inito conſilio inuitum ſacerdocio promouit dato pallio predicare monuit ſic uoti impos rediebat triſtis. Nec obt. *lcio. V.* Qua propter carissimi fratres. unuſquiſque in ſuo ordine ſecundum uirium facultatem fortiter dyabolicis reſiſtat ſuggeſtionibus. ut eternam triumphi coronam cum pio parente nostro accipere dignus efficiatur. Non ſunt eius condigne ut ait apostolus paſſiones huius temporis. ad futuram gloriam que reuelabitur in nobis. Tu. ℟. Fvlminant miracula ſignis tonant ſecula fur mula reducitur latro uite redditur piſcem defert aquila urſus iuſſu ſternitur ſaginam fert ut domitus lumine perfunditur et odore celitus fons aquae conceditur *Horam* preſcit obitus. *Vus.* Zyme poſt nouacionem corporis ablucionem miſſe celebracionem celes celo meritum digne reddit ſpiritum. Horam. *lcio. VI.* Scire debemus fratres karissimi. quod quantas animas quiſque lucratus fuerit deo. tantas mercedes accepturus erit a domino. Quantam gloriam habere putatis ſanctum patronum nostrum Corbinianum episcopum in celeſti regno cum Christo. qui tam innumerabilem populum predicacione Christo in terris acquiſiuit uel quanta ſit gloria anime illius ſperantis inter angelos. dum tantum honorem habet corpus illius inter homines. ℟. Bagatha contrahitur ſancto dum obloquitur id defuncti naribus calidus ſanguis febribus dominicus curatur labitur nec leditur puer precipicio *arreptus* a demonio fugato liberatur. *V*us. Cuiuſdam manus arida ſub feretro fit uiuida quo ſanctus deportatur. Arreptus. *In III*o. no. *Ant.* Ex uiri dei enophoro muſtum ferueſcens ſpinam[1] excuſſit integer tamen liquor remanſit. *Ps.* Domine quis. *Ant.* Quidam latro mulam eius ſurripuit et ex hac deſcendere nequiuit donec ſacro preſuli ſe repreſentauit. *Ps.* Domine in uirt. *Ant.* Triduo ſuſpenſus latro tanti uiri benediccione de ſupplicio uiuus deponitur. *Ps.* Domini est ter. *Evg.* Homo quidam peregre. ℞. Beati Corbiniani ſaginarium e uicina ſilua urſus arripuit *quem incauto* cuſtode proſtrauit membratimque dilacerauit. *V*us. Cui ſanctus ſaginam inpoſuit quam romam uſque perduxit in loco gaballi. Quem incauto. ℞m. Sanctus dei plenus uirtute cum piſce quem amminiſtrante aquila diuinitus exhibuit *cunctos* ſecum euntes refecit. *V*us. Vt quondam corui helyam pauere miniſtri ſic auis aquila cum piſce. Cunctos. ℞. Pontificis romane ecclesie pedibus Gregorii prouoluitur cui flebili uoce multa narrauit et qualiter huius ſeculi fluctibus et honoribus esset compreſſus. Narrauit quod nec muri clauſtra tranquillitatem preſtare potuiſſent et quantum diuicias mundi formidaret. & qualiter. *Laudes. Ant.* Beatus Corbinianus hanc ſibi ſedem elegit et primus eandem episcopus amminiſtrauit. *Ant.* Creuit decus et honor uiri dilectus est ab omnibus imperii principibus. *Ant* Sanctus dei famulus impetrato celitus medicamine multorum debilitates uiribus adauxit principibus. *Ant.* Benedictus rerum omnium dominus qui nobis ſanctiſſimum predeſtinauit tutorem Corbinianum. *Ant.* Precibus intentus humiliter hunc imploremus ut contra cunctos inimicorum incurſus nobis ſit cuſtos tutiſſimus. *V*us. Magna est gloria. *In evg*o. *Ant.* Beatiſſime preſul Corbiniane meritis et uirtutibus apoſtolis comparate nobis peccatoribus abſolucionem culparum impetrato propicius. *In secunda uesp. Ant.* Beatus Corbinianus *cum rel. Ps.* Dixit dominus. *Ps.* Confitebor. *Ps.* Beatus uir. *Ps.* Laud'. pueri. *Ps.* Memento. ℞. Hic dei plenus. *V*us. Gloria et hon. *super Magn. Ant.* O beatum et glorioſum. *Pro feria leccio prima.*

---

[1] „Spina" hat hier die sozusagen einzig dastehende Bedeutung „Spund". Die vorliegende Stelle ist bei Ducange als Citat aus Aribos „Vita Corbiniani" aufgeführt.

UEnerandus dei famulus Corbinianus ortus fuerat ex regione melitonenſi ex patre waltegyzo et ex matre Corbiniana. Quo nondum nato. genitor eius exceſſit rebus humanis. Tu. *lcio.* Quo poſt obitum patris nato. mater eius genitoris ſui nomine ex ſacro fonte fecit ablutum et poſtea illius amore compuncta. nomen eius mutauit eumque Corbinianum uocauit. T. *lcio.* Qui dum bone yndolis excreuiſſet. diuina inſpiracione compunctus. ſacre religionis officium uiriliter diligebat cepitque diuine ſcripture ſagaciſſimus indagator exiſtere. ieiuniis et oracionibus inſtabat.

Item feria leccio prima

VIndemiarum tempore dum quidam ei uindemiarum primicias afferret muſti eius in cellario uas inde non modicum impleuerunt. Contigit autem ut muſto uehementer intumeſcente spinam tam fortiter eiecit ut ſonitus eius in cella uiri dei ad aures perueniſſet. Tu. *lcio. II^a^* Qui ſtatim intelligens quod geſtum fuerat. ſe in oracionem proſtrauit. et miniſtris hoc indicare diſtulit. ſic pernoctans orando uſque dum matutinas deo laudes perſoluebat. Tu autem. *Leccio III^a^.* Ipſe uero tintinabuli ſigno miniſtros conuocans ſuſpicionem quam de uino habuit eis indicans. Res mira apparuit. Quia muſtum ſic incolome inuentum eſt. ut nec gutta quidem foras exiret. T.

3.

Ein Freisinger Kalendarium aus dem XV. Jahrhundert, CLM. 6422.

An das Verzeichnis der Heiligen des Brevieres reihen wir ein Kalendarium an, welches ungefähr 100 Jahre jünger ist und in das XV. Jahrhundert gehört. Das Kalendarium ist sehr schön geschrieben, enthält die Feiertage bereits durch rothe Schrift ausgezeichnet und hat nur wenige spätere Nachträge. Es trägt in der Münchener Staatsbibliothek die Bezeichnung Cod. lat. Nr. 6422, saeculi XV. Das Kalendarium stimmt, bis auf wenige neue Feste, wesentlich mit dem Heiligenverzeichnisse des Breviers überein, ist aber besonders dadurch wertvoll, daß die Feiertage durch rothe Schrift genau bezeichnet sind, so daß wir hier zum erstenmale für die Diöcese Freising die spätmittelalterlichen Feiertage feststellen können.

Jänner.

1. Circumcisio Domini.
2. Oktav von St. Stephan.
3. " " " Johannes Ev.
4. " " den unschuldigen Kindern.
5.
6. Epiphania Domini.
7. Valentin, Bischof.
8. Erhard.
9.
10. Paul, Eremit.
11.
12.

13. Oktav von Epiphanie.
14. Felix in pincis.
15. Maurus, Abt.
16. Marcellus, Papst.
17. Antonius, Abt.
18. Prisca, Jungfrau.
19.
20. Fabian und Sebastian.
21. Agnes, Jungfrau und Martyrin.
22. Vincenz, Diakon, Martyrer.
23.
24. Timotheus.
25. Conversio S. Pauli.
26. Polykarp, Bischof.
27. Johannes Chrysostomus.
28. Agnes (natalis).
29.
30.
31.

Februar.

1. Brigida, Jungfrau.
2. Purificatio Beatae Mariae Virginis.
3. Blasius, Bischof.
4.
5. Agatha, Jungfrau und Martyrin.
6. Dorothea, Jungfrau.
7.
8.
9. Apollonia, Jungfrau.
10. Scholastika „
11.
12.
13.
14. Valentin, Martyrer.
15.
16. Juliana, Jungfrau.
17.

18.
19.
20.
21
22. Cathedra S. Petri.
23.
24. Matthias, apost.
25.
26.
27.
28.

März.

1.
2.
3. Kunegundis, Jungfrau.
4.
5.
6.
7. Perpetua und Felicitas.
8.
9.
10.
11.
12. Gregor, Papst.
13.
14.
15.
16. Cyriakus.
17. Gertrud, Jungfrau.
18.
19. Joseph, pater Domini putatus.
20.
21. Benedikt, Abt.
22.
23.
24.
25. Annunciatio Beatae Mariae Virginis.

26. Castulus, Martyrer.
27. Rupert, Bischof.
28.
29.
30. Quirinus, Martyrer.
31.

April.

1.
2.
3.
4. Ambrosius, Bischof.
5.
6.
7.
8.
9. Maria Ägyptiaca.
10.
11.
12.
13.
14.
15. Tiburtius und Valerian.
16.
17.
18.
19.
20.
21.
22. Parmenius et socii ejus.
23.
24. Georgius, Mart. Adalbert, Bischof.
25. Markus, Evangelist. Litania major.
26.
27.
28. Vitalis.
29. Petrus, Martyrer.
30.

Mai.

1. Philippus et Jacobus, apostoli. Walburga, Jungfrau.
2. Dedicatio ecclesiae Frising. Sigismundi, regis.
3. Inventio Crucis. Alexander, Eventius, Theodul.
4. Florian, Martyrer.
5. Godhard, Bischof.
6. Johannes ante portam latinam.
7.
8. Michaelis Erscheinung.
9.
10. Gordian und Epimachus.
11.
12. Nereus und Achilleus.
13. Servatius, Gangulf.
14.
15.
16.
17.
18.
19. Pudentiana, Jungfrau.
20.
21.
22.
23. Translatio S. Dominici.
24.
25.
26. Urban, Papst.
27. Beda, Presbyter.
28.
29.
30.
31. Petronilla, Jungfrau.

Juni.

1. Nikomedes, Martyrer.
2. Marcellinus und Petrus.
3. Erasmus.
4.

5. Bonifacius.
6.
7.
8.
9. Primus und Felicianus.
10.
11. Barnabas, Apostel.
12. Basilides, Cyrinus, Nabor und Nazarius.
13.
14.
15. Vitus Modestus et Crescentia, mart.
16.
17.
18. Markus und Marcellinus.
19. Gervasius und Protasius.
20.
21. Alban, Martyrer.
22. Achatius et socii ejus.
23.
24. Nativitas Joannis Bapt.
25. Gallikanus, Martyrer.
26. Johann und Paul.
27. Septem dormientium.
28. Leo, Papst.
29. Petri et Pauli. app.
30. Commemoratio S. Pauli.

Juli.

1. Oktav von Johannes Bapt. Otto, Bischof.
2. Processus und Martinian. Visitatio Beatae Mariae Virginis.
3. Translatio S. Thomae ap.
4. Udalrici, ep. Translatio S. Martini.
5.
6. Octava apostolorum.
7. Willibald, Bischof.
8. Kilian und Genossen.
9. Translatio S. Nicolai.
10. Septem fratrum.

11. Translatio S. Benedicti.
12. Margaretha, virg. et mart.
13. Henrici, imperatoris.
14.
15. Divisio apostolorum.
16. Hilarinus, Papst.
17. Alexius.
18.
19. Arsenius.
20.
21. Praxedis, Jungfrau.
22. Maria Magdalena.
23. Apollinaris.
24. Christina.
25. Iacobus, ap.
26. Anna, mater Mariae.
27.
28. Pantaleon.
29. Martha.
30. Abdon und Sennen.
31. Tertulinus[1], Martyrer.

August.

1. Vincula Petri.
2. Stephan, Papst, Martyrer.
3. Inventio S. Stephani.
4. Justinus, Presbyter.
5. Oswald, rex. Dominikus, Konfessor.
6. Transfiguratio Domini. Sixtus, Felicissimus, Agapitus.
7. Afra, Martyrin. Donatus, Bischof.
8. Cyriakus, Martyrer.
9. Romanus, „
10. Laurentius, mart.
11. Tiburtius, Martyrer.
12. Klara, Jungfrau.
13. Hippolytus und Genossen. Kassian, Martyrer.

---

[1] Über sein römisches Coemiterium vgl. Kraus: Roma Sott. p. 549.

14. Eusebius.
15. Assumptio Beatae Mariae Virginis.
16.
17. Octava S. Laurentii.
18. Agapitus, Martyrer.
19. Magnus, Martyrer.
20. Bernhard.
21.
22. Timotheus und Symphorian. Oktav Mariä Himmelfahrt.
23.
24. Bartholomaeus, ap.
25.
26.
27. Rufus, Martyrer.
28. Augustinus, ep. Hermes, Martyrer.
29. Decollatio Joannis Bapt. Sabina, Jungfrau.
30. Felix und Adauktus.
31.

September.

1. Ägidius.
2. Translatio S. Gregorii, pap. Nonnosus, Abt.
3.
4.
5. Translatio S. Sigismundi.
6. Magnus, Konfessor.
7.
8. Nativitas Beatae Mariae Virginis. Corbiniani, ep.
9. Gorgonius. Commemoratio S. Corbiniani, vacatio in civitate Frisingensi.
10.
11. Protus und Hyacinth.
12. Septem dormientium.
13.
14. Exaltatio crucis.
15. Nikomedes, Martyrer. Octava nativitatis.
16. Euphemia, Jungfrau.
17. Lampert, Bischof und Martyrer.
18.

19. Lampert, episcop. Frisingensis.
20.
21. Matthäus, ap.
22. Emmeram. Mauritius und Genossen.
23. Thekla, Jungfrau. Quadragesimus assumptionis Mariae.
24. Rupert, Bischof.
25.
26. Cyprian und Justina, Martyrer.
27. Kosmas und Damian, Martyrer.
28. Wenzeslaus, Martyrer.
29. Michael, archang.
30. Hieronymus, presb. et doctor.

Oktober.

1. Remigius, Germanus, Vedastus, Bischöfe.
2. Leodegar.
3.
4. Franziskus.
5.
6.
7. Translatio S. Wolfgangi.
8. Translatio S. Erhardi.
9. Dionysius und Genossen.
10. Gereon " "
11. Translatio S. Augustini.
12.
13. Kolomann, Martyrer.
14. Calixtus, Papst.
15.
16. Gallus, Abt.
17.
18. Lukas, Ev.
19. Januarius und Genossen.
20.
21. Undecim millia virginum.
22. Severus, Bischof.
23. Severin, Bischof.
24. Amandus, Bischof.

25. Krispin und Krispinian.
26.
27.
28. Simon et Juda, app.
29. Narcissus, Bischof.
30.
31. Wolfgang, Bischof.

November.

1. Omnium Sanctorum festiv.
2. Commemoratio animarum. Eustachii et soc.
3. Pirminius, Bischof.
4.
5.
6. Leonhard, Konfessor.
7. Willibrord, Bischof.
8. Quatuor coronati.
9. Theodor, Martyrer.
10. Martinus, Papst.
11. Martini, ep.
12. Arsacius.
13. Briccius.
14.
15. Othmar, Abt.
16.
17. Florinus.
18.
19. Elisabeth.
20. Translatio Corbiniani.
21. Praesentatio Beatae Mariae Virginis.
22. Cäcilia.
23. Clemens.
24. Chrysogonus.
25. Catharina, virgo et mart.
26. Linus, Papst. Konradus, Bischof.
27. Virgilius, ep.
28.
29. Saturnin. Maurus.
30. Andreas, ap.

Dezember.

1.
2.
3.
4. Barbara, Jungfrau.
5. Friedrich, Konfessor.
6. Nicolai, ep.
7. Translatio Ambrosii, ep.
8. Conceptio S. Mariae Virginis.
9.
10.
11. Damasus, Papst.
12.
13. Lucia, Ottilia, Jungfrauen.
14.
15. Maximin, Konfessor.
16.
17.
18.
19.
20.
21. Thomas, ap.
22.
23.
24. Vigilia.
25. Nativitas D. N. Jesu Christi.
26. Stephani, Protomart.
27. Joannis Evang.
28. Sanctorum Innocentium.
29. Thomas, Cantuarensis ep.
30.
31. Silvester, Papst.

Gegenüber dem Missale und Kalendarium des X. Jahrhunderts und dem Breviarium aus dem XIII./XIV. Jahrhunderte enthält unser Kalendarium nachstehende neue kirchliche Gedächtnistage:

1. Valentin (7. Jänner), Bischof beider Rhätien, bekannt aus der Biographie des hl. Severin von Eugippius. Valentin starb in Ober=

mais bei Meran, wurde aber unter den Agilolfingern nach Passau gebracht und neben Maximilian als Diöcesanpatron verehrt. 2. Maurus, Abt, Schüler des hl. Benedikt, welcher den Benediktiner-Orden nach Frankreich verpflanzte († 584). 3. Der hl. Joseph, pater Domini putatus (19. März), erscheint in unserm Kalendarium zum erstenmale, nachdem die hl. Anna schon ein Jahrhundert früher kirchliche Verehrung gefunden hatte. Der Josephstag war aber nur einfacher kirchlicher Gedächtnistag, aber kein Feiertag. 4. Parmenius und Genossen (Helymas und Chrysotelus), Presbyter, welche im Jahre 251 unter Kaiser Decius in Persien die Martyrkrone erwarben. Ihre Kenntnis wurde vermittelt durch die passio von Abdon und Sennen. 5. Petrus, Martyrer, war ein Heiliger des Dominikanerordens († 1252). 6. Einweihung der Kirche in Freising (2. Mai). 7. Sigismund (2. Mai), König der Burgunder († 524). Da seine Gedächtnisfeier mit dem Freisinger Kirchweihfeste zusammenfiel, wurde sein Fest verlegt auf 5. September. 8. Godhard (5. Mai), Bischof von Hildesheim (1022—1038), Reformator der bayerischen Benediktinerklöster. Er war in Altbayern, zu Reichersdorf, Pfarrei Schwanenkirchen, in der Nähe von Niederalteich, geboren 960. 9. Beda (27. Mai), Presbyter, der berühmte englische Mönch und Schriftsteller († 735). 10. Gallikanus (25. Juni), vornehmer römischer Staatsmann und Heerführer, welcher 362 in Ägypten den Martyrtod erlitt. 11. Septem dormientium (27. Juni). Sie erscheinen in unserem Kalendarium nochmals am 12. September. Die sieben Schläfer wurden im späteren Mittelalter hoch verehrt und fanden eine ganz beträchtliche Litteratur. Schon die Kaiserchronik (6434 ff.) erzählt die Geschichte der sieben Jünglinge, welche vor Kaiser Decius in eine Höhle flüchteten und, von ihm eingemauert, dort 248 Jahre schliefen, bis sie unter Theodosius entdeckt und Zeugen für die bestrittene Auferstehungslehre wurden. Ausführlich handelt davon ein Gedicht aus dem XIII./XIV. Jahrhunderte, herausgegeben von Karajan[1]. Vgl. Joh. Koch[2]: Die Sieben-Schläfer-Legende, ihr Ursprung, ihre Verbreitung; ferner Gödeke: Deutsche Dichtung (I, 235). 12. Otto (1. Juli), Bischof von Bamberg (1103—1139). 13. Mariä Heimsuchung (2. Juli). Erscheint in unserem Kalendarium zum erstenmale und zwar sofort als gebotener Feiertag. Das Fest wurde zuerst im Franziskanerorden

[1] Heidelberg 1839.
[2] Leipzig 1853.

gefeiert. Papst Urban VI. dehnte dasselbe 1378 auf die ganze Kirche aus, aber seine Anordnung fand wegen des Schismas nicht allgemeine Beachtung, bis endlich das Konzil von Basel im Jahre 1441 in der 43. Sitzung das Fest als Feiertag für die ganze Christenheit einsetzte. Es wurde auf den 2. Juli, als den ersten Tag nach der Oktav des hl. Johannes Bapt., bestimmt, in der Annahme, daß der Besuch der hl. Gottesmutter Maria bei Elisabeth noch etliche Wochen nach der Niederkunft sich erstreckte. 14. Heinrich (13. Juli), Kaiser (1002—1024). Seine kirchliche Feier folgte der Gedächtnisfeier seiner jungfräulichen Gemahlin Kunegund in Freising nach. 15. Hilarinus (16. Juli) erscheint in unserem Kalendarium unrichtig als Papst; er war Martyrer in Ostia unter Kaiser Julian. Es gibt keinen Papst Hilarinus, wohl aber einen Hilarus, welcher am 21. Februar 468 starb und am 21. Februar auch seine Gedächtnisfeier hat. 16. Transfiguratio Domini (6. August). Die Verklärung Christi wurde im fränkischen Reiche und auch in England schon frühzeitig gefeiert. In Freising erscheint dieses Fest in unserem Kalendarium zum erstenmale. 17. Lampert (19. September), Bischof von Freising, hat hier bereits kirchliche Gedächtnisfeier. 18. Severin (23. Oktober). Es ist nicht der bekannte Heilige in Passau, sondern der Bischof von Köln, zu Anfang des V. Jahrhunderts, welcher an diesem Tage seine Gedächtnisfeier hatte. 19. Allerseelen (2. November). Die Entstehung des Gedächtnisses aller Seelen führt zurück zu dem hl. Abte Odilo von Clugny († 1049), welcher für die Clugniacenser Kongregation diese Feier anordnete. Ein Priester, welcher, vom heiligen Lande zurückkehrend, das Rufen der armen Seelen in einer Vision gehört hatte, gab bei dem Abte Odilo die erste Veranlassung. Die Einführung in den Diöcesen erfolgte hier früher, dort später. Das Brevier des XIV. Jahrhunderts kannte diese Gedächtnisfeier noch nicht. 20. Florinus (17. November), lebte im IX. Jahrhunderte als Pfarrer von Remus in Graubündten (Bistum Chur) und ist dort Bistumspatron[1]. 21. Praesentatio B. Mariae Virg. (21. November). Dieses Fest, Mariä Opferung im Tempel, stammt aus der griechischen Kirche; König Karl V. von Frankreich führte es mit Zustimmung des Papstes 1372 in Frankreich ein. In Deutschland wurde das Fest zuerst 1460 eingeführt und zwar in Sachsen, worauf die einzelnen Diöcesen allmählich nachfolgten, nachdem Papst Pius II. die Genehmigung erteilt hatte. In unserem

[1] Vgl. Hoeynck S. 279.

Kalendarium ist das Fest erst von einer späteren Hand (des XVI. Jahrhunderts) nachgetragen. 22. Konrad (26. November), Bischof von Konstanz (935—976, † 26. November 976), aus dem berühmten Geschlechte der Welfen. 23. Virgilius (27. November), Erzbischof von Salzburg († 784), erscheint hier zum erstenmale in einem Freisinger Kalendarium. Sein Fest ist gebotener Feiertag. 24. Friedrich (5. Dezember), Konfessor. Mit Namen Friedrich gibt es nach Stadlers Heiligenlexikon (Bd. II) 5 Heilige. a) 3. März: Abt zu Hallum in Holland († 1175); b) 8. Mai: Abt von Hirschau († 1070); c) 27. Mai: Bischof von Lüttich († 1121); d) 18. Juli: Bischof und Martyrer zu Utrecht († 838); e) endlich 8. Dezember: ein Mönch von Fulda, welcher als Patriarch von Aquileja starb. Patriarch Friedrich I. starb 922, Friedrich II. 1085. In unserem Kalendarium ist jedenfalls der Abt von Hirschau, als Freising zunächst gelegen, gemeint, da der Heilige ausdrücklich als Konfessor, nicht als episcopus bezeichnet ist, so daß die drei Bischöfe nicht in Betracht kommen. 25. Maximin (15. Dezember), Konfessor, gleichfalls Abt, zu Micy bei Orleans, († 520).

Von diesen 25 neuen Festen sind die Verklärung Christi, Mariä Heimsuchung und Mariä Opferung, sowie St. Joseph in den Geheimnissen des Evangeliums begründet. Marä Heimsuchung war auch gebotener Feiertag, während Mariä Empfängnis noch immer einfacher Gedächtnistag war, wie auch der Josephstag. Alle diese Feste werden auch heute noch kirchlich begangen, St. Joseph als ein Festtag I. Klasse.

Parmenius, Gallikanus, die sieben Schläfer und Hilarinus waren teils griechischen Menelogien, teils dem römischen Martyrologium entnommen, werden aber heute nicht mehr gefeiert.

Die übrigen neuen Heiligen sind meistens deutsche Bischöfe oder Bistumspatrone, so der hl. Lampert von Freising, Godhard, Otto, Virgil, Konrad, Severin, Valentin, Florinus; teils Angehörige von Orden, wie Maurus, Friedrich, Maximin, Petrus (Martyrer); teils hervorragende Männer in staatlicher Stellung, wie Kaiser Heinrich und König Sigismund; endlich der im Mittelalter als einer der Begründer der kirchlichen Wissenschaft gefeierte Beda der Ehrwürdige. Mit Ausnahme von Beda, Maximin und Petrus sind die Übrigen dieser Heiligen deutschen Ursprungs. Im Freisinger Direktorium sind heute Konrad, Severin von Köln, Friedrich, Maximin, Beda nicht mehr enthalten.

Unser Kalendarium hat außer der Vigil von Weihnachten keine einzige Vigil notiert. Um so mehr Translationsfeste zählt es, so am

23. Mai Translatio S. Dominici, da für den 4. August in der Diöcese Freising das Fest des hl. Justin, am 5. das des hl. Oswald schon früher angesetzt war. Der Monat Juli hatte 4 Translationsfeste (am 3. Thomas, Apostel, am 4. Martin, am 9. Nikolaus, am 11. Benedikt). Am 2. September war Translatio S. Gregorii. Die Erklärung für die letzteren zwei Feste dürfte darin liegen, daß St. Gregor und St. Benedikt in die Fastenzeit vor Ostern fielen. Die beiden Bischöfe von Regensburg, Wolfgang und Erhard, hatten ihre Translation am 7. und 8. Oktober, der hl. Augustin am 11. Oktober, der hl. Ambrosius am 7. Dezember. Die Translatio S. Corbiniani (20. November) war ein großes Fest und gebotener Feiertag für Freising, und war wohl ursprünglich durch das Zusammenfallen mit dem Feste Mariä Geburt veranlaßt. Unser Kalendarium hat, wie das Kalendarium des X. Jahrhunderts, Mariä Geburt und Korbinian an Einem Tage, 8. September.

Als Feiertage wurden im XV. Jahrhunderte nach unserem Kalendarium begangen: Neujahr, hl. drei Könige, Pauli Bekehrung, Mariä Lichtmeß, Petri Stuhlfeier (22. Februar), Matthias (Apostel), Mariä Verkündigung, Georg, Philipp und Jakob, Kirchweih (2. Mai), Kreuzauffindung, Vitus, Johannes Bapt., Peter und Paul, Mariä Heimsuchung, Ulrich, Margaretha, Maria Magdalena, Jakobus, Laurentius, Mariä Himmelfahrt, Bartholomäus, Augustinus, Mariä Geburt und Korbinian, Matthäus, Michael, Simon und Juda, Allerheiligen, Martin, Translatio S. Corbiniani, Katharina, Virgilius, Andreas, Nikolaus, Thomas. Dazu kamen noch Christi Himmelfahrt, Fronleichnam, Oster- und Pfingstfesttage und die Weihnachtsfeste.

Von diesen Festen sind heute mehr als die Hälfte abgeschaffte Feiertage, nämlich Pauli Bekehrung, Petri Stuhlfeier, Matthias, Georg, Philipp und Jakob, Kreuzauffindung, Vitus, Mariä Heimsuchung, Ulrich, Margaretha, Maria Magdalena, Jakobus, Laurentius, Bartholomäus, Augustinus, Matthäus, Michael, Simon und Juda, Martin, Katharina, Virgilius, Andreas, Nikolaus, Thomas, im ganzen 24. Auffällig war, daß einzelne Feste, wie Mariä Heimsuchung, Katharina, Virgilius, gleich bei ihrer Einführung schon als gebotene Feiertage begangen wurden. Kreuzauffindung war Feiertag, Kreuzerhöhung nach unserem Kalendarium nicht mehr.

Einige weitere Handschriften der Freisinger Diöcese.

Aus dem spätern Mittelalter sind noch verschiedene Kalender einzelner Klöster in der Freisinger Diöcese erhalten. Wir haben z. B. ein Breviarium des Klosters Scheyern mit Kalendarium[1] vom Jahre 1462 (CLM. 17422), ein Passionale mit Kalendarium des Klosters Schäftlarn (CLM. 17294), ein Breviarium mit Kalendarium des Klosters Aßmannshausen, ein Antiphonarium, der Kirche in Weng ursprünglich gehörig und im dreißigjährigen Krieg 1645 nach Freising in Sicherheit gebracht (CLM. 6418), ferner die CLM. 6301 und 6384, der Freisinger Kirche gehörig, — sämtliche aus dem XV. Jahrhunderte — eingesehen und haben keine wesentlichen Abweichungen vom obigen Kalendarium CLM. 6422 gefunden.

Aus der älteren Zeit, und zwar aus dem IX. Jahrhunderte, erwähnen wir: CLM. 6233, welcher das Evangelium secundum Matthaeum und von fol. 116 an Homilien auf die Feste Nativitas Domini, Innocentium, Circumcisio, Epiphania, Coena Domini, Pascha, Ascensio, Pentecostes, Natale Joannis Bapt. und SS. Petri et Pauli umfaßt. CLM. 6256, aus dem IX./X. Jahrhunderte, enthält sermones Patrum auf die Sonntage. CLM. 6264[a] (X. Jahrhundert) bringt ergänzend Homilien auf die Feste der Heiligen, ebenso CLM. 6264 (XI. Jahrhundert). Beide haben auch Homilien auf das Fest des hl. Korbinian, und zwar VI. id. Sept., also am 8. September; die Homilie im CLM. 6264 hat folgenden Wortlaut:

---

[1] Ein ganz ähnliches Scheyerner Breviarium (CLM. 17425) enthält Gebete in altfranzösischer Sprache.

IN FESTIVITATE SANCTI CORBINIANI EPISCOPI SVMMI PASTORIS ATQVE PATRONI NOSTRI VI IDUS SEPTEMBRIS.

GAVDETE DILECTISSIMI FRATRES IN DOMINO QVI AD sanctissimi Patris & Protectoris nostri ſancti ſcilicet Corbiniani epiſcopi ſolemnia conueniſtiſ & ſpiritali iocunditate letamini & ex intimo cordis affectu clementiam domini nostri Iesu Christi conlaudate qui nos ab idolatriae erroribus ad agnitionem ſancti ſui nominiſ per huius ſancti ſacerdotiſ praedicationem perducere dignatuſ eſt. Sequamur vnanimiter tam ſancti doctoriſ veſtigia. non ſimuſ tanti patriſ degenereſ filii. ſed ſanctitatem uitae illiuſ morum nobilitate imitemur. Abiciamuſ a nobiſ opera tenebrarum, & induamuſ noſ arma luciſ ſic in die honeſte ambulemuſ quia nox ignorantiae receſſit & uerae ſcientiae nobis lumen illuxit. ut filii luciſ in omni caſtitate & pietate ambulemuſ. Non ſint alicuius nequitiae uel malitiae occulta in nobiſ ſemina. quia homo uidet in facie. deus autem corda conſiderat. nec aliquid illius omnipotentiae oculiſ occultari poteſt. Praeparemus noſ in omni bonitate. ut praeclaruſ pontifex et piuſ praedicator noſter ſanctuſ corbinianuſ episcopus gaudenſ noſ ante tribunal ſummi iudiciſ in die ultimo deducat. quatinuſ ex numeroſitate filiorum illius cumuletur gloria. & noſ cum illo deſiderabilem mereamur audire ſententiam. Venite benedicti patriſ mei percipite regnum quod uobis paratum eſt ab origine mundi. Ille de caeleſti patria piiſ orationibus nostrum cottidie agonem adiuuare non deſiſtit. deſideranſ ſuoſ cariſſimoſ filioſ quoſ paterna pietate genuit in Christo ad gloriam perpetuae beatitudiniſ peruenire. Quapropter kariſſimi fratres unuſquisque in ſuo ordine ſecundum uirium facultatem fortiter diaboliciſ reſiſtat ſuggeſtionibus. ut aeternam triumphi coronam cum pio parente nostro accipere dignuſ efficiatur. Non ſunt enim condignae ut ait apostolus paſſioneſ huius temporiſ ad futuram gloriam. quae reuelabitur in nobiſ. Igitur breue laboriſ tempuſ diuina nobis uoluit eſſe pietaſ. & agoniſ nostri retributionem esse perpetuam. & pro temporali tribulatione permanentiſ glorie mercede gaudere. Ideo ergo nulla carnaliſ concupiſcentia. nulla ſeculariſ ambitio impediat iter nostrum. curramuſ per opera pietatiſ ad caeleſtis patriae portaſ. Expectant noſ ciueſ aeternae ciuitatiſ. & rex ipſe qui uult omneſ homineſ ſaluoſ fieri nostram cum ſanctiſ ſuiſ uehementer deſiderat ſalutem. Decet nos enim illiuſ esse cooperatoreſ in ſalute nostra. qui noſ in tantum dilexit. ut proprio filio ſuo non pepercerit. ſed pro nobis omnibus tradidit illum. Diligamuſ eum quia ipſe prior dilexit noſ. Faciamuſ illius uoluntatem. quia uoluntaſ illiuſ felicitaſ eſt nostra. Habeamuſ ſemper in mente. quod ipſa ueritaſ cuidam diuiti reſpondit in euangelio diceuſ. Si uiſ uitam ingredi. ſerua mandata. Quae sunt mandata. niſi karitaſ dei & dilectio proximi? In his duobus praeceptiſ tota lex pendet & prophetae. Dilectio itaque proximi in operibus miſericordiae conprobatur. Qui ſeculi huius habeat ſubſtantiam. auxilietur non habenti. Qui doctrinae habeat ſcientiam. corrigat errantem. dicente iacobo apostolo. Qui conuerti fecerit peccatorem ab errore uiae ſuae ſaluabit animam eius a morte. & cooperit multitudinem peccatorum ſuorum. Scire debemuſ fratreſ karissimi. quod quantaſ animaſ quiſque lucratuſ fuerit deo. tantaſ mercedeſ accepturuſ erit ab ipſo; Quantam gloriam habere putatiſ ſanctum patronum nostrum Corbinianum episcopum in caeleſti regno cum Christo. qui tam innumerabilem populum praedicatione Christo in terriſ acquiſiuit? Vel quanta ſit gloria anime illius ſperantiſ inter angeloſ. dum tantum honorem habet corpuſ illiuſ inter homineſ? Vel quid non poteſt pietatiſ precibus impetrare qui tantiſ in mundo clareſcit miraculiſ? Sed omnibus miraculiſ maior eſt inſtantia praedicationiſ. & ſanctae karitatiſ in corde flagrantia. Valde enim uiriliter accepta dominicae peccuniae talenta multiplicare ſtuduit. ideo feliciter dominum audiet ſibi dicentem: Euge ſerue bone & fideliſ. quia ſuper pauca fuiſti fideliſ. ſupra multa te conſtituam. intra in gaudium domini tui. Parua ſunt praeſentiſ uitae bona in conparatione futurorum bonorum. Sed qui in his fideliter laborat. in illis feliciter requieſcit. Quid est felicius quam in bona conuerſatione a deo perpetuae promereri beatitudiniſ gloriam? Cogitemuſ cotidie qua fiducia ueniamuſ ante tribunal ſummi iudiciſ. quid boni operis nobiscum afferamus. Aequitaſ illius nullius accipi

... ſed unicuique reddet ſecundum opera ſua. Et qui plus laborat in opere dei pluſ mercediſ accipiet in regno dei. Vnuſquisque in qua uocatione uocatuſ est. in ea uiriliter ſuam operetur ſalutem. Omnibus caeleſtiſ regni ianua pateſcit. ſed meritorum qualitaſ alium introducit. alium expellit.

Quam miſerum est hominem a gloria excludi ſanctorum. & aeterniſ cum diabolo deputari flammiſ. Peccatorum ſarcina animam ſubmergit in tartara. Iuſticiae habundantia ad caeleſtem euahit gloriam. frequentemuſ ſepius aecclesiam Christi. audiamuſ diligentius in ea uerbum Domini et quod aure percipimus hoc corde retineamuſ. ut boni operiſ fructum feramuſ in patientia. & fraterno amore unuſquiſque alium adiuuare ſtudeat. Habemuſ praeclara ſanctiſſimi patriſ nostri Corbiniani habundanter exempla. in omni karitatis officio. in fidei feruore. in ſpei longanimitate. & perſeuerantia totius bonitatiſ. Illiuſ quem tanta celebramuſ laude & tanto diligimuſ amore. tota mentiſ intentione in omni conuerſatione ſancta ſequamur ueſtigia. quatinus uiam uitae illius currenteſ aeternae beatitudiniſ cum illo gloriam accipere mereamur. auxiliante noſ rege aeterno domino nostro Iesu Christo qui cum patre et ſpiritu ſancto uiuit et regnat per aeterna ſecula ſeculorum. AMEN.

Die Ansprache im CLM. 6264ª ist folgende:

Tandem reuoluto tempore annualiſ circuli adauget laetitiam feſtiuuſ honor ſancti Corbiniani. Uir incomparabiliſ poſſedit primus principatum huius epiſcopatus. Qui ab ipſiſ cuuiſ animo et corpore omneſ mundi deſpexit concupiſcentiaſ. cui nil uidebatur dulce et ſuaue niſi quod diuina pagina perſuaſit agendum fore.

Ad ultimum proceſſit adeo in graduſ uirtutum. ut eius imperio ſubirent feraleſ beſtie more hominum. Urſuſ ſanctitate ſue iuſſioniſ coactuſ. ſaginam pertulit uſque romam oneratuſ. Nulla preualet lingua dinumerare uirtuteſ tanti uiri. Sufficiat habita fideſ credentium. pro inſcitia tot ſignorum. Hunc omnes uno ore precemur. ut per ſancti Corbiniani inuentum mereamur peruenire ad regnum celorum. Regnat unacum domino nostro Iesu Christo per infinita ſecula ſeculorum. AMEN.

Einzelne Teile dieser Homilien finden sich in den Lektionen des Breviers des XIII./XIV. Jahrhunderts.

Zweiter Teil.

Kalendarien und Kirchenfeste

der

Erzdiöcese Salzburg.

1.

Ein Missale mit Kalendarium aus dem XI. Jahrhundert.
CLM. 11004.

Eine Salzburger Handschrift der Münchener Staatsbibliothek, CLM. 15818, gehört noch dem X. Jahrhunderte an, enthält Schriften der Kirchenväter, voran des hl. Augustin, und bringt auf S. 98 ff. das Martyrologium Bedae Presbyteri, womit indes für die Kirchenfeste Bayerns keine Grundlage gewonnen werden kann. Von großer Wichtigkeit dagegen ist ein Missale, ungefähr ein Jahrhundert jünger, welches an der Spitze ein Kalendarium enthält. Wir meinen CLM. 11004, im Kataloge der Staatsbibliothek als Passauer Codex bezeichnet, thatsächlich aber der Kirche von Salzburg gehörig. Abgesehen von dem Inhalte des Missale, welches Rupert und Erentrud als höchste Diöcesanfeste enthält, sagt dies ausdrücklich folgende kurze Notiz am Schlusse: Materiam libri fecit Diemud pia scribi Scto. Ruoberto coeli pro munere certo Coelestis vitae scribantur in ordine scrib. Das Buch war also geschrieben für die Kathedrale des hl. Rupert in Salzburg. Über die Schreiberin Diemud giebt Schmeller[1] Aufschluß. Danach lebte Diemud 1071—1099 als Nonne (inclusa) in Wessobrunn und erfreute sich als Bücherschreiberin des größten Rufes. Sie schrieb nach Angaben, welche von ihr selbst herstammen, nicht weniger als fünf Missalien, darunter solche für die Bischöfe von Trier und Augsburg; zwei Evangelienbücher, ein Epistelbuch, zwei liber officialis für Bischöfe, im ganzen 45 Bücher für liturgische Zwecke. Sie schrieb auch zwei vollständige Bibeln, eine in zwei, eine in drei Bänden.

[1] In Naumanns Serapeum, Jahrgang 1841, S. 241 ff.

Diese Bibeln wurden ihrer Kostbarkeit wegen in sicheren, festen Umhüllungen aufbewahrt, weshalb sie als bibliotheca bezeichnet werden. Für die Bibel in zwei Bänden erhielt Diemud ein Bauerngut am Peißenberg[1]. Diemud hat also den Salzburger Codex 11004 geschrieben. Er wird im Kataloge als Psalmen- und Hymnenbuch bezeichnet, ist aber ein Missale. Dasselbe bringt im ersten Teile von fol. 14 an die Introitus, Graduale u. s. w. mit Noten, und zwar für alle Sonn- und Festtage und für alle Heiligentage der Salzburger Kirche, angefangen vom Advent bis zum letzten Sonntage nach Pfingsten. Nach dem ersten Sonntage post Epiphaniam ist eingeschaltet fol. 25 das Fest des hl. Felix, nach dem zweiten Sonntage post Epiphaniam folgen Markus (statt Marcellus), Prisca, Fabian und Sebastian, Agnes, Vincentius. Daran schließt sich der dritte Sonntag post Epiphaniam, dann folgen Conversio S. Pauli, Octava Agnetis, Purificatio S. Mariae, wobei die Gesänge mit Noten zuerst ad processionem, dann ad missam angegeben sind. Blasius ist von einer anderen Hand nachgetragen; von der Diemud geschrieben sind wieder: Agatha, Valentin (Martyrer), Cathedra S. Petri, Matthias ap., Gregorius, Benediktus, Annunciatio B. Mariae Virginis, Sanctissimi Ruperti und (von einer anderen Hand) Ambrosius. Dann folgen fol. 31, von Septuagesima an beginnend, die Sonntage und Ferien der Fastenzeit, die Charwoche, Ostern, Octava Paschae, dann Dominica II, III, IV post Pascha. S. 66 beginnen wieder die Heiligenfeste, und zwar Tiburtius und Valerian, Georg, Markus (litania major); darauf folgt das Himmelfahrtsfest mit Dominica und den Ferien post Ascensionem, am Samstage vor Pfingsten litania ad fontem, hierauf das Pfingstfest und die ganze Pfingstwoche. Hier schließen sich die Heiligenfeste an und zwar mit Marcellinus und Petrus beginnend und abschließend (fol. 87) mit dem Feste des Apostels Andreas (30. November), ganz nach dem Kalendarium. Erst daran reihen sich Dominica Trinitatis und die Dominicae I—XXIII post Pentecosten. S. 99 folgen einzelne Teile der Messe mit Noten: Kyrie eleison, Gloria in excelsis Deo, Credo u. s. w. Fol. 102 ist eine merkwürdige Erweiterung des Ave Maria eingeschaltet. Fol. 103 beginnen die Hymnen der Feste, ohne Noten. Dieser Teil ist von Mone und anderen schon vielfach benützt worden. Nach den Hymnen sind ange-

[1] Bibliotheca, quae data est in pretio praedii ad Bisinberg. Schmeller a. a. O. S. 250.

reiht fol. 125 sqq. die Orationen der hl. Messen für einige Sonn- und Festtage der Adventszeit und für wenige Heiligentage (Gregorius, Benedikt, Servatius, Oswald, Ägid, 11 000 Jungfrauen). Fol. 133 sind die Präfationen (wie im heutigen Missale) eingefügt, und fol. 136 beginnt dann der Canon Missae, genau wie heute, nur im Communicantes nach Kosmas und Damian mit dem Zusatze: necnon et illorum Sanctorum, quorum solemnitas hodie in conspectu majestatis tuae celebratur, domine Deus noster, in toto orbe terrarum. Nach dem Kanon folgen alsdann wieder Meßorationen für die übrigen Heiligentage und alle Sonn- und Festtage des Kirchenjahres. Den Schluß bilden Meßorationen de beata Maria virgine, in basilica cujuslibet Sancti, pro omni gradu ecclesiae, pro universis ordinibus, pro papa, rege, pro episcopo, pro populo u. s. w.

Beigebunden sind, und zwar am Beginne, einige Meßformulare von einer Hand aus viel späterer Zeit, nämlich de Lancea, de sancta Spinea (infra Septuagesimam et Quadragesimam), de S. Anna, pro defunctis, in translationibus SS. Ruperti et Virgilii; officium de corpore Christi, de S. Cruce, de S. Thoma Cantuarensi; Messen in dominicis de SS. Trinitate, Messen in sabbatis de S. Maria, ferner sermones S. Ambrosii et Hieronymi, endlich die drei Meßorationen für das Fest des hl. Kaisers Heinrich.

Den Anfang des von der pia Diemud geschriebenen Missale macht ein Kalendarium, von welchem leider das erste Blatt mit den Monaten Januar und Februar in Verlust geraten ist. Wir tragen unten S. 139 ff. für diese zwei Monate die Heiligen nach der Reihenfolge ein, wie sie im Missale ihren Platz haben.

Die Einrichtung des Missale ist dieselbe, wie im Freisinger Missale des X. Jahrhunderts (C L M. 6421). Nur die Vorbemerkungen zu den einzelnen Monaten sind weggelassen. Dagegen enthält unser Kalendarium an der Spitze jedes einzelnen Monates auch genau dieselben Verse, wie das Freisinger Kalendarium. Bezüglich der Jahreszeiten und der Solstitien giebt das Salzburger Kalendarium die Zeitbestimmung secundum Graecos, zugleich aber auch die spanische, nach Isidor, hier secundum quosdam genannt. Ebenso hat unser Kalendarium die gewohnten Tage für die Kreuzigung, Auferstehung und Himmelfahrt Christi.

Wir geben nachstehend das Kalendarium des Salzburger Missale:

März.

1.
2.
3.
4. Adriani, mart.[1]
5.
6.
7. Perpetuae et Felicitatis.
8. Initium paschalis lunae.
9.
10.
11.
12. S. Gregorii, ppe.
13.
14.
15.
16.
17. S. Gertrudis.
18.
19.
20.
21. S. Benedicti, abbatis. Aequinoctium vernum.
22. Sedes epactarum.
23. Locus concurrentium.
24.
25. Annunciatio dominica. Passio Domini.
26.
27. Ruperti ep̄i et conf. Resurrectio Domini.
28.
29.
30.
31.

---

[1] Von späterer Hand.

April.

1.
2.
3.
4. Ambrosii, epi.
5.
6.
7.
8.
9.
10.
11.
12.
13. Agathae, virg.
14. Tiburtii et Valeriani, mart.
15.
16.
17.
18.
19.
20.
21.
22.
23.
24. Georgii. Adalberti, mart.
25. Marci. Litania romana.
26.
27.
28. Vitalis, mart.
29.
30. Vigilia.

Mai.

1. Philippi et Jacobi, app.
2.
3. Inventio S. Crucis. Alexandri, Eventii, Theoduli, mart.

4. S. Floriani, mart.[1]
5. Ascensio Domini.
6. Joannis ante portam latinam.
7.[2]
8.
9. Aestatis initium.
10. Gordiani et Epimachi, mart.
11.[3]
12.[4] Pancratii, Nerei et Achilei, mart.
13. Gangulphi. Mariae ad martyres.
14.
15..
16.[5]
17.[6]
18. Pudentianae, virg.
19.
20.
21.
22.
23.
24. Aestas oritur secundum quosdam.
25. Urbani, ppe. mart.
26.
27.
28.
29.
30.
31. Petronellae, virg. et mart.

---

[1] Ein Eintrag von später Hand an diesem Tage lautet: In festo trinitatis cantantur vesperae et mane missa in capella dormitorii.

[2] Beim 7. Mai ist folgender später Eintrag: In festo corporis Christi cantantur vesperae et mane missa in capella dormitorii et ponitur corpus super altare et nocte et mane.

[3] Später Eintrag zum 11. Mai: Illa nocte cantantur vesperae in capella S. Martini.

[4] Eodem die cantatur in eadem capella missa et fit sermo. Der hl. Pankratius war einer der Kirchenpatrone.

[5] In illa nocte cantantur vesperae in capella S. Martini.

[6] Illa die erit dedicatio capellae S. Martini.

Juni.

1.
2. Marcellini, ppe. et mart.
3.
4.
5. Bonifacii, ep. et mart., et sociorum ejus.
6.
7.
8.
9. Primi et Feliciani, mart.
10.
11. Barnabae, ap.
12. Basilidis, Cirini, Naboris et Nazarii, mart.
13.
14.
15. Viti et Modesti et Crescentiae, mart.
16.
17.
18. Marci et Marcelliani, mart.
19. Gervasii et Protasii, mart.
20. Solstitium secundum Graecos.
21.
22. Paulini. Achatii[1] et sociorum ejus.
23. Vigilia.
24. Nativitas S. Joannis Baptistae.
25.
26. Joannis et Pauli, mart.
27.
28. Leonis, ppe. Vigilia.
29. SS. Petri et Pauli, appl.
30. Commemoratio S. Pauli. Erentrudis, virg.

Juli.

1. Octava S. Joannis Bapt.
2. Processi et Martiniani, mart.
3.[2]

---

[1] Sehr später Nachtrag.

[2] Später Nachtrag: Ista nocte cantantur vesperae de S. Martino.

4.[1] S. Udalrici, ep.
5.
6. Octava apostolorum.
7. Willibaldi, ep.
8. Chiliani, ep. et mart., et sociorum ejus.
9.
10. Septem fratrum filiorum S. Felicitatis.
11. Translatio S. Benedicti.
12. Margarethae, virg. et mart.[2]
13. Heinrici, imperatoris[3].
14. Dies caniculares.
15. Divisio apostolorum[4].
16.
17. Alexii, mart.[5]
18. Octava S. Benedicti.
19.
20.
21. S. Praxedis.
22. Mariae Magdalenae.
23. Apollinaris.
24. Christinae, virg. Vigilia.
25. Jacobi, ap. Christophori, mart.
26. Annae, matris Mariae[6].
27.
28. Pantaleonis, mart.
29. Felicis, p̃pe. Simplicii, Faustini, Beatricis.
30. Abdonis et Sennae.
31.

August.

1. Ad vincula Petri.
2. Stephani, p̃pe. mart.
3. Inventio S. Stephani, protomartyris.

---

[1] Später Nachtrag: Eodem die cantatur missa de S. Martino.
[2] Ebenso: Illa nocte cantantur vesperae in capella S. Heinrici.
[3] Cantatur missa et fit sermo in capella S. Heinrici.
[4] Späterer Nachtrag.
[5] Ebenso später Nachtrag.
[6] Später Nachtrag.

4. Translatio Valentini, conf.
5. Oswaldi, regis.
6. Sixti, ppe. Felicissimi et Agapiti, mart.[1]
7. Afrae, mart. Donati, ep.
8. Cyriaci, mart. et soc.
9. Romani, mart.
10. Laurentii, mart.
11. Tiburtii. Radegundis, reginae.
12. Clarae, virg.[2]
13. Hippolyti et soc.
14. Eusebii. Vigilia.
15. Assumptio S. Mariae virg.
16.
17. Octava S. Laurentii.
18. Agapiti, mart.
19. Magni mart. Dazu von später Hand: Ludwini, ep. et conf.
20. Bernhardi, abb. Stephani, reg.[3]
21.
22. Octava assumpt. Timothei et Symphoriani.
23. Vigilia. Autumnus oritur.
24. Bartholomaei, ap.
25.
26.
27.
28. Hermetis, mart. S. Augustini, ep. et conf.
29. Decollatio S. Joannis B. Sabinae, virg.
30. Felicis et Adaucti, mart.
31.

September.

1. Egidii, abb. Prisci, mart. Verenae, virg.
2.
3.
4. Translatio S. Erentrudis, virg.
5.
6. Magni, conf.

---

[1] Eintrag von sehr später Hand noch: Transfiguratio Domini.
[2] Sehr später Nachtrag.
[3] Beide von später Hand.

7.
8. Nativitas B. Mariae virg. Adriani, mart.
9. Gorgonii, mart. Cunegundis, virg.[1]
10.
11. Proti et Hyacinthi, mart.
12.
13.
14. Exaltatio S. Crucis. Cornelii et Cypriani, mart.
15. Nicomedis.
16. Eufemiae, Luciae et Geminiani.
17. Lamperti, ep. et mart.
18.
19.
20. Vigilia. Aequinoctium autumnale.
21. Matthaei, ap.
22. Mauritii et soc. ejus. Emmerami, mart.
23.
24. Ruperti, ep. et conf.
25.
26.
27. Cosmae et Damiani, mart.
28. Wenceslai, mart.[2]
29. S. Michaelis, archang.
30. Hieronymi, presb. et conf.

Oktober.

1. S. Remigii, Germani, Vedasti.
2. Leodegarii, mart.
3.
4.
5.
6. Marci, ppe.
7.
8.
9. Dionysii et soc. ejus.

---

[1] Ist später Nachtrag. Dabei heißt es: Cantantur vesperae et missa in capella S. Heinrici.

[2] Später Nachtrag: Vesperae ipsa nocte cantantur in capella dormitorii et ibi dicitur missa.

10. Gereonis et soc., mart.
11.
12. Maximiliani, ep.
13.
14.
15.
16. Galli, conf.
17.
18. Lucae, evang.
19. Januarii et soc. ejus.
20.
21. Undecim millia virg.
22.
23.
24.
25. Crispini et Crispiniani.
26.
27. Vigilia.
28. Simonis et Judae, app.[1]
29.
30.
31. Vigilia.

November.

1. Festivitas omnium Sanct. Caesarii, mart.
2.
3.
4.
5.
6. Willibrordi, ep.
7.
8. Quatuor coronati.
9. Theodori, mart.
10.[2]
11. S. Martini, ep. Mennae, mart.[3]

---

[1] Nachtrag: Dedicatio altaris in capella dormitorii.
[2] Ista nocte cantantur vesperae in capella S. Martini.
[3] Isto die cantatur missa ibidem et fit sermo.

12.
13. Briccii, ep.
14.
15.
16. Othmari, abb.
17.
18.
19. Elisabeth[1].
20.
21.
22. Caeciliae, virg.
23. Clementis, p͞pe. mart. Columbani, Felicitatis.
24. Chrysogoni, mart.
25. Katharinae[1].
26.
27. Virgilii, ep.[1]
28.
29. Saturnini, Chrysanthi, Mauri et Dariae virg. Vigilia.
30. Andreas, apost.

Dezember.

1.
2.
3.
4. Barbarae.
5. Hartwici, ep.[2]
6. S. Nicolai, ep.
7. Octava Andreae.
8.
9.
10.
11. Damasi, p͞pe.
12.
13. Luciae et Ottiliae, virg.
14.
15.

---

1 Später Nachtrag.
2 Spätere Hand.

16.
17. Ignatii, mart.
18.
19.
20. Vigilia.
21. Thomae, ap. Solstitium hiemale.
22.
23.
24. Vigilia. S. Sigiboto, C.
25. Nativitas Domini.
26. S. Stephani, mart.
27. S. Joannis Evang.
28. SS. Innocentium.
29.
30.
31. S. Silvestri, ppe.

Wie erwähnt, fehlen im Kalendarium die Monate Jänner und Februar. Wir ergänzen die Feste nach der Reihenfolge, wie sie das Missale bei Anführung der Introitus, Sequenzen u. s. w. bietet.

Jänner.

1. Circumcisio Domini.
2. Octava S. Stephani.
3. „ S. Joannis.
4. „ S. Innocentium.
5. Vigilia.
6. Epiphania.
7.
8.
9.
10.
11.
12.
13.
14. Felix.
15.
16. Marcellus, ppa.

17.
18. Prisca.
19.
20. Fabianus et Sebastianus.
21. Agnes.
22. Vincentius.
23.
24.
25. Pauli conversio.
26.
27.
28. Agnes, octava.
29.
30.
31.

Februar.

1.
2. Purificatio B. Mariae virg.
3. Blasius[1].
4.
5. Agatha.
6.
7.
8.
9.
10.
11.
12.
13.
14. Valentinus, mart.
15.
16.
17.
18.
19.
20.

---

[1] Als Nachtrag.

21.
22. Petri Cathedra.
23.
24. Matthias, ap.
25.
26.
27.
28.

An neuen Festen, welchen wir nicht schon in den Freisinger Verzeichnissen begegnet sind, bietet unser Kalendarium auch einen Salzburger Heiligen, nämlich den Erzbischof Hartwich, † 5. Dezember[1] 1023, aber als viel späteren Nachtrag. Der hl. Hartwich soll ein Graf von Sponheim gewesen sein. Über Sigiboto (24. Dezember) fehlt uns jeder nähere Aufschluß. Ludwinus (19. August) oder Leodowinus war der Legende zufolge Bischof zu Trier gegen Ende des VII. Jahrhunderts. König Stephan von Ungarn (20. August) begegnet uns, allen bisherigen Kalendarien und Brevieren entgegen, hier zum erstenmale. Bei den sonstigen neuen Festen ist der Einfluß der Kreuzzüge sehr auffällig. Wir finden plötzlich in hoher Verehrung Heilige der alten Kirche im Oriente, von denen man nichts wußte, als den bloßen Namen, so Blasius, Achacius, Hermolaus, Mamas, Erasmus, Barbara, Katharina. Da man thatsächliche Lebensumstände dieser Heiligen nicht wußte, setzte die Legendendichtung ein, welche um so üppiger gediehen ist. Blasius, Achacius, Erasmus, Barbara, Katharina zählten zu den 14 Nothelfern und ihre Gedächtnistage waren in vielen deutschen Diöcesen Feiertage. Die meisten dieser Heiligen sind in unserem Kalendarium Einträge einer viel späteren Hand, sie gehören erst der zweiten Hälfte des Mittelalters an, als die Kreuzzüge bereits beendet waren und die Legendendichtung populär geworden war. Der hl. Blasius war nach diesen Legenden Bischof von Sebaste und starb den Martyrtod unter Kaiser Licinius. Er wurde bei Halsleiden angerufen, und die Kirche führte eine eigene Segnung ein. Vom hl. Achacius weiß man eigentlich nichts, als daß er immer als Bischof dargestellt wurde. Hermolaus soll unter Diokletian den Martyrtod gefunden haben und Priester gewesen sein. In höchster Verehrung in Griechenland stand Mamas; er führte

---

[1] Über die verschiedenen Angaben des Todestages vgl. Mooyer in den Verhandlungen des Historischen Vereins der Oberpfalz XIII, 401.

den Titel des „großen Martyrers“ (Megalomartyr). Wir haben ihn bereits im Verzeichnisse der Heiligen gefunden, von denen die Freisinger Kirche schon im XI. Jahrhunderte Reliquien hatte[1]. Von seinem Leben wissen wir nichts. Nach den Homilien bei Gregor von Nazianz und Basilius scheint er Hirte und der Sohn eines Hirten gewesen zu sein, und soll 275 unter Kaiser Aurelian zu Cäsarea in Kappadocien den Martyrtod erlitten haben. Die wenigen Lebensdaten, welche wir von Erasmus, Barbara und Katharina wissen, haben wir bereits mitgeteilt.

In unserem Missale finden wir, freilich als späten Nachtrag[2], bereits eine Messe de Lancea Domini. Dieses Fest de Lancea et Clavorum Domini hängt gleichfalls mit den Kreuzzügen zusammen, wo das Volksbewußtsein mit größtem Eifer der Verehrung des hl. Kreuzes sich zuwandte. Aus jener Zeit haben in abgelegenen Thälern unserer Gebirgsländer bis zur Stunde noch manche Volksgebräuche sich erhalten, deren Zusammenhang mit den Kreuzzügen unverkennbar ist. Tausende und Tausende haben im XII. und XIII. Jahrhunderte die „liebe Reise“ in das heilige Land angetreten, wo der Herr Jesus Christus geboren wurde, wo er lebte und arbeitete, lehrte und litt, und wo er sein Grab fand, bis er auferstand und gen Himmel fuhr. Dieses Land übte einen unwiderstehlichen Reiz auf unsere Vorfahren, und gar häufig wurde das Gelübde eingelöst, zur Befreiung des hl. Landes Leben und Gut zu opfern. Zahlreiche Menschen wurden von Sehnsucht getrieben, sich gleichfalls zu beteiligen, konnten es aber nicht. Viele, welchen es versagt blieb, das hl. Land zu sehen, legten sich eine schwere Wallfahrt auf, die gewöhnlich dem Kirchlein auf einem steilen Berge galt. Fast alle Wallfahrtspunkte sind auf hohen Bergen. Die Wanderung sollte beschwerlich, der Weg selbst schon eine harte Buße sein.

Das Fest von der Lanze und den Nägeln des Herrn, vom Volke der Dreinageltag geheißen, wurde im Mittelalter am Freitage der zweiten Woche nach Ostern, also am Freitage nach dem weißen Sonntage gefeiert, und an diesen Tag knüpften sich interessante Volksgebräuche.

---

[1] Diese Reliquien dürften von Langres in Burgund nach Freising gekommen sein. Das Haupt des hl. Mamas wurde nämlich im Jahre 490 von Kaiser Zeno dem Bischof Agrunculus von Langres geschenkt, wo die Bischofskathedrale dem Heiligen zu Ehren geweiht wurde. Im XIII. Jahrhunderte soll die Feier der Translatio eingeführt worden sein.

[2] Das Fest wurde 1354 durch Papst Innocenz VI. für alle Diöcesen Deutschlands anbefohlen.

In Kärnten hat sich an diesem Festtage bis zur Stunde eine Wallfahrt erhalten, an welcher Jahr für Jahr gegen 2000 Personen teilzunehmen pflegen. Es gilt, einen Weg von ungefähr zwölf alten deutschen Meilen (24 Stunden), welcher die mit Gotteshäusern gekrönten Spitzen des Helenen-, Veits-, Laurenz- und Ulrichsberges als Ziel hat, zurückzulegen und in allen vier Bergkirchen zu beten. Pfarrer Franz Franzisci[1] hat diese Wallfahrt vom Jahre 1876 also geschildert:

„Am Vorabende des Dreinageltages bietet die sonst so einsame Höhe des Helenenberges, wo sich dem Auge eine weite Fernsicht über ein vielverzweigtes Gebirgspanorama erschließt, ein reges, lebensvolles Bild. Das ganze Plateau um die gotische Kirche ist mit Landleuten aus allen Gauen Unterkärntens, ja selbst der benachbarten Steiermark, bedeckt. Slovenen und Deutsche, bunt durcheinander gemischt, haben sich hier zu einer seltenen religiösen Feier vereint. Wer sich die Mühe nehmen wollte, die Leute zu zählen, würde nicht so bald damit fertig werden. Gewöhnlich sind es über 1000 Köpfe; manches Jahr waren hier an diesem Tage über 2000 bis 3000 Menschen beisammen. Als ein besonderes Abzeichen tragen sie einen dichten Kranz von Ephen, das ‚Bergerlaub‘, wie sie es nennen, an den Hüten, das ihnen ein höchst originelles Aussehen giebt. Das Einsammeln des ‚Bergerlaubes‘ (Hedera Helix *L.*), das die schroffen Felswände überkleidet und, wie sie meinen, nirgends als am Helenen- und Veitsberge zu finden ist, wird von den mutigsten Burschen besorgt, die sich mit Turnergewandtheit an die Felskanten hinaus wagen. Mit Einbruch der Nacht lodern an mehreren Stellen Wachfeuer auf, welche die mannigfachen Gruppen der unter freiem Himmel kampierenden Menge beleuchten. Um Mitternacht, wenn unten im Thale bereits schon alles in tiefer Ruhe liegt und die letzten Lichtchen verlöschen, erschallen mit einemmale die Glocken im altersgrauen Turme der Helenenkirche; Jung und Alt drängt sich in ihre hell erleuchteten Räume, die jedoch nur einen kleinen Bruchteil der anwesenden Menge zu fassen vermögen; die meisten wohnen unter freiem nächtlichem Himmel mit entblößten Häuptern dem nun zur ungewöhnlichen Stunde beginnenden Gottesdienste bei. Es ist ein feierlicher, ergreifender Moment: tiefes Schweigen ringsum; die Berge, die Thäler und Menschen schlummern unter dem Schleier der Nacht; nur hier an diesem erhabenen Altare im Tempel der Nacht wacht eine betende Menge.

[1] Vgl. Kulturstudien über Volksleben, Sitten und Bräuche in Kärnten. Wien 1879. S. 45 ff.

„Kaum daß der Priester den letzten Segen gesprochen, setzt sie sich wieder in Bewegung. Kienfackeln werden angefacht, um damit die dunkeln Bergpfade zu erhellen, denn nun geht es in hastiger Eile über Stock und Stein und Wurzeln bergab; bald steht die Höhe des Helenenberges, wo nur noch die Überreste der Wachfeuer verglimmen, wieder einsam und verlassen. Das zeitweilige Aufleuchten der Fackeln durch die Fichtenwaldung läßt uns die von den Wallfahrern eingeschlagene Richtung erkennen; bald sind sie in der Ebene angelangt — eine lange Reihe von leuchtenden Punkten zieht sich nun hin durch das Dunkel der Nacht.

„So wandert der Zug ohne Unterbrechung, über Meißelberg, am klassischen Boden des Zollfeldes, an den Resten des alten Virunum vorüber, bis er mit Anbruch des Morgengrauens die Anhöhen des am Fuße des Ulrichsberges gelegenen Pfarrdorfes Pörtschach erreicht. Da lagern sich die Scharen um den alten Turm von Möderndorf im Angesichte des gotischen Domes von Maria-Saal. Während einige, ermattet vom nächtlichen Gange, ihr Haupt ins taufeuchte Gras legen, erquicken sich andere an ihrem frugalen, aus Brot und Käse bestehenden Frühmahl. Daß jeder den Mundbedarf mit sich führt, läßt sich denken, da die sich überstürzende Eile bei dieser Bergfahrt wenig Zeit zur Einkehr übrig läßt.

„Dieser nächtliche Zug bei Fackelschein hat seine mystische Bedeutung: er soll die Judenschar vorstellen, die zur Gefangennehmung Christi mit Fackeln auszog, wie übrigens die ganze Wallfahrt zur Verehrung des leidenden Erlösers und der Leidenswerkzeuge abgehalten wird, daher die Wahl des Dreinageltages (Commem. Lanceae et Clavorum), der vielleicht vor Zeiten festlich begangen wurde.

„Die Ruhe dauert nicht lange; schon beginnen die Böller an der Anhöhe von Pörtschach ihre Thätigkeit; in ihren in der Ferne verhallenden Donner mischen sich die Klänge der Glocken; es ist, als ob man hier zum zweitenmale den Ostermorgen feierte. Die Menge ordnet sich zum Einzug in die Kirche; Kopf an Kopf, singend und betend, die Hüte dicht mit Immergrün bekränzt, daß die Zweige hoch aufstehen und vom Hute selbst nichts zu sehen ist, zieht sie daher wie ein wandernder Wald, von dem hinter den östlichen Bergen auftauchenden Tagesgestirne begrüßt.

„Die weitere Richtung des Zuges geht auf die Höhe des Ulrichsberges, dann über Karnberg und Zweikirchen quer durch das Glanthal hin auf den Gipfel des Veitsberges, von da nach kurzer Mittagsruhe über die Höhen von Gradeneg und Sörg auf die das Thal weithin beherrschende Kuppe des Lorenzenberges. Überall werden die ‚Vierberger' mit Böllersalven und Glockengeläute empfangen; womöglich wohnen sie der Messe bei und ziehen dann so schnell, wie sie gekommen, wieder fort. Die ganze Fahrt muß in 24 Stunden vollendet sein. Es ist eine tüchtige Wegesstrecke, und nur zu wundern ist es, wie selbst alte Leute, ja sogar Kinder daran teilnehmen können. Unter dem Volke herrscht allgemein die Meinung, ‚daß man's an keinem andern Tage als am Dreinageltage dargeht'. — Obschon eine Partie der Wallfahrer vom Veits- oder Lorenzenberg ausgeht und daher viele von der Spitze des Ulrichsberges nach Hause wandern, ist es noch immer ein bedeutender Zug, der, über die grüne Berglehne daherschreitend, unter Böllergekrache in der kleinen Kapelle des Lorenzenberges seinen Einzug hält, wo für die ‚Vierberger' schließlich ein feierlicher Segen abgehalten wird. An der Hochebene dieses abgestutzten Bergkegels hat der daselbst in einem Häuschen, das schon zu Zeiten Valvasor's stand, residierende Meßner eine Restauration unter freier Himmelsdecke aufgeschlagen. Da schmort auf einem aus losen Steinen zusammengefügten Herde die ‚Krapfenpfanne' und erfüllt die Luft mit Ambradüften, da brodelt's im schwarzen Kaffeenapf, auf dem Tische daneben stehen mit Bier gefüllte Krüge und Weißbrote in Bereitschaft; denn hier haben die Leute Zeit, sich einige Erholung zu gönnen. Übrigens giebt es nicht wenige, welche bei der ganzen beschwerlichen Bergfahrt nichts als Brot und Wasser genießen."

An sonstigen kirchlichen Gedächtnistagen führt das Kalendarium unter andern den hl. Wolfgang auf. Bemerkenswert erscheint, daß am Markustage (25. April) eingetragen ist: dies primus rogationum, am 30. Mai: dies ultimus rogationum. Mit diesen Tagen ist also der Umfang der Zeit bezeichnet, innerhalb welcher Bitttage stattzufinden pflegten.

Am 18. März ist primus dies saeculi, am 30. März: homo factus est, am 25. März annuntiatio Domini et crucifixio, 27. März resurrectio, und am 5. Mai ascensio Domini verzeichnet.

Ganz auffällig ist die geringe Zahl von Festtagen in unserem Kalendarium. Nicht einmal Allerheiligen erscheint als Festtag; auch Philipp und Jakob, Margaretha, Apostel Jakobus, Laurentius, Bartholomäus, Simon und Judas, St. Stephan und unschuldige Kinder sind nicht als Festtage verzeichnet. Mariä Heimsuchung und Mariä Empfängnis fehlen noch ganz.

In einem Breviere des Klosters der hl. Erentrud auf dem Nonnberge zu Salzburg findet sich gleichfalls ein Kalendarium, welches gerade bezüglich der Festtage Interesse bietet. Dieses Brevier, prachtvoll geschrieben und mit herrlichen Bildern und wundervollen Initialen ausgestattet, stammt aus dem XIII. Jahrhunderte und hat im Verzeichnisse der Handschriften der Münchener Staatsbibliothek die Bezeichnung CLM. 15902. Es hat folgende rot geschriebene hohe Festtage: Neujahr, hl. Dreikönig, Mariä Lichtmeß, Petri Stuhlfeier, Mariä Verkündigung, Rupert (27. März), Johannes Bapt., Peter und Paul, Mariä Himmelfahrt, Enthauptung des hl. Johannes, Mariä Geburt, Ruperts Translatio (24. September), St. Michael, Allerheiligen, Weihnachten, Johannes Evangelist.

Neben diesen hohen Festen erscheinen mittlere Feste, welche schwarz geschrieben, aber mit roter Tinte nachgefahren und umsäumt sind. Als solche Feste sind bezeichnet: Papst Gregor, Benedikt, Philipp und Jakob, Kreuzauffindung, Translationsfest des hl. Benedikt, Laurentius, Oktav von Mariä Himmelfahrt, Bartholomäus, Hieronymus, Dionysius, Koloman, Amandus, Simon und Judas, Leonhard, Andreas, Lucia, Thomas, Stephan, unschuldige Kinder.

Auch die Salzburger Handschriften CLM. 15716 und 15719, beide dem XV. Jahrhunderte angehörig, enthalten Kalendarien, diese schließen sich aber ziemlich genau an die beiden obigen Salzburger Kalendarien an. CLM. 15716 hat am 2. November bereits Allerseelen, CLM. 15719 aber nicht. Ersterer verzeichnet am 26. März den hl. Kastulus, am 24. September das hohe Translationsfest des hl. Rupert, am folgenden Tage (25. September) das Fest dedicatio monasterii Salisburgensis nebst den Salzburger Heiligen Chuniald und Ghislar (beide hl. Priester in der Mitte des VII. Jahrhunderts in Salzburg); am dritten Tage (26. September) wurde das Translationsfest des hl. Virgil gefeiert. Merkwürdiger Weise war am 30. Dezember auch König David eingetragen; dies bezeugt den Einfluß der griechischen Menelogien auf unsere spätmittelalterlichen Festkalender. Die Griechen feierten am Sonntage vor Christi Geburt ein Fest aller Vorväter des alten Testamentes, wovon sich Adam und Eva in unseren weltlichen Kalendern erhalten haben. Am Sonntage nach Christi Geburt war bei den Griechen das Fest des hl. Joseph, des Königs David und des Jakobus, des „Bruders“ des Herrn[1].

[1] Vgl. Binterim a. a. O. V[1] S. 362.

Da in unserem Kalendarium der hl. Joseph, wenn auch keinen Feiertag, so doch eine einfache kirchliche Gedächtnisfeier am 19. März hatte, Jakobus aber, der „Bruder“ des Herrn, als Apostel gefeiert wurde, blieb nur David übrig, welcher beim 30. Dezember eingesetzt wurde. Beide Handschriften, 15716 und 15719, haben am 31. Oktober Quintinus und Wolfgang. Die letzterwähnte Handschrift hat außerdem noch am 30. April den hl. Quirin. Beide Kalendarien haben endlich an der Spitze der Monate bestimmte Lebensregeln, z. B. Jänner: Ante cibum vina tibi sumas pro medicina. Februar: Ut sane vivas, minuas in pollice venas. Quarta subit mortem, prosternit tertia fortem u. s. w.

Ein Kalendarium des XIV. Jahrhunderts, CLM. 15955.

Ein Breviarium des XIV. Jahrhunderts, ehemals dem Stifte St. Peter in Salzburg gehörig[1], enthält an der Spitze ein Kalendarium, welches die Feste in roter Schrift anzeigt. Dasselbe schließt sich an das Kalendarium des XI. Jahrhunderts an, weist aber viel mehr Festtage auf. Wir teilen dasselbe nachstehend mit:

KL Januarius habet dies XXXI lunas XXX.

a	Jan.		Circumciſio domini.
b	IIII	N	Octaua s. Stephani.
c	III	N	Octaua s. Johannis.
d	II		Octaua s. Innocentum.
e	Nonas		Uigilia.
f	VIII	J9	Epyphania domini.
g	VII	J9	Valentini ep$^{i.}$ et confeſſ.
a	VI		Erhardi ep$^{i.}$ et confeſſoris.
b	V		
c	IIII	J9	Pauli primi heremite.
d	III	J9	
e	II		
f	Idus		Octaua Epyphanie. [Nachtr.:] Hylarij ep$^{i.}$
g	XIX		*Februarius.* Felicis in pincis.
a	XVIII	KL	Mauri abbatis.
b	XVII	KL	Marcelli pape et m$^{ris.}$
c	XVI		Antonij monachi.
d	XV		Priſce uirginis.

[1] CLM. 15955. Die Handschrift enthält zum Schlusse, fol. 220, das ganze Te Deum mit Noten.

e	XIIII	KL	
f	XIII	KL	Fabiani pape et m$^{ris.}$ Sebaſtiani m$^{ris.}$
g	XII		Agnetis uirginis et m$^{ris.}$
a	XI		Uincentij martyris.
b	X		
c	IX		Tymothei ap$^{li.}$
d	VIII		Conuerſio s. Pauli.
e	VII		
f	VI		
g	V		Octaua s. Agnetis virginis.
a	IIII		Ualerii ep$^{i.}$
b	III		
c	II		

Eſcas per ianum calidas eſt ſumere ſanum.

KL' Februarius habet dies XXVIII lunas XXIX.

d	Feb.		Brigide virginis.
e	IIII		Purificacio s. Marie vg.
f	III	N'	Blaſij ep$^{i.}$ et m$^{ris.}$
g	II		
a	Nonas		Agathe virginis & m$^{ris.}$
b	VIII	J9	Amandi ep$^{i.}$ et confeſſoris.
c	VII		
d	VI		
e	V	J9	Appollonie uirginis & m$^{ris.}$
f	IIII	J9	Scolaſtice virginis.
g	III		
a	II		
b	Idus		Minucio ualet [1].
c	XVI	KL'	Ualentini m$^{ris.}$ *Mart.*
d	XV	KL'	
e	XIIII		Juliane virginis et m$^{ris.}$
f	XIII		
g	XII		
a	XI		
b	X		
c	IX		

---

[1] Aderlaß (Minucio) war in den Klöstern nur zu bestimmten Zeiten gestattet.

d	VIII		Kathedra s. Petri.
e	VII		Vigilia.
f	VI		Mathie ap$^{li.}$
g	V		Walpurge uirginis.
a	IIII		
b	III		
c	II		

Hic caue frigorem de pollice funde cruorem.

KL' Marcius habet dies XXXI lunas XXX.

d	Mar.		
e	VI		
f	V		Chunigundis regine.
g	IIII		
a	III		
b	II		
c	NO.		Perpetue & Felicitatis.
d	VIII	J9	
e	VII	J9	
f	VI	J9	
g	V		Cyrilli ep$^{i.}$
a	IIII		Gregorij pape et ep$^{i.}$
b	III		
c	II		
d	Idus		
e	XVII	KL'	
f	XVI	KL'	Gedrudis virginis.
g	XV		
a	XIIII		
b	XIII		
c	XII		Benedicti abbatis.
d	XI		
e	X		
f	IX		
g	VIII		Annunciacio s. Mariae uirginis.
a	VII		
b	VI		Depoſicio s. Rudperti.
c	V	KL'	
d	IIII	KL'	

e III KL'
f II KL'

Hic aſſature tibi ſint & balnea cure.

KL' Aprilis habet dies XXX lunas XXIX.
g April. Conuerſio s. Marie Magdalene.
a IIII N9
b III N9
c II Ambroſij epi.
d Nonas
e VIII J9
f VII J9
g VI
a V J9 Marie Egyptiace.
b IIII J9
c III J9
d II
e Idus
f XVIII KL' *Mai* Tyburcij & Valeriani & Maximi.
g XVII KL'
a XVI
b XV KL'
c XIIII KL'
d XIII Leonis pape noni.
e XII
f XI KL'
g X KL'
a IX
b VIII Georgij mr.
c VII Marci ewante.
d VI Trudberti mris.
e V KL'
f IIII KL' Uitalis martiris,
g III
a II

KL' Maius habet dies XXXI lunas XXX.
b Mai Philippi & Jacobi aplorum.
c VI N'

d	V		Inuencio s. Crucis.
e	IIII		Floriani m^ris.
f	III		
g	II		Johannis ante portam latinam.
a	Nonas		
b	VIII	Id9	
c	VII	Id9	
d	VI	I9	Gordiani & Epymachi.
e	V	I9	
f	IIII		Nerei & Achillei, Pangracij.
g	III		Gongolfi martiris, Seruacij Ep^i
a	II	J9	
b	Idus		
c	XVII	KL'	
d	XVI	KL'	
e	XV		
f	XIIII		Potenciane uirginis.
g	XIII		
a	XII	KL'	
b	XI	KL'	
c	X		
d	IX		Urbani pape et m^ris.
e	VIII	KL'	
f	VII	KL'	
g	VI		
a	V		
b	IIII		Maximini ep^i. & confeſſoris.
c	III		
d	II		Petronelle uirginis.

KL' Junius habet dies XXX lunas XXVIII.

e	Junii		Nycomedis m^ris.
f	IIII	N'	Marcellini et Petri.
g	III		Eraſini m^ris. & ep^i.
a	II		Quirini martyris.
b	No		Bonifacij ep^i. & ſociorum eius.
c	VIII	J9	Phylippi dyaconi.
d	VII		Pauli ep^i. & m^ris.

e VI Medardi ep$^{i.}$
f V Jꝰ Primi et Feliciani.
g IIII
a III Jꝰ Barnabe ap$^{li.}$
b II Baſilidis, Cyrini & naboris & nazarij.
c Idus
d XVIII *Julij* Ualerij ep$^{i.}$ helyſei prophete.
e XVII Uiti, modeſti & Creſcencie.
f XVI Cyrici & Julite mr.
g XV
a XIIII KL' Marci & Marcelliani.
b XIII KL' Geruaſij et Prothaſij m$^{rum.}$
c XII
d XI KL' Albani m$^{ris.}$
e X KL' Achacij Hermolaij et ſo.
f IX Vigilia.
g VIII Johannis baptiste.
a VII
b VI Johannis & Pauli.
c V Septem dormiencium.
d IIII Leonis pape. uigilia.
e III Petri & Pauli ap$^{lorum.}$
f II Commemoracio s. Pauli. Erndrudis.

KL' Julius habet dies XXXI lunas XXX.
g Julii Octäua s. Johannis bapt.
a VI N' Proceſſi & Martiniani m$^{rum.}$ Viſitacio Marie.
b V Tranſlacio s. Thome.
c IIII N' Vdalrici ep$^{i.}$ Tranſlacio s. Martini.
d III Zoe m$^{r.}$
e II Octaua ap$^{lorum.}$
f No Willibaldi ep$^{i.}$ & confeſſ.
g VIII Idꝰ Kyliani & ſociorum.
a VII Tranſlacio s. Nycolai ep^{i} & conf.
b VI Iꝰ Septem fratrum.
c V Tranſlacio s. Benedicti.
d IIII Margarethe uirginis.
e III Iꝰ Heinrici imperatoris.

f II I9
g Idus Diuiſio ap^lorum.
a XVII *Augusti.*
b XVI KL' Allexij confeſſ.
c XV KL Arnulfi ep^i. [Nachtr.:] Tranſlacio Dorothee.
d XIIII
e XIII KL Sabini et aliorum quindecim.
f XII KL Braxedis uirginis.
g XI Marie Magdalene.
a X Appollinaris ep^i. & m^ris.
b IX Christine uirginis. Vigilia.
c VIII Jacobi ap^li. Christofori m^ris.
d VII Anne matris Marie s.
e VI Marthe.
f V KL Nazarij Celſi & Pantaleonis mr.
g IIII KL Felicis ep^i. Simplicij & ſociorum. Marthe.
a III Abdon & Sennes. Tertulini m^ris.
b II Germani ep^i.

KL' Auguſtus habet dies XXXI lunas XXX.
c Aug9 Ad vincula S. Petri.
d IIII Stephani pape et m^ris.
e III Inuencio s. Stephani.
f II
g Nonas Oſuualdi regis.
a VIII J9 Sixti pape et m^ris.
b VII Affre m^ris.
c VI J9 Cyriaci & ſo. eius.
d V Romani m^ris. Vigilia.
e IIII Laurencij m^ris.
f III Tyburcij m^ris. Radegundis vg.
g II
a Idus Ypoliti et ſo.
b XIX *Septemb.* Euſebii pr^bri. Uigilia.
c XVIII KL' Aſſumpcio s. Marie virginis.
d XVII KL'
e XVI KL' Octaua s. Laurencij.
f XV Agapiti m^ris.

g	XIIII		
a	XIII		Burchardi abbatis.
b	XII	KL'	
c	XI	KL'	Tymothei & Symphoriani.
d	X		Vigilia.
e	IX		Bartholomei ap$^{li.}$
f	VIII		
g	VII		
a	VI		Ruffi m$^{ris.}$
b	V		Auguſtini ep$^{i.}$ hermetis mr. pelagii m.
c	IIII		Decollacio s. Joh$^{is.}$ bapt.
d	III		Felicis & Adaucti.
e	II		Paulini ep$^{i.}$

KL' September habet dies XXX lunas XXX.

f	Sept.		Egidij abbatis.
g	IIII		Antonini m$^{ris.}$
a	III	N'	
b	II		Marcelli m$^{ris.}$ Tranſlacio s. Erndrudis.
c	Nonas.		
d	VIII	J9	Magni confeſſoris.
e	VII	J9	
f	VI		Natiuitas s. Marie vg.
g	V		Gorgonij m$^{ris.}$ Tranſlacio Chunigi̅
a	IIII	J9	
b	III		Prothi & Jacinti. Felicis & Regule.
c	II		
d	Idus		
e	XVIII		*Octobris* Exaltacio s. crucis.
f	XVII	KL'	Octaua s. Marie V. [Nachtr.:] Nycomedis.
g	XVI	KL'	Eufemie virginis [Nachtr.:] Lucie et Gemine.
a	XV		Lamperti ep$^{i.}$ & m$^{ris.}$
b	XIIII		
c	XIII		
d	XII		Vigilia.
e	XI		Mathei ap$^{li.}$
f	X		Mauricij & ſoc. eius. Emmerami.
g	IX		Lini pape. Tecle uirginis.

a VIII Ruperti ep$^{i.}$
b VII
c VI Virgilij ep$^{i.}$
d V Cofme & Damiani.
e IIII Wencezflai m$^{ris.}$
f III Michaelis archangeli.
g II Jeronimi p$^{fbri.}$

KL' October habet dies XXXI lunas XXVIIII.
a Octo. Remigii Germani & Vedasti.
b VI · N' Leodegarij ep$^{i.}$
c V
d IIII N'
e III
f II
g Nonas Marci pape Sergi & bachi [Nachtr.:] Wolfgangi Tranflacio.
a VIII J9 [Nachtr.:] Symeonis Jufti.
b VII J9 Dyonifij & fo. eius.
c VI Gereonis & foc. eius.
d V Tranflacio s. Augnftini.
e IIII Maximiliani ep$^{i.}$
f III Cholomanni m$^{ris.}$
g Calixti pape & m$^{ris.}$
a Idus
b XVII KL' Galli confefforis *Nov.* Gedrudis translatio.
c XVI KL' Marthe.
d XV KL' Luce euangelifte.
e XIIII Januarij & foc. eius.
f XIII Vitalis ep$^{i.}$ & confef.
g XII Undecim milium virginum [Nachtr.:] Hylarione.
a XI Seueri ep$^{i.}$
b X [Nachtr.:] Seuerini ep$^{i.}$
c IX
d VIII Crifpini & Crifpiniani. Crifanti.
e VII Amandi ep$^{i.}$
f VI Uigilia.
g V Symonis & Jude.

a	IIII		Narciffi epi. & mris.
b	III		
c	II		Quintini wolgangij uigilia.
KL'	Nouember habet dies XXX lunas XXX.		
d	No.		Feftum omnium fanctorum.
e	IIII	No'	Euftachii & fociorum eius.
f	III	N'	Pirminii epi. & confefforis.
g	II		
a	Nonas		
b	VIII	J9	Leonhardi confeff.
c	VII		Willibrordi epi.
d	VI		Sanctorum quatuor coronatorum.
e	V	J9	Theodori mris.
f	IIII		Martini pape.
g	III		Martini epi.
a	II	J9	
b	Idus		Briccij epi.
c	XVIII		Decembris.
d	XVII	KL'	Floriani confeff.
e	XVI	KL'	Emundi epi. Othmari abbatis.
f	XV		
g	XIIII		
a	XIII	KL'	Elizabeth Regine.
b	XII	KL'	
c	XI		
d	X		Cecilie virginis & mris.
e	IX		Clementis pape & mris. [Nachtr.:] Columbani.
f	VIII		Chrifogoni mris.
g	VII		Katherine uirginis & mris.
a	VI		Lini.
b	V		Virgilij epi. Depoficio.
c	IIII		
d	III		Saturnini, mr. Uigilia.
e	II		Andree apli.
KL'	December habet dies XXXI lunas XXIX		
f	Decem.		
g	IIII	N9	
a	III	N9	

b	II		Barbare uirginis.
c	Non.		
d	VIII	J9	Nicolai epi.
e	VII		
f	VI	J9	Zenonis epi. & mris. Concepcio s. Marie.
g	V		
a	IIII		Eulalie uirginis.
b	III	J9	[Nachtr.:] Damaſi pape.
c	II		
d	Idus		Lucie uirginis.
e	XIX	KL'	Nycaſij epi.
f	XVIII	KL'	
g	XVII		[Nachtr.:] Ignacij mris.
a	XVI		
b	XV		
c	XIIII	KL'	
d	XIII	KL'	Uigilia.
e	XII		Thome apli.
f	XI		
g	X	KL'	
a	IX	KL'	Vigilia.
b	VIII		Natiuitas domini. Anaſtaſie virginis.
c	VII		Stephani prothomartyris.
d	VI		Johannis apli. et ewante.
e	V		Sanctorum innocentum. Danid regis.
f	IIII	KL'	Thome epi. & mris.
g	III	KL'	
a	II	KL'	Silueſtri epi.

Obiges Kalendarium hat nicht mehr die Einträge mit Daten aus dem neuen und alten Testamente; auch die Angaben über Jahreszeiten und Naturerscheinungen sind weggeblieben; dafür sind am Schlusse der ersten drei Monate Lebensregeln angebracht. Von einer Hand des XV. Jahrhunderts sind einzelne Notizen lokalgeschichtlichen Inhalts eingetragen, welche wir weggelassen haben.

Von Heiligenfesten finden sich neu einige Persönlichkeiten der Bibel, wie Simeon der Gerechte, dessen Name mit der Darbringung des Herrn am 2. Februar in Verbindung steht. Unser Kalendarium hat die Gedächtnisfeier dieses Simeon, freilich erst als Nachtrag, am 8. Oktober.

Philipp, einer der Diakonen, von denen die Apostelgeschichte erzählt, erhielt seine Gedächtnisfeier am 6. Juni. Maria Magdalena hatte ein zweites Fest, das der Conversio (am 1. April), dem Feste Pauli Bekehrung nachgebildet. An sonstigen neuen Festen erwähnen wir die Feier des Martyrers Trudbert, des Apostels und Schutzheiligen des Breisgaus († circa 643, am 26. April). Am 16. Juni: Cyrikus und Julita, Martyrer zu Tarsus in Cilicien unter Diokletian. Am 5. Juli war die Feier der hl. Martyrin Zoe († 286 in Rom). Am 20. August: der hl. Presbyter Burchard zu Beinwiler in der Schweiz[1]. Der hl. Florianus am 16. November ist gleichfalls ein Schweizer Heiliger: der bereits im Freisinger Kalendarium erwähnte hl. Florinus, Pfarrer in Remus (Graubünden). Der hl. Antoninus am 2. September ist der bekannte Martyrer zu Apamea in Syrien. Am 21. Oktober ist neben den 11 000 Jungfrauen noch verzeichnet der hl. Hilarion, Abt, dessen Leben und Wunder aus den Werken des hl. Hieronymus bekannt geworden waren. Am 22. Oktober: Severus, Bischof von Trier (im V. Jahrhunderte). Am 16. November: Fest des hl. Edmund, Erzbischofs von Canterbury († 1242). Am 14. Dezember: Nikasius, Bischof von Rheims. An neuen Translationsfesten erwähnen wir das der hl. Dorothea (18. Juli), der hl. Kunegund (9. September), der hl. Gertrud (16. Oktober). Aus dem alten Testamente sind am 14. Juni der Prophet Elisäus, am 28. Dezember König David eingetragen. An neuen Feiertagen erwähnen wir Matthias, Georg, Markus, Vitus, Commemoratio S. Pauli, während die hl. Erentrud am selben Tage schwarz eingetragen ist; auch ihr Translationsfest am 4. September ist schwarz geschrieben. Als Festtage erscheinen ferner Ulrich und St. Anna, während Mariä Heimsuchung kein Feiertag war. Dagegen sind wieder Mariä Empfängnis, Lukas Evangelist und Kreuzerhöhung als Feiertage verzeichnet. Allerseelen ist ist noch gar nicht erwähnt. Eine kurze Zusammenstellung der Feiertage unseres Kalendariums, nach Monaten geordnet, giebt folgendes Bild: 1) Jänner: Neujahr, Epiphanie, Pauli Bekehrung. 2) Februar: Mariä Lichtmeß und Matthias, Apostel. 3) März: Benedikt, Mariä Verkündigung, Rupert. 4) April: Georg, Markus. 5) Mai: Philipp und Jakob, Kreuzauffindung. 6) Juni: Vitus, Johannes Bapt., Peter und Paul, Pauli Gedächtnis. 7) Juli: Ulrich, Margaretha, Apostolorum divisio, Maria Magdalena, Jakob, Anna. 8) August: St. Stephans Auffindung, Laurentius, Mariä Himmelfahrt, Bartholomäus. 9) September: Mariä

[1] Cfr. Acta Sanctor. Boll. 20. Aug. supplem. p. 829—832.

Geburt, Kreuzerhöhung, Matthäus, Ruperts Translatio, Virgilius' Translatio und Michael. 10) Oktober: Lukas Evangelist, Simon und Judas. 11) November: Allerheiligen, Martin, Katharina, Virgilius, Andreas. 12) Dezember: Nikolaus, Mariä Empfängnis, Thomas, Weihnachten, Stephan, Johannes Evangelist, Unschuldige Kinder. Zusammen: 46 Feste. Rechnet man dazu noch das Kirchweihfest, die beweglichen Feste der Charwoche, der Oster- und Pfingstzeit, Christi Himmelfahrt und Fronleichnamsfest, so ergeben sich über 50 Festtage neben den Sonntagen.

Dem Breviarium ist nach dem Kalendarium noch eine Anweisung beigefügt, um mittels der goldenen Zahl und des Sonntagsbuchstabens die Wochen und Wochentage zu bestimmen. Wir geben diese Anweisung nachstehend:

Nota quod vbicunque inveneris aureum numerum iſtius anni . tunc quere litteram dominicalem ſequentem . et inuenies in ſequenti numero ebdomadas et dies vſque Inuocauit.

Ebdomado	dies			Aureus numerus
6	3	d	Priſce virg.	5 . 16
6	4	e		
6	5	f	Sebaſtiani	13
6	6	g	Agnetis	2
7		a	Vincencij	
7	1	b		10
7	2	c	Timothei	
7	3	d	Conuerſio Pauli	18
7	4	e		7
7	5	f		
7	6	g	Octaua Agnetis	15
8		a		7
8	1	b		
8	2	c		12
			KL Februarij	
8	3	d	Brigide virg.	1
8	4	e	Purificacio Marie	

Ebdomado	dies			Aureus numerus
8	5	f	Blaſij m$^{ris.}$	9
8	6	g		
9		a	Agathe vg.	17
9	1	b	Amandi ep$^{i.}$	6
9	2	c		
9	3	d		14
9	4	e	Appollonie vg.	3
9	5	f	Scolaſtice vg.	
9	6	g		11
10		a		
10	1	b		19
10	2	c	Valentini	8
10	3	d		
10	4	e	Juliane vg.	
10	5	f		
10	6	g		
11		a		
11	1	b		
11	2	c		
		d	Kathedra Petri	
		e	Mathie ap$^{li.}$	
		f	Waltpurgis	
		g		
		a		

Dritter Teil.

Kalendarien und Kirchenfeste

des

Bistums Passau.

1.

Ein Kalendarium in Versen aus dem Jahre 1246.

Das Konzeptbuch des Albert von Beham, Domdekans zu Passau, enthält einen Kirchenkalender in Memorierversen. Da dieser jedenfalls praktischen Zwecken zu dienen bestimmt war, dürfte er im Jahre der Priesterweihe Albert's (1246) in das Konzeptbuch eingetragen worden sein. Der Albert von Behamsche Kirchenkalender ist schon zweimal gedruckt: das eine Mal herausgegeben von Höfler[1], das andere Mal, nebst Erklärung, von Dr. Ratzinger in den „Historisch-politischen Blättern"[2]. Wir geben nachstehend die Verse und stellen dann die Feste nach Monaten zusammen:

Cisio. janus. epiph. sibi vendicat oct. feli. marc. ant.
Prisca. seb. ag. vincent. thym. paulus nobile lumen.
Bri. pur. blasus. agath. Februo scolastica. valent.
Primum conjunge tunc petrum mathyan inde.
Martius officio decoratur gregoriano.
Gertrud. abba bene. juncta maria genitrice.
April. in ambrosii festis ovat atque tyburti.
Et valet sanctique geor. marcique vitalis.
Philipp. chrux. flo. goth. joha latin. epim. ne. mar. admar.
Majus in hac serie tenet urban. in pede tres can.
Nic. celline. boni. vin. et med. primi. ba. ciri. na.
Vitique mar. prothasi. silverii. ioha. ioha. le. pe. paul.
Juli proces. Udal. Will. Kili. fra. bene. margar. apostol.

---

[1] Albert von Beham, Stuttgart 1847, S. XXIV.
[2] Bd. 103, S. 617 ff.

Occurrunt prax. mag. ap. christ. jacobique sym. abdon.
Petr. steph. steph. just. os. syxt. af. ciri. lau. tyburt. yp. eus.
Sumptio. gap. mag. au. pri. tymo. bartol. ruf. au. col. dacti.
Egidium September habet. nat. gorgon. proth. ma. chrux. nic.
Eufe. Lamberteque. math. mauritius et cle. we. mich. ier.
Remi sub Octobre. marcus. dy. ger. au. quoque calyxt.
Galle. lucas. cap. un. cus. seve. crispini. symonis. quin.
Omne Novembre cole. co. theo. martin. briciique.
Succedunt illi ce. cle. chri. Katerine. sat. andre.
December barba. nycolaus et alma lucia.
Sanctus abinde thomas. modo nat. steph. io. pu. tho. ppa. sil.

Jänner.

1. Circumcisio.
2.
3.
4.
5.
6. Epiphania.
7.
8.
9.
10.
11.
12.
13. Oktav von Epiphania.
14. Felix.
15.
16. Marcellus.
17. Antonius.
18. Priska.
19.
20. Fabian und Sebastian.
21. Agnes.
22. Vincenz und Anastasius.
23.
24. Timotheus.
25. Pauli Bekehrung.

26.
27.
28. Agnes, Oktav.
29.
30.
31.

Februar.

1. Brigitta.
2. Mariä Lichtmeß.
3. Blasius.
4.
5. Agatha.
6.
7.
8.
9.
10. Scholastika.
11.
12.
13.
14. Valentin.
15.
16.
17.
18.
19.
20.
21
22. Petri Stuhlfeier.
23.
24. Matthias.
25.
26.
27.
28.

März.

1.
2.
3.
4.
5.
6.
7.
8.
9.
10.
11.
12. Gregor.
13.
14.
15.
16.
17. Gertrud.
18.
19.
20.
21. Benedikt.
22.
23.
24.
25. Mariä Verkündigung.
26.
27.
28.
29.
30.
31.

April.

1.
2.
3.
4. Ambrosius.

5.
6.
7.
8.
9.
10.
11.
12.
13.
14. Tiburtius und Valerian.
15.
16.
17.
18.
19.
20.
21.
22.
23.
24. Georg.
25. Markus.
26.
27.
28. Vitalis.
29.
30.

Mai.

1. Philipp und Jakob.
2.
3. Kreuzauffindung.
4. Florian.
5. Gotthard.
6. Ioannes ante port. lat.
7.
8.
9.
10. Epimachus.

11.
12. Nereus und Achilleus.
13. Maria ad martyres.
14.
15.
16.
17.
18.
19.
20.
21.
22.
23.
24.
25. Urban.
26.
27.
28.
29.
30.
31. Cantius, Cantian, Cantianilla.

Juni.

1. Nikomedes.
2. Marcellinus.
3.
4.
5. Bonifacius.
6.
7. Vincenz und Benignus.
8. Medardus.
9. Primus und Felician.
10.
11. Barnabas.
12. Cyrinus, Nabor und Nazarius.
13.
14.
15. Vitus, Modestus und Crescentia.

16.
17.
18. Markus und Marcellian.
19. Gervasius und Protasius.
20. Silverius.
21.
22.
23.
24. Johannes Bapt.
25.
26. Johann und Paul.
27.
28. Leo, Papst.
29. Peter und Paul.
30. Pauli Gedächtnis.

Juli.

1.
2. Processus und Martinian.
3.
4. Ulrich.
5.
6.
7. Willibald.
8. Kilian.
9.
10. Sieben Brüder.
11. Benedikts Translatio.
12. Margaretha.
13.
14.
15. Apostolorum divisio.
16.
17.
18.
19.
20.
21. Praxedis.

22. Magdalena.
23. Apollinaris.
24. Christina.
25. Jakob.
26.
27.
28.
29. Simplicius.
30. Abdon und Sennen.
31.

August.

1. Petri Kettenfeier.
2. Stephan, Papst.
3. Stephans Auffindung.
4. Justinus.
5. Oswald.
6. Sixtus.
7. Afra.
8. Cyriakus.
9.
10. Laurentius.
11. Tiburtius.
12.
13. Hippolytus.
14. Eusebius.
15. Mariä Himmelfahrt.
16.
17.
18. Agapit.
19. Magnus, Mart.
20.
21. au? Privatus.
22. Timotheus.
23.
24. Bartholomäus.
25.
26.

27. Rufus.
28. Augustinus.
29. Johannis Bapt. Enthauptung.
30. Felix und Adauktus.
31.

September.

1. Ägidius.
2.
3.
4.
5.
6.
7.
8. Mariä Geburt.
9. Gorgonius.
10.
11. Protus und Hyacinth.
12.
13. Tricesimus Beatae Mariae Virginis.
14. Kreuzerhöhung.
15. Nikomedes.
16. Eufemia.
17. Lampert.
18.
19.
20.
21. Matthäus.
22. Mauritius.
23. Thekla.
24.
25.
26.
27.
28. Wenzeslaus.
29. Michael.
30. Hieronymus.

Oktober.

1. Remigius.
2.
3.
4. Markus.
5.
6.
7.
8.
9. Dionysius.
10. Gereon.
11. Augustins Translatio.
12.
13.
14. Callistus.
15.
16. Gallus.
17.
18. Lukas.
19.
20. Caprasius.
21. 11 000 Jungfrauen.
22. Severus.
23. Severin.
24.
25. Krispin und Krispinian.
26.
27.
28. Simon und Juda.
29.
30.
31. Quintinus.

November.

1. Allerheiligen.
2.
3.
4. Agrikola.

5.
6.
7.
8. Quatuor coronati.
9. Theodor
10.
11. Martin.
12.
13. Briccius.
14.
15.
16.
17.
18.
19.
20.
21.
22. Cäcilia.
23. Clemens.
24. Chrysogonus.
25. Katharina.
26.
27.
28.
29. Saturnin.
30. Andreas.

Dezember.

1.
2.
3.
4. Barbara.
5.
6. Nikolaus.
7.
8.
9.
10.
11.

12.
13. Lucia.
14.
15.
16.
17.
18.
19.
20.
21. Thomas.
22.
23.
24.
25. Weihnachten.
26. Stephanus.
27. Johannes Evang.
28. Unschuldige Kinder.
29. Thomas von Canterbury.
30.
31. Silvester.

Von den Auflösungen der Abkürzungen, welche wir im obigen gegeben haben, dürften nur zwei zweifelhaft sein, nämlich einmal am 22. Oktober: Severus (für cus). Wir folgten dabei den Kalendarien von Salzburg und Freising, welche an diesem Tage den Bischof Severus (rus statt cus) haben. Dann zu dem au am 21. August haben wir ein Fragezeichen gestellt. Wir glauben, daß es sich um das Fest des hl. Augustinus handelt, welches neben Privatus am 21. als eigentliches Fest, am 28. als Oktav gefeiert worden sein dürfte. Die übrigen Auflösungen sind so klar, daß es keiner weiteren Erörterungen bedarf.

Von neuen Heiligen, denen wir in den bisherigen Kalendarien von Freising und Salzburg nicht begegnet sind, erwähnen wir zum 31. Mai: Cantius, Cantian, Cantianilla, Martyrer zu Aquileja im Jahre 290. Die Diöcese Passau hatte im XIII. Jahrhunderte enge Verbindungen mit dem Patriarchensitze zu Aquileja. Bischof Wolfger von Passau nahm von 1204—1218 den Patriarchenstuhl in Aquileja ein, und umgekehrt wurde Dompropst Poppo von Aquileja der Nachfolger Wolfgers auf dem Bischofsstuhle in Passau 1204—1205. Durch Kaiser Karl den Großen war die Drau als Grenze zwischen den Metropolen Aquileja und Salzburg bestimmt worden. Auf dem rechten Drau-Ufer, im südlichen Kärnten, in Krain und Istrien giebt es noch viele Kirchen und Ortschaften St. Cantian. Am 7. Juni ist Vincenz (und Diakon Benignus), Bischof und Martyrer zu Mevania in Umbrien, † 303 unter Diokletian. 21. August: Privatus, Bischof und Martyrer, im Mittelalter durch Vincenz' von Beauvais Kirchengeschichte bekannt geworden. Privatus, episcopus Gavalitanus (= Gevaudin in Unter-Languedoc), fand in der Mitte des III. Jahrhunderts den Martyrtod. Die Abkürzung m̃a. am 13. September bedeutet ein Marienfest und ist Tricesimus Beatae Mariae Virginis, eine Feier, welche in mehreren Kalendarien vorkommt[1]. Es wurde von Mariä Himmelfahrt ab gerechnet. Das Freisinger Kalendarium des XV. Jahrhunderts C L M. 6422 enthält das Fest Tricesimus nicht, wohl aber am 23. September Quadragesimus Beatae Mariae Virginis. Das Albertsche Kalendarium enthält sechs Marienfeste, nämlich die vier hohen Festtage Mariä Lichtmeß, Verkündigung, Himmelfahrt und Geburt, sowie Maria ad martyres (13. Mai) und den Dreißigsten, den sog. „Frauendreißigsten" (13. September). Mariä Heimsuchung, Empfängnis und Opferung fehlen in unserem Kalendarium noch ganz. Caprasius (20. Oktober) war Abt des berühmten Klosters Lérins, † 430. Am 4. November: Agrikola; es giebt zwei Heilige dieses Namens, den Presbyter Agrikola zu Soissons (sonst am 20. Oktober) und den hl. Bischof Agrikola von Cavaillon in Burgund, † 580 (sonst am 17. März). Die übrigen Heiligen des Albert von Behamschen Kalendariums sind sämmtlich bekannt aus unseren früheren Angaben.

Es fehlen die Passauer Diöcesanpatrone Valentin und Maximilian und der hl. Severin (5. Jänner). Wie das Datum des Kirchweihfestes, waren auch die Festtage der Diöcesanheiligen so bekannt, daß man auf die Einfügung in Memorierverse verzichten konnte. Auch die beweglichen Feste erscheinen im Kalendarium nicht. In Passau war für die Patrone das ganze Officium und die Messe aus dem Commune Sanctorum entnommen. Von ihrem Leben war wenig bekannt. Die Vita S. Maximiliani ist um mindestens 40 Jahre jünger als das Albertsche Kalendarium. Daß übrigens die Tage der Patrone als hohe Doppelfeste in Passau schon vor der Zeit des Albertschen Kalendariums gefeiert wurden, ist selbstverständlich und thatsächlich durch eine Urkunde aus dem Jahre 1226 nachgewiesen[2].

---

[1] Vgl. Hoeynck S. 269.

[2] Monumenta Boica, 28b, 150.

Ein Breviarium mit dem Commune Sanctorum der Passauer Diöcese ist als Handschrift der Münchener Staatsbibliothek C L M. 11015 noch vorhanden. Dasselbe enthält fol. 77 eine Allerheiligenlitanei, in welcher neben den sonstigen, gewöhnlichen Heiligen noch angerufen wurden und zwar bei den Martyrern: Vitus, Justinus, Christoph, Pankratius, Bonifacius, Kilian, Mauritius, Albanus; unter den Bekennern: Remigius, Ulrich, Kolumban, Gallus, Wikbert, Ägidius; unter den Jungfrauen: Wiltrudis, Genovefa, Severa, Brigida, Afra, Scholastika, Gertrud, Walburga, undecim millia virginum.

Ein hl. Wikbert war der Gründer des Klosters Gemblours, † 962; ein anderer Heiliger desselben Namens Abt von Fritzlar, † 747. Die hl. Severa war Jungfrau in Trier; deren Gedächtnis wurde nach dem römischen Martyrologium am 20. Juli gefeiert. Wiltrudis gab es zwei. Die ältere hl. Wiltrudis war die Tochter des lothringischen Herzogs Gislbert und Gemahlin des Bayernherzogs Berthold, welcher 946 kinderlos gestorben ist. Die Herzogin-Witwe stiftete 976 das Kloster Bergen (Eichstätt), wo sie als Nonne starb. Ihre Gedächtnisfeier ist am 6. Jänner. — Eine zweite hl. Wiltrudis, mit der Gedächtnisfeier am 30. Juli, war die Tochter des Grafen Rapoto von Hohenwart (bei Aichach). Als das Schloß Hohenwart 1074 in ein Kloster der Benediktinerinnen umgewandelt wurde, trat sie als Nonne ein, starb aber bereits 1081.

Die Zusammenfassung kirchlicher Feste und Festordnungen in Memorierversen war in damaliger Zeit, in welcher Papier und Bücher so selten und so teuer waren, etwas Gewöhnliches. So war z. B. die Zeit der Quatemberfasten in folgendem Hexameter und Pentameter bestimmt:

Post Luciam, Cineres, post sanctum Pneuma Crucemque
Tempora dat quatuor feria quarta sequens.

Auf deutsch: „Das Kreuz, Aschen, Pfingst, Luzy
Mittwoch darnach Fronfast sy!"

In der Woche nach Aschermittwoch, nach Pfingsten, Kreuzerhöhung und Lucia (13. Dezember) folgten die 3 Fasttage (Mittwoch, Freitag und Samstag) der Quatemberwoche oder der Fronfasten, so genannt, weil um diese Zeit die Fronzinsen (Abgaben an die Herren) bezahlt werden mußten[1].

---

[1] Vgl. Weidenbach S. 194.

2.

Ein Kalendarium des XIV. Jahrhunderts, CLM. 11015.

Ein Breviarium der Passauer Diöcese, welches nur den Teil des Commune Sanctorum enthält, mit der Handschriftenbezeichnung CLM. 11015 saec. XIV. in der Münchener Staatsbibliothek, beginnt mit einem Kalendarium, in welchem die Feiertage mit roter Schrift bezeichnet sind. Die Feste dieses Kalendariums sind folgende:

Jänner.

1.	Circumcisio Domini. Basilii, ep.	9°.
2.	Octava S. Stephani.	3 l.
3.	Octava S. Joannis.	3 l.
4.	Octava S. Innocentium.	3 l,
5.		
6.	Epiphania Domini.	
7.	Valentini, ep.	3 l.
8.		
9.		
10.	Pauli, Eremitae.	3 l.
11.		
12.		
13.	Octava Epiphaniae.	
14.	S. Felicis, presb.	
15.	Mauri, abb.	12 l. d. ʒ.
16.	Marcelli, ppe.	3 l.
17.	Antonii, abb.	12 l.
18.	Priscae, virg.	3 l.
19.		

20.	Fabiani et Sebastiani.	3 l.
21.	Agnetis, virg.	12 l.
22.	Vincentii, mart.	12 l.
23.		
24.	Timothei, ap.	3 l.
25.	Conversio S. Pauli.	12 l. d. ʒ.
26.		
27.		
28.	S. Agnetis secundo.	3 l
29.		
30.		
31.	Ciri et Joannis, mart.	9°.

Februar.

1.	Ignatii, ep. et mart.	3 l.
2.	Purificatio M.	d. m. 12 l.
3.	Blasii, ep. et mart.	3 l.
4.		
5.	Agathae.	12 l.
6.	Dorotheae.	3 l.
7.		
8.		
9.		
10.	Scholasticae.	d. ʒ. 12 l.
11.		
12.		
13.		
14.	Valentini, mart.	9°.
15.		
16.	Julianae, virg. et mart.	9°.
17.		
18.		
19.		
20.		
21.		
22.	Cathedra S. Petri.	d. ʒ. 12 l.
23.		
24.	Mathiae, apost.	d. ʒ. 12 l.

25.
26.
27.
28.

März.

1.
2.
3.
4.
5.
6.
7. Perpetuae et Felicitatis. 9°.
8.
9. Quadraginta martyrum. 9°.
10.
11.
12. S. Gregorii, ppe. d. z. 12 l.
13.
14.
15.
16.
17. Gertrudis, virg. 9°.
18.
19.
20.
21. S. Benedicti, abb. d. m. 12 l.
22.
23.
24.
25. Annunciatio Dominica. d. m. 12 l.
26.
27. S. Ruperti, epī. et conf. 3 l.
28.
29.
30.
31.

April.

1.
2.
3.
4. Ambrosii, ep. (vacat).
5.
6.
7.
8.
9.
10.
11.
12.
13.
14. Tiburtii et Valeriani. 3 l.
15.
16.
17.
18.
19.
20.
21.
22.
23.
24. S. Georgii, mart. 3 l.
25. Marci, evang. d. ʒ. 12 l.
26. Cleti et Marcellini. 9°.
27.
28. Vitalis. 3 l.
29.
30.

Mai.

1. Philippi et Jacobi, app. d. ʒ. 12 l.
2.
3. Inventio S. Crucis. 12 l.
4. Floriani, mart. 3 l.
5. Gotthardi, ep. 3 l.

6. Joannes ante port. lat. 12 l.
7.
8.
9.
10. Gordiani et Epimachi, mart. 9°.
11.
12. Nerei et Achillei, mart. 3 l.
13.
14. Bonifacii, mart. 9°.
15.
16.
17.
18.
19. Pudentianae. 3 l.
20.
21.
22. Romani, abbatis. 12 l.
23.
24.
25. Urbani, pp̃e. mart. 3 l.
26. Eleutherii, pp̃e. mart. 9°.
27.
28.
29.
30. Felicis, pp̃e. mart. 9°.
31. Petronellae, virg. 3 l.

Juni.

1. Marcellini, ppe. mãrt. Erasmi, ep. et mart. 3 l.
2.
3.
4.
5.
6.
7.
8.
9. Primi et Feliciani, mart. 3 l.
10.

11. Barnabae, ap. d. ʒ. 12 l.
12.
13.
14.
15. Viti et Modesti. 12 l.
16.
17.
18. Marci et Marcelliani. 9°.
19. Gervasii et Protasii. 3 l.
20.
21.
22. Paulini, conf. Achatii et soc. ejus. 3 l.
23. Vigilia.
24. S. Joannis Bapt. d. m. 12 l.
25.
26. SS. Joannis et Pauli. 12 l.
27.
28. S. Leonis, ppe. 3 l. Vigilia.
29. SS. Petri et Pauli. d. m. 12 l.
30. Commemoratio S. Pauli. d. m. 12 l.

Juli.

1. Octava S. Joannis. 12 l.
2. Visitatio Mariae. d. m. Processi et Martiniani. 9°.
3.
4. Udalrici, ep. 3 l.
5.
6. Octava, app. d. m. 12 l.
7.
8. SS. Kiliani et soc ejus. 3 l.
9.
10. Audacis et Anatholiae, mart. 3 l.
11. Pii, ppe et mart. Translatio S. Benedicti.
12. S. Margarethae, virg. 3 l.
13. S. Anacleti, ppe et mart. 9°.
14.
15. Divisio apostolorum. d. ʒ. 12 l.
16.

17. Alexii, conf. 3 l.
18. Symphorosae cum 7 filiis. 9 l. Octava S. Benedicti.
19.
20.
21. Praxedis, virg. 9°.
22. Maria Magdalena. d. ʒ. 12 l.
23. Apollinaris, mart. 3 l.
24. Christinae, virg. 9°. Vigilia.
25. S. Jacobi, ap. d. ʒ. Christophori. 9°.
26. S. Annae matris Mariae. 3 l.
27.
28. Pantaleonis, mart. 3 l.
29. Nazarii, Ciri. 3 l. Marthae. 9°.
30. Abdon et Sennen. 9°.
31.

August.

1. Vincula Petri. d. ʒ. Septem Macchab.
2. Stephani, p͠pe et mart.
3. Inventio S. Stephani.
4. Translatio S. Valentini, conf. d. m. 3 l.
5. Oswaldi, regis. 9°. Dominici. 9°.
6. Sixti, Felicissimi, mart. 3 l.
7. Afrae, mart. 3 l.
8. Cyriaci et soc., ejus. 9°.
9. Romani, mart. 9°. Vigilia.
10. Laurentii, mart. d. ʒ. 12 l.
11. Tiburtii et Susannae. 9°.
12. Clarae, virg. 9°.
13. Hippolyti et soc. ejus. 3 l.
14. Eusebii. 9°. Vigilia.
15. Assumptio S. Mariae. d. m. 12 l.
16.
17. Octava S. Laurentii. 12 l.
18. Agapiti, mart. 9°.
19.
20. S. Bernhardi, abb. 12 l.
21.

22. Octava assumpt. d. ʒ, S. Timothei. 9°.
23. Vigilia.
24. Bartholomaei, ap. d. ʒ.
25.
26.
27.
28. S. Augustini, ep. d. ʒ. Hermetis. 9°.
29. Decollatio S. Joannis Bapt. 12 l.
30. Felicis et Adaucti. 9°.
31.

September.

1. Egidii, abb. 3 l.
2.
3.
4.
5.
6.
7.
8. Nativitas Mariae. d. m. Adriani, mart. 9°.
9.
10.
11. Proti et Hyacinthi. 9°.
12.
13.
14. Exaltatio S. Crucis. d. m. Cornelii. 9°.
15. Octava Nativ. Nicomedis. 9°.
16.
17. Lamperti, ep. et mart. 3 l.
18.
19.
20. Eustachii et soc. ejus 12 l.
21. Matthaei, ap. d. ʒ.
22. Mauritii et soc. ejus. 12 l.
23. Lini, ppe. et mart. 9°.
24. Ruperti, ep. et conf. 3 l.
25.
26. Cypriani et Justinae, mart. 9°

27. Cosmae et Damiani. 3 l.
28.
29. S. Michaelis. d. m.
30. Hieronymi, presb. et conf. d. ʒ. 12. l.

Oktober.

1. Remigii. 9°.
2.
3.
4. S. Francisci. 9°.
5. S. Placidi et soc. ejus. d. m. 12 l.
6.
7.
8.
9. Dionysii et soc. ejus. 3 l.
10.
11.
12.
13. Colomanni. 12 l.
14. Calixti, ppe. et mart. 9°.
15.
16. Galli, conf. 3 l.
17.
18. S. Lucae, evang. d. ʒ. 12 l.
19.
20.
21. Undecim millium virg.
22.
23.
24.
25. Chrysanthi et Dariae. 9°.
26.
27.
28. Simonis et Judae. d. ʒ.
29.
30. Germani, ep. 3 l.
31. Wolfgangi. 9°. Vigilia.

November.

1. Festivitas omnium Sanctorum. d. m.
2.
3.
4. Vitalis et Agricolae, mart. 9°.
5.
6. Leonardi, abb. 3 l.
7.
8. Quatuor coronati. 9°.
9.
10.
11. Martini. d. m. Mennae, mart. 9°.
12. Martini, ppe. mart. 9°.
13. Briccii, ep. 9°.
14.
15.
16. Othmari, abb. 3 l.
17.
18.
19. S. Elisabethae. 3 l.
20.
21.
22. Caeciliae, virg. et mart. 12 l.
23. Clementis, ppe. et mart. 12 l.
24. Chrysogoni, mart. 3 l.
25. Catharinae, virg. 12 l.
26.
27.
28.
29. Saturnini, mart. 9°. Vigilia.
30. S. Andreae, ap. d. z. 12 l.

Dezember.

1.
2.
3.
4. Barbarae, virg. et mart. 3 l.
5.

6.
7. Ambrosii, epi. d. z. 12 l.
8.
9.
10.
11. Damasi, ppe. 3 l.
12.
13. Luciae, virg. 12 l.
14.
15.
16.
17.
18.
19.
20.
21. S. Thomae, ap. d. z. 12 l.
22.
23.
24. Vigilia.
25. Nativitas Domini.
26. S. Stephani, mart. d. m. 12 l.
27. S. Joannis, evang. d. m. 12 l.
28. SS. Innocentium. d. z. 12 l.
29. Thomae, mart. 12 l.
30.
31. Silvestri. 12 l.

Das Kalendarium bietet die merkwürdige Erscheinung, daß es weder das Fest des hl. Maximilian, eines der Diöcesanpatrone, noch eines weiteren Diöcesanheiligen, nämlich des hl. Severin, enthält. Den heiligen Valentin führt das Kalendarium zwar auf (7. Jänner), aber nicht als Feiertag, dagegen ist der Translationstag des hl. Valentin (4. August) als Fest ausgezeichnet. An neuen Heiligen, welche wir in den bisher benützten Kalendarien nicht erwähnt gefunden haben, heben wir hervor: 1. Jänner den heiligen Basilius, den berühmten Bischof von Cäsarea, † 379; 31. Jänner: Cirus und Johannes, Martyrer zu Rom. Am 1. Februar ist an Stelle der hl. Brigida, die wir in den älteren Kalendarien immer an diesem Tage gefunden haben, der Bischof und Martyrer Ignatius eingetragen, welcher früher sein Fest am 17. Dezember hatte. Der heilige Ambrosius hatte sein Fest sonst am 4. April; er ist zwar in unserem Kalendarium auch an diesem Tage eingetragen, aber mit dem Zusatze vacat. Sein Fest ist seit Ende des Mittelalters am 7. Dezember. Am 22. Mai finden wir neu den hl. Romanus, Abt von St. Benedikt, Diöcese Auxerre, † 545. 10. Juli: Fest des hl. Martyrers Audax und der Jungfrau Anatholia, welche unter Kaiser Decius in Reate (Rieti in Campanien) den Martyrtod erlitten haben. Am 12. November erscheint nach dem hl. Bischof Martin der hl. Papst Martin, † 654.

Das Kalendarium enthält auffällig viele Festtage. Die höchsten Feste haben den Beisatz d. m. und 12 Lektionen. Die Abkürzung d. m. dürfte vielleicht als dies maximus = summum festum erklärt werden. Andere Feste haben die Abkürzung d. z., welche möglicherweise als dies medius aufgelöst werden dürfte. Die meisten Feste haben 3 Lektionen mehrere sind mit 9° bezeichnet. Der Umstand, daß die Benediktineräbte Maurus und Romanus und Placidus Officien mit 12 Lektionen haben, daß nicht bloß das Fest des hl. Benedikt (21. März), sondern auch der Translationstag des hl. Ordensstifters und dessen Oktav (11. und 18. Juli) rot als Feiertage eingetragen sind, dürfte darauf hindeuten, daß das Kalendarium aus einem Benediktinerkloster stammte. Dadurch könnte auch das Fehlen des hl. Maximilian und des hl. Severin eine Erklärung finden.

Das Breviarium stammt aus dem XIV. Jahrhunderte. Es enthält aber Nachträge einer etwas späteren Hand. Von dieser Hand ist auf der vorderen Umschlagseite eine Tabelle eingetragen, mit den Jahren 1400—1436. Sie ist also wahrscheinlich im Jahre 1400 geschrieben. Die Tabelle enthält außer den Jahreszahlen in arabischen Ziffern: goldene Zahl, Sonntagsbuchstaben, Schaltjahre, Concurrentes, Indictiones, Cyclus epactarum, endlich festa mobilia, ähnlich wie die tabula paschalis in den heutigen Brevieren.

3.

Ein Kalendarium des Klosters St. Nikolaus in Passau, saec. XV.

Unter der Bezeichnung C L M. 16206 hat die Münchener Staatsbibliothek ein Brevier mit Kalendarium aus dem XV. Jahrhundert. Auf der ersten Seite ist der Schreiber des Buches, Heinrich Engl, Kanonikus im Kloster St. Nikolaus in Passau, mit folgenden Worten angegeben:

Hoc psalterium scripsit honorabilis vir dominus Heinricus Engl hujus monasterii S. Nicolai canonicus anno aetatis suae LXX° vel ultra, qui mortuus et sepultus est Mautarii austriae (in Mautern a./D. in Niederösterreich).

Diese Notiz ist von einer späteren Hand eingetragen. Dagegen hat der Schreiber des Breviers, Kanonikus Heinrich Engl, auf fol. 2^{b} das Datum seiner Schrift selbst verzeichnet, nämlich die Jahrzahl: Anno Domini 1481.

Januarius habet dies XXXI lunas XXX.

A	KL'		Circumciſio Domini.	Summum feſtum.
b	IIII	N	Octaua ſ$^{ti.}$ Stephani.	IX l.
c	III	,,	Octaua ſ$^{ti.}$ Johannis ewangeliſte.	IX l.
d	II	,,	Octaua ſ^{torum} Innocentum.	IX l.
e	Nonas		Seuerini, conf. Uigilia.	
f	VIII	Id^{9}	Epyphania domini.	Summum feſtum.
g	VII	,,	Valentinus, episc.	bini.
A	VI	,,	Erhardi, conf.	ant'.
b	V	,,	Januarii et ſoc$^{m.}$ eius.	ant'.
c	IV	,,	Pauli primi heremite.	ant'.

d III Id9
e II „
f Idus Octaua Epyphanie bini. Hylarij, ep^i. ant'.
g 19 KL' Felicis in pincis. III l.
A 18 „
b 17 „ Marcelli, pape. 9 l.
c 16 „ Antonij, monachi. ant'.
d 15 „ Prifce, virginis. 9 l.
e 14 „
f 13 „ Fabiani et Sebaftiani. 9 l.
g 12 „ Agnetis, virginis. 9 l.
A 11 „ Vincencij, m^ris. 9 l.
b 10 „ Emeranciane, virg. ant'.
c 9 „ Tymothei, ap^li. 9 l.
d 8 „ Conuerfio f^ti. Pauli. bini. Preiecti, m^ris. ant'.
e 7 „ Policarpi, ep^i. 9 l.
f 6 „
g 5 „ Octaua Agnetis. III l.
A 4 „
b III „
c II „ Vigilij ep^i. et foc^m. eius. 9 l.

Februarius habet dies XXVIII lunas XXVIIII.

d KL' Febr. Ignacij, ep^i. et m^ris. 9 l. Brigide, vg. ant'.
e IIII N' Purificacio f^to. Marie virginis.
f III „ Blafij, ep^i. et m^ris. bini.
g II „
A Nonas Agathe, vg. et m^ris. bini.
b VIII Id. Dorothee, vg. et m^ris. S. feftum. Amandi, ep^i. ant'.
c VII „
d VI „ Helene Regine.
e V „ Appollonie, virg. et m^ris.
f IIII „ Scolaftice, virginis. III lct.
g III „
A II „
b Idus
c XVI KL' Marcij Valentini, m^ris. 9 l.
d XV „

e	XIIII	KL'	Juliane, virginis.	ant'.
f	XIII	„		
g	XII	„		
A	XI	„		
b	X	„		
c	VIIII	„		
d	VIII	„	Kathedra s. Petri ap^li.	bini.
e	VII	„	Vigilia.	
f	VI	„	Mathie, ap^li.	S. f.
g	V	„	Waldpurgis, virginis.	ant'.
A	IIII			
b	III			
c	II			

Marcius habet dies XXXI lunas XXX.

d	KL' Marcij			
e	VI	N		
f	V	„	Chunegundis, virginis	S. feſtum.
g	IIII	„		
A	III	„		
b	II	„		
c	Nonas		Perpetue et Felicitatis.	ant'.
d	8	Id.		
e	7	„	Quadraginta militum m^rum.	VIIII l'.
f	6	„		
g	5	„		Clauis Paſche.
A	4	„	Gregorij, pape. S. feſtum.	Equinoccium vernale.
b	III	„		
c	II	„		
d	Idus			
e	17	KL'	Aprilis.	
f	16	„	Gerdrudis, virg. ant'. Patrici, ep^i.	ant'.
g	15	„		
A	14	„		
b	13	„		
c	12	„	Benedicti Abbatis	VIIII l'.
d	11	„		
e	10	„		

f	9	KL'	Quirini, m$^{ris.}$	
g	8	„	Annunciacio Marie vg. S. feſtum.	Paſſio domini
A	7	„	Caſtuli, m$^{ris.}$	ant'.
b	VI	„	Ruperti, ep$^{i.}$	VIIII l'. Reſurrectio domini.
c	V	„		
d	IIII	„		
e	III	„		
f	II	„	Balbine, virginis.	

Aprilis habet dies XXX lunas XXVIII.

g	KL'		Conuerſio Marie Magdalene.	
A	IIII	N'		
b	III	„		
c	II	„	Ambroſij, ep$^{i.}$	bini.
d	Nonas			
e	8	Id9		
f	7	„		
g	VI	„		
A	V	„	Marie Egiptiace.	
b	IIII	„		
c	III	„		
d	II	„		
e	Idus			
f	18	KL'	Maij. Tiburcij et Valeriani.	VIIII lct.
g	17	„		Clauis Rogacionum.
A	16	„		
b	15	„		
c	14	„		
d	13	„		
e	12	„		
f	11	„		
g	10	„		
A	9	„		
b	8	„	Georij, m$^{ris.}$ VIIII lct. Adalberti, ep$^{i.}$ et m$^{ris.}$	Ant'.
c	7	„	Marcy, ewang. bini. Letania Romana.	
d	VI	„		
e	V	„		
f	IIII	„	Vitalis, m$^{ris.}$	III lct.

g	III	KL'	Petri, $m^{ris.}$	
A	II	„		

Maius habet dies XXXI lunas vero XXX.

b		KL'	Philippi et Jacobi $ap^{lorum.}$	S. feſtum.
c	VI	N^{s}	Sigiſmundi regis. Tranſlacio s. Elyzabeth.	
d	V	„	Inuencio s. Crucis bini. Alexandri & ſoc. eius ant'.	
e	IIII	„	Floriani $m^{ris.}$ et ſoc. eius	Summum feſtum.
f	III	„	Tranſlacio s. Gothardi.	ant'.
g	II	„	Johannis ante portam latinam.	bini.
A	Nonas		Tranſlacio s. Stephani $prothom^{ris.}$	
b	8	Id^{9}	Apparitio ſ. Michaelis. S. feſtum. Victoris, $m^{ris.}$ ant'.	
c	7	„	Tranſlacio s. Andree $ap^{li.}$	
d	VI	„	Gordiani et Epymachi.	III lct.
e	V	„		
f	IIII	„	Pangracij, $m^{ris.}$ Nerei et Achilei.	III lct.
g	III	„	Seruacij, $ep^{i.}$ bini. Marie ad $m^{res.}$ Gengolfi, $m^{ris.}$ ant'.	
A	II	„		
b	Idus			
c	17	KL'	Junij.	
d	16	„		
e	15	„		
f	14	„	Potenciane, virginis.	ant'.
g	13	„	Bernhardini, conf.	
A	12	„		
b	11	„		
c	10	„		
d	9	„	Tranſlacio s. Dominici.	
e	8	„	Vrbani, pape. VIIII lct. Tranſlacio s. Franciſci.	
f	VII	„		
g	VI	„		
A	V	„		
b	IIII	„		
c	III	„		
d	II	„	Petronelle, virginis.	ant'.

Junius habet dies XXX lunas XXVIIII.

e		KL'	Nycomedis, $m^{ris.}$	ant'.
f	4	N^{s}	Marcellini et Petri.	III lct.

g	3	N^{s}	Erafmi, ep$^{i.}$ et m$^{ris.}$	VIIII lct.
A	2	„	Quirini, m$^{ris.}$	ant'.
b		Non.	Bonifacij, ep$^{i.}$	VIIII lct.
c	VIII	Id^{9}		
d	VII	„		
e	VI	„		
f	V	„	Primi et Feliciani.	III lct.
g	IIII	„		
A	III	„	Barnabe, ap$^{li.}$	VIIII lct.
b	II	„	Bafilidis, Cyrini, Naboris & Nazarij.	III lct.
c		Idus	Antonij, conf.	ant'.
d	18	KL'	Julij. Bafilij, ep$^{i.}$ et conf.	ant'.
e	17	„	Viti, Modefti et Crefcencie, m$^{rm.}$	VIIII lct.
f	16	„		
g	15	„		
A	14	„	Marci et Marcelliani, m$^{rm.}$	III lct.
b	13	„	Geruafij et Prothafij, m$^{rum.}$	III lct.
c	12	„		
d	11	„		
e	10	„	Achacij m$^{ris.}$ et foc. eius.	VIIII lct.
f	9	„	Vigilia.	
g	8	„	Johannis Baptifte Natiuitas	S. feftum.
A	7	„		
b	VI	„	Johannis et Pauli, m$^{rum.}$	VIIII lct.
c	V	„		
d	IIII	„	Leonis, pape. ant. Vigilia.	
e	III	„	Petri et Pauli, ap$^{lorum.}$	S. feftum.
f	II	„	Commemoracio f$^{ti.}$ Pauli.	bini.

Julius habet dies XXXI lunas vero XXX.

g		KL'	Octaua s. Johannis bapt.	VIIII lct.
A	6	N^{s}	Vifitacio Marie vg. S. feftum. Proceffi et Martiniani.	ant'.
b	5	„		
c	4	„	Vdalrici ep$^{i.}$ VIIII lct. Tranflacio s. Martini.	ant'.
d	III	„		
e	II	„	Octaua s. ap$^{lorum.}$	bini.
f		Nonas	Wilibaldi, ep$^{i.}$ et conf.	ant'.

g	8	Id^{9}	Kyliani m$^{ris.}$ et ſoc. eius.	VIIII lct.
A	7	„	Tranſlacio s. Nycolai, ep$^{i.}$	Summum feſtum.
b	6	„	Septem fratrum.	VIIII lct.
c	V	„	Tranſlacio s. Benedicti.	ant'.
d	IIII	„	Margarethe, virginis.	S. feſtum.
e	III	„	Hainrici, Imperatoris.	VIIII lct.
f	II	„		
g	Idus		Diuiſio ap$^{lorum.}$	bini.
A	17	KL'	Auguſti	
b	16	„	Alexi, conf.	VIIII lct.
c	15	„		
d	14	„	Ruffine, vg. et m$^{ris.}$	III lct.
e	13	„		
f	12	„	Braxedis, virg.	III lct.
g	11	„	Marie Magdalene.	S. feſtum.
A	10	„	Apollinaris, ep$^{i.}$ et m$^{ris.}$	VIIII lct.
b	9	„	Christine, virg'. et m$^{ris.}$ III lct. Vigilia.	
c	8	„	Jacobi, ap$^{li.}$ S. feſtum. Christoferi, m$^{ris.}$	ant'.
d	7	„	Anne matris s. Marie.	S. feſtum.
e	VI	„		
f	V	„	Panthaleymonis, m$^{ris.}$	Summum feſtum.
g	IIII	„	Felicis, pape. 9 l. Symplicij, Fauſtini et Beatricis.	ant'.
A	III	„	Abdon et Sennes.	III lct.
b	II	„	Germani, ep$^{i.}$	

Auguſtus habet dies XXXI lunas vero XXVIIII.

c	KL'		Vincula s. Petri. Septem machabeorum. bini.	ant'.
d	IIII	N^{s}	Stephani, pape et m$^{ris.}$	VIIII lct.
e	III	„	Inuencio s. Stephani Prothom$^{ris.}$	S. feſtum.
f	II	„	Tranſlacio S. Valentini, ep$^{i.}$	bini.
g	Nonas		Oſwaldi, regis. VIIII lct. Dominici, conf.	ant'.
A	8	Id^{9}	Sixti, pape. 9 lct. Feliciſſimi et Agapiti.	ant'.
b	VII	„	Affre, m$^{ris.}$ S. feſtum. Donati, ep$^{i.}$	ant'.
c	VI	„	Cyriaci, m$^{ris.}$	III lct.
d	V	„	Romani, m$^{ris.}$ ant. Altmanni, ep$^{i.}$ Vigilia.	
e	IIII	„	Laurencij. arcydiaconi et m$^{ris.}$	bini.
f	III	„	Tyburcij, m$^{ris.}$ III lct. Radegundis, vg.	ant'.
g	II	„	Clare, virginis.	

A	Idus		Ypoliti mris. et foc. eius.	VIIII lct.
b	19	KL'	Septemb. Eufebij, conf. ant. Vigilia.	
c	18	„	Affumpcio gloriofe virg. Marie.	S. feftum.
d	17	„		
e	16	„	Octaua s. Laurencij.	ant'.
f	15	„	Agapiti, mris.	bini.
g	14	„		
A	13	„	Bernhardi, abbatis.	ant'.
b	12	„		
c	11	„	Octaua s. Marie. bini. Tymothei et Symphoriani.	ant'.
d	10	„	Vigilia.	
e	9	„	Bartholomei, apli.	S. feftum.
f	8	„		
g	7	„		
A	VI	„	Ruffi, mris.	ant'.
b	V	„	Auguftini, epi. S. feft. Hermetis, mris.	ant'.
c	IIII	„	Decollacio s. Johannis bapt. 9 lct. Sabine vg.	ant'.
d	III	„	Felicis et Adaucti.	ant'.
e	II	„		

September habet dies XXX lunas XXVIIII.

f	KL'		Egidij, abbatis. VIIII lct. Verene, virg.	
g	4	N		
A	III	„		
b	II	„	Octaua s. Auguftini. bini. Marcellini, mris.	ant'.
c	Nonas			
d	8	Id9	Magni, conf.	III lct.
e	7	„		
f	VI	„	Natiuitas s. Marie virg. Adriani, mris. S. feftum.	ant'.
g	V	„	Tranflacio s. Chunegundis, virg. S. feftum. Gorgoni, mris.	ant'.
A	IIII	„		
b	III	„	Prothi et Jacincti, mrm.	ant'.
c	II	„		
d	Idus		Septem fratrum.	ant'.
e	18	KL'	Octobris. Exaltacio s. Crucis. bini. Cornely et Cypr.	ant'.
f	17	„	Octaua s. Marie. bini. Nycomedis, mris.	ant'.
g	16	„	Eufemie, vg. Lucie et Geminiani. VIIII lct.	ant'.

A	15	KL'	Lamperti, ep$^{i.}$ VIIII lct. Equinoccium autumpnale.	
b	14	„		
c	13	„		
d	12	„		Vigilia.
e	11	„	Mathei, ap$^{li.}$ et ewangeliſte.	Summum festum.
f	10	„	Mauricij m$^{ris.}$ et ſoc. eius. 9 lct. Emmerammi, ep$^{i.}$	ant'.
g	9	„	Solemnis commemoracio Aſſump. s. feſtum. Tecle, vg.	ant'.
A	8	„	Tranſlacio s. Ruperti, ep$^{i.}$	VIIII lct.
b	7	„		
c	VI	„	Tranſlacio s. Virgilij, ep$^{i.}$	VIIII lct.
d	V	„	Coſme et Damiani, m$^{rm.}$	VIIII lct.
e	IIII	„	Wenczeſlai, m$^{ris.}$	ant'.
f	III	„	Michaelis archangeli.	S. feſtum.
g	II	„	Jeronimj, conf.	bini.

October habet dies XXXI lunas XXX.

A	KL'		Remigij, Germani et Vedaſti. ant.	VIIII lct.
b	VI	N^{s}	Leodegarij, ep$^{i.}$	ant'.
c	V	„		
d	IIII	„	Franciſci, conf.	ant'.
e	III	„		
f	II	„	Fidis, virg. et m$^{ris.}$	VIIII lct.
g	Nonas		Marci, pape. III lct. Sergi et Bachi.	
A	8	Id^{9}		
b	7	„	Dyoniſij m$^{ris.}$ et ſoc. eius.	VIIII lct.
c	6	„	Gereonis m$^{ris.}$ et ſoc. eius.	III lct.
d	5	„	Tranſlacio ſ$^{ti.}$ Auguſtini, ep$^{i.}$	S. feſtum.
e	4	„	Maximiliani, ep$^{i.}$	bini.
f	3	„	Cholomani, m$^{ris.}$	VIIII lct.
g	2	„	Kalyxti, pape et m$^{ris.}$	III lct.
A	Idus			
b	17	KL'	Nouemb. Galli, conf.	VIIII lct.
c	16	„	Marthe, virg.	S. feſtum.
d	15	„	Luce, ewang.	bini.
e	14	„	Januarij, ep$^{i.}$	III lct.
f	13	„		
g	12	„	Undecim milium virginum.	S. feſtum.

A	11	KL'	Seueri, ep$^{i.}$	ant'.
b	10	„	Seuerini, ep$^{i.}$	ant'.
c	9	„		
d	8	„	Criſpini et Criſpiniani, m$^{rm.}$	III lct.
e	7	„	Amandi, ep$^{i.}$	
f	6	„	Vigilia.	
g	5	„	Symonis et Jude ap$^{lorum.}$	S. feſtum.
A	4	„	Narciſi, ep$^{i.}$	III lect.
b	3	„		
c	2	„	Wolfgangi, ep$^{i.}$ III lect. Vigilia.	

Nouember habet dies XXX lunas vero XXVIIII.

d		KL'	Feſtiuitas omnium ſ$^{torum.}$ S. feſtum. Ceſarij, m$^{ris.}$	ant'.
e	4	N^{s}	Commemoracio omnium animarum. Euſtachij m$^{ris.}$ et s. eius	9 lct.
f	3	„		
g	2	„		
A	Nonas			
b	8	Id^{9}	Leonhardi, conf.	VIIII lct.
c	7	„	Wilibrordi, ep$^{i.}$	ant'.
d	VI	„	Octaua omnium ſ$^{torum.}$ S. feſtum. Quatuor coronatorum.	ant'.
e	V	„	Theodory, m$^{ris.}$	III lct.
f	IIII	„	Martini, pape.	ant'.
g	III	„	Martini, ep$^{i.}$ bini. Menne, m$^{ris.}$	ant'.
A	2	„		
b	Idus		Bricij, ep$^{i.}$	VIIII lct.
c	18	KL'	Decemb.	
d	17	„		
e	16	„	Othmari, abbatis. VIIII lct. Emundi, ep$^{i.}$	
f	15	„		
g	14	„	Octaua s. Martini.	III lct.
A	13	„	Elizabeth, vidue.	S. feſtum.
b	12	„		
c	11	„		
d	10	„	Cecilie, virginis.	VIIII lct.
e	9	„	Clementis, pape. 9 lct. Columbani, Felicitatis.	ant'.
f	8	„	Criſogoni, m$^{ris.}$	III lct.
g	7	„	Katherine, virg. et m$^{ris.}$	S. feſtum.

A VI KL' Lini, pape.
b V „ Virgilij, ep^i. VIIII lct.
c IIII „
d III „ Saturnini, Crifanti, Mauri et Darie. III lct. Vigilia.
e II „ Andree, ap^li. S. feftum.

December habet dies XXXI lunas XXVIIII.

f KL' Decemb. Longini, m^ris.
g 4 N^s Octaua s. Katherine. S. feftum.
A 3 „
b 2 „ Barbare, virginis. S. feftum.
c Nonas
d 8 Id^9 Nycolai mirenfis ecclesie Arciepiscopi. S. feftum.
e 7 „ Octaua s. Andree, ap^li. S. feftum.
f VI „ Concepcio Marie vg. S. feftum. Zenonis, ep^i. ant'.
g V „
A IIII „
b III „ Damafi, pape. III lct.
c II „
d Idus Octaua s. Nycolai. bini. Lucie, vg. 9 l. Otilie, vg.
e 19 KL' Januarij.
f 18 „
g 17 „
A 16 „
b 15 „
c 14 „
d 13 „
e 12 „ Thome, ap^li. S. feftum.
f 11 „
g 10 „
A 9 „ Vigilia.
b 8 „ Natiuitas domini nostri Jefu Christi. Anaftafie, virginis. S. feftum. ant.
c 7 „ Stephani, prothom^ris. S. feftum.
d VI „ Johannis, ap^li. et ewang. S. feftum.
e V „ Sanctorum Innocentum. bini.
f IIII „ Thome Cantuarenfis, ep^i. et m^ris. S. feftum.
g III „
A II „ Siluestri, pape. VIIII lct.

Das vorliegende Kalendarium zählt zu den interessantesten mittelalterlichen Kalendarien deshalb, weil es bereits eine genaue Abstufung der Feste giebt. Die Feste sind eingeteilt in Summa festa, in bini und in Feste, deren Heilige bloß eine eigene Antiphon (mit Versikeln und Oration aus dem Commune) hatten. Viele von den letzteren Heiligen wurden nach heutigem Sprachgebrauche bloß kommemoriert. Eine andere Einteilung ist die nach der Zahl der Lektionen. Hohe Feste hatten 9 Lektionen (wie jetzt alle Feste); viele Heilige hatten aber nur ein Officium mit drei Lektionen, wovon das jetzige römische Brevier in dem Officium der Osterwoche noch ein Analogon bewahrt hat. Einzelne Feste hatten 6 Lektionen (bini), hielten also die Mitte ein zwischen den Festen mit 9 und jenen mit 3 Lektionen.

Nicht alle Feste, welche die Bezeichnung Summum festum tragen, waren auch gebotene Feiertage. Wir finden Dorothea, Kunegund, Gregor Magnus, Florian, Michaels Erscheinung, Mariä Heimsuchung, Mariä Empfängnis, Translatio S. Nicolai, Pantaleimon, Afra, Augustin, Translatio der hl. Kunegund, den Frauenvierzigsten (solemnis commemoratio assumptionis), Translatio des hl. Augustin, Martha, die 11 000 Jungfrauen, Oktav von Allerheiligen, Oktav von Katharina, Barbara, Oktav von Andreas, Thomas von Canterbury mit der Bezeichnung Summum festum, aber nicht durch rote Schrift als gebotene Feiertage erwähnt. Umgekehrt tragen mehrere gebotene Feiertage, wie Valentin, Pauli Bekehrung, Blasius, Kreuzauffindung, Translatio des hl. Valentin, Laurentius, Maximilian, Martin, unschuldige Kinder, nur die Bezeichnung bini, sind aber durch rote Schrift als gebotene Feiertage ausgezeichnet. Andere gebotene Feiertage, wie Georg, Vitus, Johann und Paul, Ulrich, Oswald, Hippolyt, Ägidius, haben weder die Bezeichnung Summum festum noch bini, sondern sind nur als Feste mit neun Lektionen eingetragen. Die Zahl der gebotenen Feiertage ist überhaupt nicht so groß, wie in gleichzeitigen Kalendarien anderer Diöcesen. St. Valentin und St. Maximilian sind als gebotene Feiertage eingetragen; Valentin hat am 4. August Translationsfest. Damals wurden nämlich Heilige, welche in die Oktav eines hohen Festes fielen, wie Valentin in die Oktav von Epiphanie, bloß kommemoriert, während jetzt, nach dem römischen Brevier, das Fest gefeiert und nur die Oktav kommemoriert wird. Das kleinere Fest, für welches eine Translatio nicht möglich war, ging dem höheren Feste vor, und für letzteres wurde ein eigener Tag als Translationsfest gefeiert. Deshalb haben die spätmittelalterlichen Kalendarien so zahlreiche Translationsfeste. Auch wenn hohe Feste in die Fastenzeit oder auf Quatembertage fielen, so wurde, wie bei Oktaven, das Officium der feriae gehalten, das hohe Fest nur kommemoriert und dafür ein Translationsfest gefeiert. Wurden neue Feste auf Tage bestimmt, welche bereits die Feier eines Heiligen hatten, so wurden die jüngeren Feste transferiert, wie z. B. der hl. Dominikus, welcher anderwärts am 4. August seine Feier hatte, in unserem Kalendarium aber am 24. Mai eingetragen erscheint.

An neuen Heiligen bietet unser Kalendarium, neben den Feiertagen der beiden Diöcesanpatrone St. Valentin und St. Maximilian, noch die zwei der Diöcese angehörigen Heiligen St. Severin (5. Jänner) und Bischof Altmann (9. August). Severin gehörte noch der römischen Zeit der Kirchengeschichte Passaus an. Er hatte in der Innstadt, an der Stelle, wo jetzt das ihm geweihte Kirchlein steht, sein Klösterlein; von da aus trat er wie ein schützender Engel seine Wanderungen an, um in den Zeiten schwerer Not der Bevölkerung an der Donau und am Inn zu raten und zu helfen. Der hl. Severin ist eine der großartigsten Erscheinungen der Kirchengeschichte in der Zeit des untergehenden Römertums, und es ist nur zu wundern, daß seine Verdienste im Mittelalter so wenig gewürdigt wurden. Er kam unmittelbar nach Attilas Verwüstungszug um das Jahr 453 in die Donaugegend und starb 482 im Kloster zu Favianä, in der Nähe der heutigen Kaiserstadt Wien. Seine Wirksamkeit in Norikum, im Gebiete der späteren Diöcese Passau, ist anschaulich und getreu geschildert in der Biographie seines Schülers Eugippius. Sechs Jahre nach seinem Tode (488) wurde sein unversehrter Leichnam nach Italien überführt, wo für ihn im Lukullanischen Schlosse bei Neapel von einer Frau Barbaria, welche für den Heiligen hohe Verehrung hegte, eine Ruhestätte errichtet wurde. Darüber erhob sich ein Kloster der Schüler Severins. Der Abt desselben, Eugippius, verewigte die Verdienste des Heiligen durch die unschätzbare Vita.

Severin hatte dem Priester Lucillus, einem Untergebenen des hl. Bischofs Valentin, aufgetragen, seinen Todestag zusammen mit dem Todestage des hl. Valentin zu begehen: Si beatus Valentinus haec tibi celebranda solemnia delegavit, ego quoque tibi in eodem die vigiliarum mearum studia observanda migraturus e corpore relinquo[1]. Am 5. Jänner erkrankte Severin plötzlich, am 8. Jänner starb er.

[1] cap. 41 der Vita.

Lucillus feierte das Jahresgedächtnis des hl. Valentin am Tage nach Epiphanie (7. Jänner). An diesem Tage ist noch das Valentinsfest. Am 5. Jänner dagegen begeht die Diöcese Passau die Festfeier des hl. Severin. — Gehört Severin einer wildbewegten Zeit der absterbenden römischen Welt an, so war Bischof Altmann ein hervorragender Vertreter der Kirche im Investiturstreite. In Westfalen geboren, studierte er in Paris und wurde Propst zu Aachen. Im Jahre 1065 ernannte ihn die Kaiserin Agnes zum Bischof von Passau, wo er eine reformatorische Thätigkeit entfaltete und zugleich für die ganze deutsche Kirche eine Säule im schweren Kampfe zwischen Papsttum und Kaisertum bildete. Er wurde päpstlicher Legat für Deutschland, erlebte aber das Ende der Wirren nicht mehr, sondern starb bereits 1091. Im heutigen Proprium der Diöcese Passau ist Altmann nicht mehr enthalten. Er war der Stifter des Klosters Göttweih, wo sein Andenken noch kirchlich gefeiert wird. Noch der Zeit der Christenverfolgung gehört der hl. Florian an. Er ist der älteste von den Heiligen, von denen die Kirchengeschichte der bayrischen Kirchenprovinz uns sichere und unbestreitbare Kunde giebt[1]. Als die letzte schwere Christenverfolgung unter Kaiser Diocletian wüthete, als auch in Lorch den Christen nachgespürt wurde, um sie der Marter und dem Tode zu weihen, bekannte sich Florian, ein tapferer Veteran, freiwillig als Christ. Mit vierzig andern Christen von Lorch wurde Florian vielfacher Marter preisgegeben und schließlich in die Enns gestürzt im Jahre 304. Alle Kalendarien, welche wir bisher aufgeführt haben, verzeichneten die Gedächtnisfeier des hl. Florian am 4. Mai. In unserm Kalendarium ist der 4. Mai, das Fest des hl. Florian und seiner Genossen, als Summum festum ausgezeichnet. Außer diesen Diöcesanheiligen erwähnen wir noch:

1) Am 8. Februar: Die hl. Helena, Mutter des Kaisers Konstantin. Die Heilige ist schon im Freisinger Kalendarium des X. Jahrhunderts enthalten, hat aber dort ihre Gedächtnisfeier am 15. April. Ihre Verehrung gelangte wahrscheinlich über Frankreich in die deutschen Diöcesen. Ihre Gebeine wurden nämlich um 840 in Rom entwendet und kamen ins Kloster Hautvilliers. Viel Volk pilgerte dorthin. Als Kaiser Karl der Kahle davon hörte und die Umstände der Entwendung vernahm, glaubte er nicht an die Echtheit der Reliquien. Hinkmar von Reims, der zuständige Bischof, berief eine Synode, welche die Entschei-

---

[1] Vgl. Glück: Die Bistümer Noricum's, S. 4 ff.

dung einem Gottesurteile anheimstellte. Der Mönch, welcher die Reliquien gebracht hatte, mußte sich demselben unterziehen und that dies mit glücklichem Erfolge[1]. Dadurch wurde die Verehrung der hl. Helena weithin verbreitet, und die Heilige fand in den fränkischen und in mehreren deutschen Kalendarien Aufnahme. 2) Am 31. März: Balbina, Jungfrau in Rom, † 130. 3) 20. Mai: Der hl. Bernhardin von Siena, der berühmte Franziskanermönch, welcher am 20. Mai 1444 gestorben und bereits sechs Jahre nach seinem Tode (1450) von Papst Nicolaus V. (1447—1455) in die Zahl der Heiligen aufgenommen wurde. Das Fest des hl. Bernardin ist das jüngste in unserm Kalendarium. 4) 19. Juli: Rufina, Jungfrau und Martyrin zu Rom, zugleich mit der hl. Sekunda. Ihr Gedächtnistag ist sonst am 10. Juli. Sie erlitten ihre Marter im Jahre 257. 5) Am 6. Oktober: Fides, Jungfrau und Martyrin der gallisch-fränkischen Kirche. Sie war zu Agen geboren und erlitt 286 den Martyrtod durch Enthauptung. 6) Am 1. Dezember: Longinus, Martyrer. Es giebt viele Martyrer dieses Namens, aber keinen mit der Gedächtnisfeier am 1. Dezember. Vielleicht ist der Soldat, welcher des Herrn Seite mit der Lanze öffnete, oder der Hauptmann, welcher die Wache hielt, gemeint. Nach der Legende erlitten beide den Martyrtod, haben aber ihre Gedächtnisfeier sonst am 15. März.

Von sonstigen Eigentümlichkeiten des Kalendariums mag erwähnt werden, daß es am 1. Februar neben der hl. Brigida an erster Stelle bereits den hl. Ignatius, am 1. April, wie einzelne andere Kalendarien, die conversio S. Mariae Magdalenae, am 9. Mai die Translatio des Apostels Andreas, am 25. Mai die Translatio des hl. Franziskus, am 24. und 26. September die Translationsfeste der Salzburger Heiligen Rupert und Virgilius hat. Am 23. September ist der 40. Tag nach Mariä Himmelfahrt, dagegen ist der Dreißigste (13. September), welcher im Albert Behamschen Kalendarium enthalten ist, ausgefallen. Es verdient hervorgehoben zu werden, daß die Königin Radegund in unserm Kalendarium am 11. August als virgo erscheint. Radegund, geboren im Jahre 519 als die Tochter des Thüringer Herzogs Berthar, wurde vom Frankenkönige Chlotar I. zur Gemahlin erkoren, nachdem sie in Frankreich im katholischen Glauben unterrichtet und getauft worden war. Im Jahre 553 erhielt sie vom Könige die Erlaubnis, den Schleier

[1] Vgl. Beissel S. 99.

nehmen zu dürfen. Sie erbaute ein Kloster zu Poitiers, in welchem sie das strengste Leben der Buße und der Enthaltsamkeit führte. Ihre einzige Nahrung waren Gemüse und Kräuter; das Mehl zu dem schwarzen Brode, welches sie viermal in der Woche genoß, mahlte sie mit eigenen Händen; ihr Getränk bestand in gesottenem Wasser. Von Kaiser Justinus II. erhielt sie ein herrliches Evangelienbuch und verschiedene Reliquien, darunter ein kostbar in Gold und Edelsteinen gefaßtes Stück vom hl. Kreuze, bei dessen Übertragung zum ersten male der schöne Hymnus Vexilla regis ertönte, welchen der hl. Fortunatus gedichtet hatte. Die Heilige wird wohl deßhalb als „Jungfrau" bezeichnet, weil sie als gottgeweihte Nonne (am 13. August 587 zu Poitiers) starb[1]. Unser Kalendarium verzeichnet zum 28. Juli Pantaleimon als Summum festum. Der hl. Pantaleimon war nach der Legende römischer Ritter, welcher von dem Bischofe Maurus von Veglia zum christlichen Glauben bekehrt wurde und mit demselben den Martertod erlitt. Wahrscheinlich liegt aber eine Verwechslung mit dem hl. Pantaleon vor, welcher kaiserlicher Leibarzt war und in der diokletianischen Verfolgung um das Jahr 305 den Martertod erlitt. Als Patron der Ärzte stand der hl. Pantaleon in der griechischen Kirche in höchster Verehrung. In der zweiten Hälfte des Mittelalters gelangte er auch in Deutschland zu hoher Verehrung als einer der vierzehn Nothelfer. Dadurch erklärt sich, daß sein Gedächtnistag als Summum festum gefeiert wurde.

---

[1] Vgl. Stadler, Heiligenlexikon V, 23 ff.

Vierter Teil.

Kalendarien und Kirchenfeste

der

Diöcese Regensburg.

1.

Ein Psalmenbuch und Kalendarium aus dem XI./XII. Jahrhunderte. CLM. 13067.

Der Codex latinus 13067 der Münchener Staatsbibliothek stammt aus der Bibliothek der Stadt Regensburg und zählt infolge des Inhaltes sowohl wie der künstlerischen Ausstattung zu den wertvollsten litterarischen Schätzen. Er ist ein Psalmen- und Hymnenbuch, welches sämtliche Psalmen (fol. 27—174) und sämtliche kirchliche Hymnen auf alle Sonntage, auf alle Feste des Herrn und der Heiligen des ganzen Kirchenjahres (fol. 209—230) enthält. Die Psalmen sind mit Kommentaren versehen. Links sind die Psalmen in großer, herrlicher Schrift als Text gegeben, die rechte Randseite bietet in sehr kleiner, aber gut leserlicher Schrift die Erklärung. Das Buch enthält viele wertvolle Bilder, so fol. 17, wie Christus ans Kreuz geheftet wird, mit der Kreuzüberschrift in Runen, fol. 18 den König David mit der Harfe.

Am Anfange des Buches steht das Kalendarium, auf 4 Seiten enge zusammengedrängt; daran schließen sich fol. 5 Erklärungen zur Einteilung des Jahres, fol. 6—8 Gebete zu Maria, fol. 9—16 ein wunderthätiges Gebet, als dessen Verfasser der hl. Brandanus oder Brendanus, Abt von Clonfert in Irland († 587)[1], bezeichnet ist, und welchem die höchste Kraft zugeschrieben wird. Die Schilderung der Kraft dieses Gebetes und den Anfang desselben geben wir hiermit wörtlich nach unserer Handschrift:

Brandanus monachuſ fecit iſtam orationem de uerbo dei. per michaelem archangelum dei. quando tranſfretauit ſeptem maria. & data eſt illi iſta oratio poſt VII[tem] annos paſchae quae-

[1] Vgl. Bollandisten zum 16. Mai, und Mone: Übersicht der niederländischen Volkslitteratur, S. 100.

rens inſulam repromiſſioniſ. & celebrauit paſcha ſupra mare ſeptem anniſ continuis. —

Veraciter dico. ut quicunque cantauerit orationem iſtam pro ſe ipſo aut pro amico ſuo. peccata remittuntur illi & ſaluuſ erit de poeniſ futuriſ. ſiue uiuuſ fuerit ſiue defunctuſ.

Ualet iſta oratio ſi fuerit decem uicibus cantata flexis genibuſ. aut proſtrato corpore. centum pſalteria. centum miſſaſ. & centum commendationeſ. Auctoritaſ ſpiritus ſancti docebat brandanum iſtam orationem. Certum est hoc.

In nomine patriſ & filii & ſpiritus ſancti. amen.

PER SANCTAM· annuntiationem tuam domine IHU Christe parce michi· Per ſanctam conceptionem tuam domine Iesu Christe parce michi. Per ſanctam natiuitatem tuam domine Iesu Christe parce michi. Per ſanctam apparitionem tuam domine Iesu Christe parce michi. Per ſanctam paſſionem tuam domine Iesu Christe parce michi. Per piiſſimam abſtinentiam tuam domine Iesu Christe parce michi. Per ſanctam crucem tuam domine Iesu Christe parce michi. Per ſanctam deſcenſionem tuam ad inferoſ liberantem captiuoſ domine Iesu Christe parce michi. Per ſanctam reſurrectionem tuam domine Iesu Christe parce michi. Per ſanctam aſcenſionem tuam domine Iesu Christe parce michi. Per aduentum ſpiritus ſancti paraclyti domine Iesu Christe parce michi.

Epheta quod eſt adaperire. In nomine domini nostri Iesu Christi. amen. amen. amen. Tribuſ uicibuſ dic Epheta uſque in finem. . . . .

Nach dem Gebete folgen als Einleitung zu den Psalmen einige Erklärungen derselben durch mehrere Kirchenväter (fol. 19—26). Zwischen den Psalmen und Hymnen befinden sich fol. 179 sqq.: Te Deum, Benedictus, Magnificat, Pater noster, Credo, Symbolum Athanasianum; daran schließt sich fol. 184 eine Allerheiligen-Litanei, auf welche wir noch zurückkommen. Der Allerheiligen-Litanei sind zahlreiche Gebete, die Commendatio animae in articulo mortis, Totengebete und das Officium defunctorum angefügt. Fol. 194 beginnt ein Cursus in honorem SS. Trinitatis; fol. 200 ebenso ein Cursus in honorem Beatae Mariae Virginis, fol. 202 ein vielbelobtes Psalterium zur täglichen Persolvierung für Kranke, Reisende u. s. w. mit dem Beisatze: Psalterium a

Hieronymo compositum. Hierauf beginnen fol. 209 die Hymnen. Am Schlusse derselben ist das officium dedicationis ecclesiae beigegeben. Fol. 231^{b} enthält noch Noten. Das Kalendarium lautet:

Januarius habet dies XXXI, lunas XXX.

III	A	KL'	JAN	Octaua domini. Baſilii ep$^{i.}$ et conf. D̃. Æ G̃.
	B	IIII	NON' G'	Octaua ſ$^{ti.}$ Stephani. Fin. emb'. IIII$^{us.}$ cuius l' XXX hic.
XI	C	III	„ „	Oct. ſ$^{ti.}$ Johanniſ. Genofeuae v.
	D	II	„ „	Oct. Innocentum.
XVIIII	E	NONAS	„	Vigilia.
VIII	F	VIII	IDVS „	Epiphania. d. Jesus baptizatur et exit ad ieiunium.
	G	VII	„	
XVI	A	VI	„	a. VI Id' r̃r.
V	B	V	„	
	C	IIII	„	Pauli primi heremitae.
XIII	D	III	„	Eductio domini de aegypto.
II	E	II	„	
	F	IDVS	„	Oct. Epyph^{ae} & dep. hilarii & s. Remigii.
X	G	XVIIII	KL' F' „	Feliciſ ep$^{i.}$ & m$^{ris.}$ in pincis.
	A	XVIII	KL'	dep. Abacuc prophetae.
XVIII	B	XVII	„ „	S$^{ti.}$ Marcelli papae.
VII	C	XVI	„ „	Antonii heremitae.
	D	XV	„ „	Priſce v. & m$^{ris.}$ Sol in aqua.
XV	E	XIIII	„ „	Marii & martae filiorumque martyrum.
IIII	F	XIII	„ „	S$^{torum.}$ Fabiani & Sebaſt.
	G	XII	„ „	S$^{te.}$ Agnetiſ uirg. & m$^{ris.}$
XII	A	XI	„ „	S$^{ti.}$ Vincentii m$^{ris.}$
I	B	X	„ „	Emerencianae & Macharii.
	C	VIIII	„ „	Tymothei ap$^{li.}$
VIIII	D	VIII	„ „	Preiecti m$^{r.}$ conuerſio ſc$^{ti.}$ Pauli a. D̃. Æ G̃.
	E	VII	„	Policarpi.
XVII	F	VI	„	Johanniſ ep$^{i.}$ oris aurei.
VI	G	V	„ „	Oct. ſ$^{te.}$ Agnetiſ. Dedicantur criptae h.

	A	IIII	KL'		
XIIII	B	III	„		
III	C	II	„		Nox h. XVI D. VIII.

Principium iani ſancit trophicus capricornuſ.

FEBR. h. d. XXVIII, bissextili anno XXVIIII, l'. XXVIIII, biss anno XXX.

	D	KL'			$S^{tae.}$ Brigidae uirg.

haec XXX^{a} l'una in anno XI° ianuarij est, necesse est ut XVIIII° anno c.

XI	E	IIII	NON'	G	Purificatio ſ. Mariae.
XVIIII	F	III	NON'	G	Blaſii $ep^{i.}$ & $m^{ris.}$ Hadelini conf.
VIII	G	II	„		Ḋ. Æ G̃.
	A	NONAS	„		$S^{te.}$ Agathae, uirg. vſqe.
XVI	B	VIII	IDVS	„	Uedaſti & Amandi, $ep^{orum.}$ et confeſſorum. Ab VIII idus q̄r.
V	C	VII	„		Ueriſ initium.
	D	VI	„		habet dieſ XCI.
XIII	E	V	„		
	F	IIII	„	„	$S^{te.}$ Scolaſticae uirg.
	G	III	„		
X	A	II	„		

Si in idibus occurrat terminus. non X. luna sed XI. quod tamen raro accidit.

	B	IDVS			
XVIII	C	XVI	KL'	Mr'. G	$S^{ti.}$ Valentini, $m^{ris.}$
VII	D	XV	„		Diabolus temptat Dominum. Sol in piſcibus.
	E	XIIII	„	G	$S^{te.}$ Julianae uirg.
XV	F	XIII	„		
IIII	G	XII	„		
	A	XI	„		
XII	B	X	„	„	Hilarii & Feliciſ $ep^{orum.}$
I	C	VIIII	„		
·k·	D	VIII	„	„	Cathedra $ſ^{ti.}$ Petri. a. Vet. nouorum.
VIIII	E	VII	„		
	F	VI	„	„	Mathiae $ap^{li.}$ Locus biſſex.
XVII	G	V	„		
VI	A	IIII	„		D̃. Æ Ġ.
	B	III	„		
XIIII	C	II	„		Nox horaſ ·XIIII· Dieſ ·X·

Menſae numae in medio ſolidi ſtat ſyduſ aquarii.

Martius ·H· D. XXXI. L' ·XXX·
Reg'. fr ·V·^{que} Lunareſ VIIII.

Anno biſſextili lunam febr̃ii ·X·X·X^{mam} computa. et tamen lunam martii ·XXX· ſicut ſemper faciendum est. ne paſchaliſ lunae ratio uacillet. & ſi emb' interuenerit. ipſe etiam ſuam ·XXX· habebit.

Concurrenteſ hic mutantur.

III	D	KL	MART.	Albini ep$^{i.}$ D. Æ G̃.
	E	VI	NON'	
XI	F	V	„	
	G	IIII	„	
XVIIII	A	III	„	Emboliſmus VII. qui fit XVIIII anno.
VIII	B	II	„	Emboliſmuſ III. qui fit VIII anno.
	C	NONAS		G Perpetuae & Felicitatiſ. vſque ab VIII. idus.
XVI	D	VIII	IDVS	
V	E	VII	„	
	F	VI	„	
XIII	G	V	„	
II	A	IIII	„	„ S$^{ti.}$ Gregorii papae.
	B	III	„	
X	C	II	„	Innocentii ep$^{i.}$
	D	IDVS		
XVIII	E	XVII	KL'	APR̄.
VII	F	XVI	„	G Patricii ep$^{i.}$ conf. Gertrudis uirg.
	G	XV	„	Primuſ dieſ ſeculi. Solinar'.
XV	A	XIIII	„	
IIII	B	XIII	„	
	C	XII	„	„ Benedicti abbatis. Æquinoctium.
XII	D	XI	„	Primum paſcha. Sedeſ epactarum.
I	E	X	„	
	F	VIIII	„	Locus concurrentium. Plasmatio adae.
VIIII	G	VIII	„	„ Annuntiatio dominica. Crucifixio Christi.
	A	VII	„	

XVII B VI KL' Refurrectio domini.
VI C V ,, D̃. Æ G̃.
D IIII ,,
XIIII E III ,, Nox. h. XII.
III F II ,, Dief XII.
Procedunt duplicef in martia tempora pifcef.

APR. h. d. XXX. L' XXVIIII. R. F. l. t. X.
G KL APR.
Hec XXX luna in XI° anno martii est quae hic accenditur aprilis est.
XI A IIII NON
Anno XVIIII° facies luna hic XXX quae est emb'.
B III NON Finit emb. VItus endecadif.
XVIIII C II ,, Ambrofii conf. Finit emb. III. ocdoadif.
VIII D NONAS vfque
XVI E VIII IDVS ab VIII idus qr̃.
V F VII ,,
G VI ,,
XIII A V ,,
II B IIII ,, D̃. Æ G̃.
C III ,,
V D II ,,
E IDVS
XVIII F XVIII KL' Mai Tiburtii & Valeriani.
VII G XVII ,,
A XVI ,,
XV B XV ,, Sol in taur.
IIII C XIIII ,, G Urfmari epi. & conf.
D XIII ,,
XII E XII ,, D̃. Æ. G̃.
I F XI ,,
G X ,,
VIIII A VIIII ,, ,, Georgii mris. Diluuium incipit.
B VIII ,,
XVII C VII ,, ,, Marci euangel. Vltimum pascha Letania maior.
VI D VI ,,

	E	V	KL'		
XIIII	F	IIII	„	G Vitalis m^ris.	
III	G	III	„	Egreſſio noae de archa.	
	A	II	„		

nox h. X dieſ XIIII.

Reſpiciſ apríleſ arieſ frixee kalendaſ.

Maiuſ habet dies XXXI lunas XXX.

XI	B	KL	MAĪ	Philippi & Jacobi apoſtolorum.	
Luna quae hic finit XVIIII anno XXVIIIIª aprilis est.					
	C	VI	NON		D̃. E. G̃.
Luna quae hic finit VIII anno XXVIIII aprilis est.					
XVIIII	D	V	NON	Alexandri sociorumque & inuentio s. crucis.	
VIII	E	IIII	„		Vſque.
	F	III	„	Aſcenſio domini ad celos.	
XVI	G	II	„	Johanniſ ap^li. a. II. n. q^r.	
V	A	NONAS			
	B	VIII	IDVS		Ortus uirgiliarum.
XIII	C	VII	„		Initium eſtatis h. d. XCI.
II	D	VI	„	Gordiani & epimachi.	
	E	V	„	Gengulfi m^ris.	
X	F	IIII	„	Nerei ſociorumque eius.	
	G	III	„	Seruatii ep^i. Dedic. ſ^te. Mariae ad martyres.	
XVIII	A	II	„		
VII	B	IDVS			Primum pentecoſten.
	C	XVII	KL'	JVNI. Honorati conf.	
XV	D	XVI	KL'		
IIII	E	XV	„		Sol in geminos.
	F	XIIII	„	S. Potentianae m^ris.	
XII	G	XIII	„		
I	A	XII	„		
	B	XI	„		
VIIII	C	X	„		
	D	VIIII	„		
XVII	E	VIII	„	Urbani m^ris. ep^i. aestas oritur.	D̃. E Ġ.
VI	F	VII	„		
	G	VI	„		
XIIII	A	V	„	Germani ep^i & conf.	

III	B	IIII	KL	Maximini conf.	
	C	III	„		
XI	D	II	„	Petronellae, virg.	

Maiuſ agenorei miratur cornua tauri.

Anno VIII° luna KL' maii iuxta rationem regularum & epactarum XXVIII P. propter emb. qui in mrt$^{a.}$ est XXVII eſſe comprobatur. Anno XVIIII$^{o.}$ luna embol. quae est III$^{a.}$ non mr. facit lunam in KL' maii XXVIII. cum ſecundum rationem regularum & epactarum XXVIIII. debeat computari Luna pentecoſten IIII$^{a.}$

IVN. h. dies XXX. L' XXVIIII.

Luna quae hic finit XXX^{a} anno XVIIII° mutatur & quae hic finit XXX. anno VIII° maii est similiter.

	E	KL	JVNĨ	Nicomediſ, m$^{ris.}$	
XVIIII	F	IIII	NON	Marcellini & Petri m$^{rm.}$	
VIII	G	III	„		vſque.
XVI	A	II	„		
V	B	NON		Paſſio ſ$^{ti.}$ Bonefacii ep$^{i.}$ cum ſociiſ.	
	C	VIII	Idus		
XIII	D	VII	„		
II	E	VI	„	S^{torum} Medardi & Geldardi.	
	F	V	„	Primi & Feliciani m$^{rm.}$	
X	G	IIII	„		D̃. E G̃.
	A	III	„	Barnabae ap$^{li.}$	
XVIII	B	II	„	Baſilidiſ. Cirini ſociorumque.	
VII	C	IDVS			vltimum pentecoſten.
	D	XVIII	KL'	IVLI.	
XV	E	XVII	„	Viti m$^{r.}$	
IIII	F	XVI	„		D̃. Æ̃.
	G	XV	„		Sol in cancrum.
XII	A	XIIII	„	Marci & Marcelliani m$^{rm.}$	
I	B	XIII	„	Geruaſii & Protaſii m$^{rm.}$	
	C	XII	„		Solstitium.
VIIII	D	XI	„		
	E	X	„		
XVII	F	VIIII	„	Vigilia.	
VI	G	VIII	„	Natiuitas S. Joh. baptiſtae.	
	A	VII	„	Gallicani m$^{ris.}$	
XIIII	B	VI	„	S$^{torum.}$ Johanniſ & Pauli m$^{rum.}$	

III	C	V	KL'	Septem dormientium.
	D	IIII	„	Leonif papae. Vigilia.
XI	E	III	„	Natalis. Ap^lorum. Petri & Pauli.

Luna quae hic est XXVIIII. in XVIIII anno, iunii est.

	F	II	KL'	Pauli ap^li. officiorum celebratio.

Juniuf aequatof caelo uidet ire laconaf.

Jul. h. d. XXXI l' XXX.

Octauo anno lunam XXVIIII hic & est una.

XVIIII	G	KL	JVLII	Teoderici pr^bri. & conf.	
VIII	A	VI	NON'	Proceffi & Martiniani.	
	B	V	„	Paffio f^ti. Thomae ap^li	
XVI	C	IIII	„	Tranflat. Martini ep^i.	
V	D	III	„		
	E	II	„	Oct. ap^lorum. Goarif conf. pr^bri.	
XIII	F	NONAS			
II	G	VIII	IDVS		
	A	VII	„		
X	B	VI	„	Natalis VII^tem fratrum.	
	C	V	„	Benedicti abbatis tranflat.	
XVIII	D	IIII	„		
VII	E	III	„	Margaretae uirg.	D̃. Æ G̃.
	F	II	„	Dief caniculares.	
XV	G	IDVS		diuifio ap^lorum. ad predicandum.	
IIII	A	XVII	KL'	AVGT.	
	B	XVI	„	Ortus caniculae.	
XII	C	XV	„	Sol in Leonem.	
I	D	XIIII	„		
	E	XIII	„		
VIIII	F	XII	„	St^ae. Praxedif uirgin.	
	G	XI	„	Mariae Magdal.	D̃. Æ G̃.
XVII	A	X	„	Apollinarif ep^i. & m^ris.	
VI	B	VIIII	„		
				Hic benedicuntur prm^a noua.	
	C	VIII	„	S. Jacobi ap^li. Criftophori m^ris.	
XIIII	D	VII	„		
III	E	VI	„		

	F	V	KL'	Pantaleonis $m^{ris.}$ Sanſoniſ conf.
XI	G	IIII	„	Feliciſ, Simplicii, $Fauſti^{ni}$ & Beatriciſ.

Hic fac saltum lunae XVIIII anno tollens hic Fi iulio suam XXX lun. & a XXVIIII ipsius saliens in primam l. augusti.

XVIIII	A	III	KL'	Abdonius & Sennis.
	B	II	„	Germani $ep^{i.}$

Solſtitio ardentiſ cancri fert iuliuſ aſtrum.

XVIIII° anno non secundum argumentum facies hic lunam secundam, sed propter saltum lune quem in KL' fecisti, pronuntiabis tertiam.

VIII	C	KL'		AVGT. Rome ad $ſ^{tm.}$ Petrum ad uincula.
				D̃. Æ G̃.
XVI	D	IIII	NON'	Stephani $ep^{i.}$ & $m^{ris.}$ VI^{tus} embol.
V	E	III	„	Inuentio $ſ^{ti.}$ Stephani sociorumque eius.
	F	II	„	
XIII	G	NONAS		
II	A	VIII	IDVS	Sixti papae. Feliciſſimi & Agapiti $m^{rm.}$
	B	VII	„	Donati $ep^{i.}$ & $m^{ris.}$ Initium autum, habet dies XCII.
X	C	VI	„	Ciriaci $m^{ris.}$
	D	V	„	Vigilia. ſ. l'. Romani militis.
XVIII	E	IIII	„	Natalis $ſ^{ti}$ Laurentij $m^{ris.}$
VII	F	III	„	Tiburtii $m^{ris.}$ Gaugerici conf.
	G	II	„	
XV	A	IDVS		S. Ypoliti $m^{r.}$
IIII	B	XVIIII	KL'	Sept. Euſebii conf. & uigilia.
	C	XVIII	„	Dormitio S. Mariae uirg.
XII	D	XVII	„	Arnulfi $ep^{i.}$ & conf.
I	E	XVI	„	Octauae s. Laurentii.
	F	XV	„	Agapiti $m^{ris.}$ Sol in virg'.
VIIII	G	XIIII	„	Magni $m^{ris.}$
	A	XIII	„	
XVII	B	XII	„	
VI	C	XI	„	Timothei & Symphoriani m^{rum}
	D	X	„	Timothei $m^{ris.}$ & Apollinariſ. Autumnus oritur.
XIIII	E	VIIII	„	S. Bartholomei $ap^{li.}$
III	F	VIII	„	
	G	VII	„	
XI	A	VI	„	S. Rufi $m^{ris.}$

XVIIII	B	V	KL'	Hermetiſ m^{ris} Auguſtini ep$^{i.}$ et conf. Sabine uirg. & mris.
	C	IIII	,,	decol. S. Johanniſ bapt. Primus eg'. mensis toth.
VIII	D	III	,,	Januarii, Feliciſſimi & Adaucti m$^{rum.}$
	E	II	,,	Treueris depoſ. Paulini ep. Finit emb. VIus qui fit XVIIus anni quantum ad egyptios.

Auguſtum menſem leo feruidus igne perurit.

SEPTB̄. habet dies XXX. l'. XXX.
R. F. VII. lun.

Epacta incipiunt in KK' ſeptembriſ.

	F	KL'	SEPTEMBR.	Priſci m$^{ris.}$ Egidii abbatiſ conf.
XVI	G	IIII	NON	Embol II^{us} qui fit VI. anno in ogdoade.
V	A	III	,,	S. Remacli conf. ep$^{i.}$ D̃. E G̃.
XIII	B	II	,,	
II	C	NONAS		
	D	VIII	IDVS	
X	E	VII	,,	
	F	VI	,,	Natiuitaſ ſ$^{tae.}$ Mariae. Adriani pp. m$^{ris.}$
XVIII	G	V	,,	S. Gorgonii m$^{ris.}$
VII	A	IIII	,,	Teodardi ep$^{i.}$ & m$^{ris.}$
	B	III	,,	Proti & Iacinti m$^{rm.}$
XV	C	II	,,	
IIII	D	IDUS		
	E	XVIII	KL'	OCTB̄. Cornelii & Cypriani. Exaltatio ſ$^{tae.}$ cruciſ.
XII	F	XVII	,,	Nicomediſ m$^{ris.}$
I	G	XVI	,,	Eufemiae & Luciae & Geminiani.
	A	XV	,,	S. Lamberti ep$^{i.}$ & mr. Sol in LIB.
VIIII	B	XIIII	,,	
	C	XIII	,,	
XVII	D	XII	,,	Mathei euangel. uigilia. Æquinoctium.
VI	E	XI	,,	Mathei euangelistae. D̃. Æ G̃.
	F	X	,,	Mauritii ſociorumque eius.
XIIII	G	VIIII	,,	Tecle uirg.
III	A	VIII	,,	Conceptio ſ$^{ti.}$ Johanniſ bapt. Indictionum initium & finis.
	B	VII	,,	
XI	C	VI	,,	

XVIIII D V KL' Coſmae & Damiani.
E IIII „
VIII F III „ Dedic. baſilicae S. Michaeliſ archangeli.
G II „ Hieronimi pr$^{bri.}$
Nox horaſ XII. dieſ XII.
Sydere uirgo tuo bachum September opimat.

OCTOBER dies XXXI L' XXVIIII.
R. F. II. L'. V.

XVI A KL' OCTB. S. Remigii ep$^{i.}$ & conf. Fin. embol. II^{us} cuius l' XXX^{a} hic est.
V B VI NON Paſſio Leodegarii m$^{ris.}$
XIII C V „ D̃. Æ G̃.
II D IIII „
E III „
X F II „
G NONAS Marci papae. Marcelli conf. & apulei m$^{r.}$
XVIII A VIII IDVS Aduentus ſ$^{ti.}$ Eloquii in uualvê.
VII B VII „ Dyoniſii, Ruſtici, Eleuterii, martyrum.
C VI „
XV D V „
IIII E IIII „
F III „
XII G II „ Caliſti papae & m$^{ris.}$
I A IDVS
B XVII KL' NOṼB. Corona tota exoritur.
VIIII C XVI „
D XV „ Lucae, euangel. Sol in Scorp.
XIIII E XIIII „
VI F XIII „
G XII „
XIIII A XI „ D̃. E G̃.
III B X „ Seuerini ep$^{i.}$ & Gratiani conf. & S$^{tae.}$ Odae uiduae.
C VIIII „
XI D VIII „ Criſpini & Criſpiniani m$^{rm.}$
E VII „
XVIIII F VI „ Vigilia.

VIII	G	V	KL'	S$^{torum.}$ Symoniſ & Judae ap$^{lorum.}$
	A	IIII	„	
XVI	B	III	„	
	C	II	„	Quintini & Foillani & Rumoldi m$^{rm.}$ Uig. omnium ſ$^{torum.}$

Nox horaſ XIIII. dies X.

Æquat & october ſementiſ tempore libram.

dieſ XXX. Lun'. XXX.

R. Fr. V. Lun. VII.

	D	KL'	NOUBR̃.	Omnium ſ$^{torum.}$ Ceſarii m$^{ris.}$
XIII	E	IIII	NON'	Euſtachii, ſociorum eius. Embol. V^{tus} qui fit XIIII° anno.
II	F	III	„	Huberti ep$^{i.}$
	G	II	„	Perpetui ep$^{i.}$ & conf.
	A	NONAS		D̃. Æ G̃.
	B	VIII	IDVS	Menalai ep$^{i.}$
XVIII	C	VII	„	Willebrordi ep$^{i.}$ conf. Initium hiemiſ h. d. XCII.
VII	D	VI	„	IIII^{or} Coronatorum. Occasus uirgiliarum.
	E	V	„	Teodori m$^{ris.}$
XV	F	IIII	„	Dedicatio nouae ecclesiae in harſteria.
IIII	G	III	„	Martini ep$^{i.}$ & Mennae m$^{ris.}$
	A	II	„	Cuniberti ep$^{i.}$ & conf.
XII	B	IDVS		Brictii ep$^{i.}$ & conf.
I	C	XVIII	KL'	DECEMB.
	D	XVII	„	S. Eugenii mr.
VIIII	E	XVI	„	Dedicatur turris in harsteria.
	F	XV	„	Aniani ep$^{i.}$ & conf.
				Sol in SAGITT.
XVII	G	XIIII	„	Romani m$^{ris.}$
VI	A	XIII	„	
	B	XII	„	
XIIII	C	XI	„	
III	D	X	„	Romae Ceciliae uirgin.
	E	VIIII	„	Clementiſ mr. & Felicitatiſ mr. item Clementis conf. & s. Trudonis conf.

XI F VIII KL' Crifogoni m^ris. Hiempf oritur.
XVIIII G VII „
A VI „ Amatorif ep^i.
VIII B V „ Ante haf KL' aduentum domini ne incipiaf. Fi.
C IIII „ D̃. Æ G̃.
XVI D III „ Saturnini m^ris. & Uigilia.
V E II „ S^ti. Andreae ap^li.
Nox h. XVI dief VIII.
Scorpiuf hybernum praecepf iubet ire nouembrem.

d. XXXI Lun̄ XXVIIII.
R. F. VII Lun̄. VII.
Finit embol. Vtus cui luna XXXa hic.
F KL' DECEMB̃. Eligii ep^i. & f^tae Candidae & f^ti Albani.
XIII II G IIII NON Embol. I^us qui fit III° anno F. noc post has.
A III NON Natalis f^ti. eloquii pr^bri. & conf.
X B II „ Barbarae uirg. & mr. Emb. IIII^tus qui fit XI° anno.
C NONAS
XVIII D VIII IDVS S. Nicholai ep^i. & conf.
VII E VII „ Octaua f^ti. Andreae.
F VI „
XV G V „
IIII A IIII „
B III „ Damafi papae.
XII C II „ D̃. Æ G̃.
I D IDVS S^te. Luciae uirginif & mr.
E XVIIII KL' JANR. Nicafii ep^i. & mr.
VIIII F XVIII „ D̃. Æ G̃.
G XVII „
XVII A XVI „
VI B XV „ Sol in capric.
C XIIII „
XIIII D XIII „
III E XII „ Natalis s. Thomae ap^li. Solftitium.
F XI „

XI	G	X	KL'	
XVIIII	A	VIIII	„	Uigilia natalis domini. Anni domini hic mutantur.
	B	VIII	„	Natiuitaſ domini nri IHU XPI ſ. c.
VIII	C	VII	„	Natalis S. Stephani, prothom[ris.]
	D	VI	„	S[ti.] Johanniſ ap[li.] & euangel.
XVI	E	V	„	Natalis Innocentum.
V	F	IIII	„	S[ti.] Trophimi[ni] ep[i.] & conf.
	G	III	„	
XIII	A	II	„	Natalis ſ[ti.] Silueſtri papae et conf. Fin emb. I[us] cuius l'. XXX[a.] h.

Terminat arciteuenſ medio ſua ſigna decembri.

Dieses Kalendarium bietet eine Reihe neuer Heiligen, welchen wir in den bisher benützten bayerischen Kalendarien nicht begegnet sind, so am 13. Jänner neben dem hl. Hilarius, Bischof von Poitiers und Kirchenlehrer († 13. Jänner 367 oder 368, sonst am 14. Jänner), noch den hl. Remigius (Remedius), in Frankreich S. Remy genannt. Er war ein natürlicher Sohn Karl Martells und Bruder des Königs Pipin. Im Jahre 755 wurde er Bischof von Rouen, wo er am 19. Jänner 772 starb. Er entfaltete eine segensreiche Wirksamkeit und führte in seiner Kathedrale auch den römischen Choral ein. Sein heiliger Leib wurde in die Abtei St. Medard bei Soissons gebracht, am 15. Mai 1090 aber wieder nach Rouen zurückgeführt, wo seine Reliquien 1562 von den Hugenotten entweiht und zerstreut wurden. Am 19. Jänner: Marius, Martha und ihre Söhne, Audifax und Abachum. Sie stammten aus Persien, wanderten nach Rom und übernahmen die Pflege der in den Kerkern schmachtenden Christen, weshalb sie in dem Kloster Prüm (Diöcese Trier) als Ärzte verehrt wurden. Schließlich erlitten sie den Martyrtod in Rom. Ihre Reliquien werden an vielen Orten verehrt, darunter in Deutschland zu Seligenstadt und Prüm. 23. Jänner: Macharius, Abt, Schüler des hl. Antonius, bei den Griechen am 19. Jänner verehrt. Er starb im Jahre 391, neunzig Jahre alt. Sein hl. Leib wurde im Mittelalter nach Amalfi gebracht und ruht im dortigen Dome. Am 3. Februar: der hl. Hadelinus, Schüler und Begleiter des heiligen Remaclus, welcher ihn zum Priester weihte. Hadelinus lebte längere Zeit als Mönch in Solignac (Limousin), später als Einsiedler zu Stavelot und Dinant, bis er das Kloster Zell (Celles) in der Diöcese Lüttich gründete, wo er um 690 starb. Sein

Kloster wurde später nach Viset verlegt und dorthin auch sein hl. Leib verbracht (am 11. Oktober). 20. Februar: Hilarius, Bischof und Martyrer zu Mainz (um 150), und Felix, Bischof (dritter) von Metz (um das Jahr 100). 1. März: Albinus, aus England stammend, wurde Mönch im Kloster Cincillac (später Tintillane), im Jahre 504 Abt dieses Klosters, 529 Bischof von Angers, wo er am 1. März 549 im Alter von 81 Jahren starb. Ihm wurde eine besonders hohe Wundergabe nachgerühmt. Er heilte Lahme, Blinde, erweckte selbst einen Toten. 14. März: Innozenz, Bischof von Verona im IV/V. Jahrhunderte. 18. April: Ursmarus. Er wurde geboren zu Foyon bei Avesnes in Belgien, wurde Abt und Bischof von Lobbes (Laubes) und starb 713 im 69. Lebensjahre. Seine Reliquien sind 1409 nach Binche (im Hennegau) übertragen worden. Er ist Patron gegen Fieber und führt den Titel: Apostel der Flandern. 16. Mai: Honoratus, Bischof von Amiens in der zweiten Hälfte des VI. Jahrhunderts. Im Jahre 1060 fand aus Anlaß einer großen Dürre die Erhebung seiner Reliquien statt. Zu Paris wurde ihm zu Ehren 1204 eine Kirche erbaut und ein Kanonikat damit verbunden. Von da ab genoß er bald in allen Ländern hohe Verehrung infolge der Verbreitung seines Namens durch die zahlreichen Studierenden in Paris. Eine Vorstadt und eine Straße in Paris führen seinen Namen. Am 8. Juni: neben dem hl. Medardus noch ein Geldardus. Es giebt keinen Heiligen dieses Namens. Vielleicht soll es Geraldus oder Gebhardus heißen. Ein hl. Gerald, in Frankreich St. Giraud, war der 26. Bischof von Maçon, † um 942 am 29. Mai. Der hl. Gebhard, der bekannte Bischof von Konstanz, † 29. August 996, hat seine Gedächtnisfeier am 29. August. Wahrscheinlich ist der hl. Gebhard, Erzbischof von Salzburg, gemeint (sonst am 16. Juni). Gebhard war der Sohn des Grafen Kadold und der Gräfin Azala von Helfenstein (im Württembergischen). Er studierte in Paris zugleich mit den hll. Bischöfen Altmann von Passau und Adalbero von Würzburg, kam in die Kanzlei des Kaisers Heinrich III., wurde 1055 Kanonikus in Salzburg und 1060 Erzbischof daselbst. Am 30. Juli 1060 wurde er zu Regensburg konsekriert in Gegenwart der Bischöfe Gebhard von Regensburg, Engelbert von Passau, Ellenhard von Freising, Altwin von Brixen, Gunzo von Eichstätt und Adalbero von Würzburg. Gebhard gründete das Bistum Gurk (1072), 1074 das Kloster Admont, auch Michaelbeuern und Höglwörth. Später mußte er alle Bitterkeiten des Investiturstreites mitmachen, einem Eindringlinge auf dem erzbischöflichen Stuhle, dem Grafen Berthold von Moosburg, weichen und 9 Jahre in der Verbannung, zeitweilig sogar in Dänemark, weilen, bis ihn Herzog Welf von Bayern 1086 wieder zurückführte. Gebhard starb aber bereits am 16. Juni 1088. Im Salzburger Proprium steht er nicht; auch sonst fanden wir ihn in keinem Kalendarium, dagegen führen ihn Baronius und Stadler (Heiligen-Lexikon) auf. Am 1. Juli: Theodorich, Abt von Mont d'Or, Schüler des hl. Remigius von Rheims. Theodorich, † 553, ist Patron der Stadt Rheims. Am 28. Juli: Samson, in Glamorganshire (Wales) um das Jahr 520 geboren, wurde Bischof von Dol in der Bretagne und starb um das Jahr 565. In den englischen Litaneien des VII. Jahrhunderts wird er als Landespatron angerufen. Am 11. August: Gaugerich, Bischof von Cambray, † 619. 1. September: Priscus, nach der Legende einer der 70 Jünger des Herrn, welcher den hl. Petrus nach Rom begleitete und von ihm zum ersten Bischofe von Capua bestellt wurde. 3. September: Der hl. Remaclus, in der Diöcese Bourges geboren, wurde dem heiligen Eligius zur Aufnahme in das Kloster Solignac empfohlen, wo er zeitweilig Vorstand war. Um das Jahr 652 wurde er als Nachfolger des hl. Amand Bischof von Maastricht (Trajectum), entsagte aber 662 zu Gunsten seines Schülers Theodard, zog sich in das Kloster Cougnon zurück und starb schließlich als Einsiedler zu Stavelot (zwischen 667 und 670). Bei seiner Translatio am 7. Mai 1071 geschahen zahlreiche Wunder und wurde seine Verehrung weit verbreitet. 10. September: Theodard, Schüler und Nachfolger des hl. Remaclus auf dem bischöflichen Stuhle zu Maastricht-Tongern. Auf einer Reise zum Könige Childerich II. wurde er, als er von Speyer über Landau ins Elsaß zog, in einem Gehölze (Biwalt) erschlagen um das Jahr 672. 8. Oktober: Translatio des hl. Eloquius nach Waussoire. Er kam aus Irland mit Ursäus, Ultanus und Foillanus nach Frankreich und baute auf Wunsch des Königs Chlodwig das Kloster Laigni, entfloh aber vor den unzufriedenen Mönchen und starb als Einsiedler zu Grimay am 3. Dezember 570. Sein Leib wurde am 8. Oktober nach dem Kloster Waussoire (Diöcese Namur) gebracht, und dieses Translationsfest enthält unser Kalendarium, zugleich aber auch seinen Todestag am 3. Dezember. 23. Oktober: Neben dem Kölner Bischof Severin noch der hl. Gratian, als Martyrer (um das Jahr 287, unter Kaiser Maximian) in den Diöcesen Paris und Amiens hoch verehrt. Seine Reliquien ruhten in Paris, sind aber seit 1830 spurlos verschwunden (nach Stadler). Oda, Witwe des hl. Arnoald, Bischofs von Metz, starb um 640, ihr Leib soll zu St. Ouen ruhen. 30. Oktober: Rumold, ein Angelsachse, Abt und erster Bischof von Mecheln, am 24. Juni 775 ermordet. 31. Oktober: Foillan, Sohn des Königs Fyltan von Mounster in Irland und Bruder der hll. Ultan und Fursäus, wanderte nach Belgien und war der Ratgeber der hl. Gertrud im Kloster zu Nivelles; er wurde auf dem Wege nach Fosse, wo der hl. Ultan Abt war, von Räubern erschlagen (30. Oktober 655). Seine Gebeine ruhen in der Kirche zu Fosse. 3. November: Hubert, Bischof von Tongern und Patron von Lüttich. Er entstammte einer vornehmen Familie und diente am Hofe des fränkischen Königs Theodorich III. Bei einer Jagd im Ardenner Walde sah er zwischen den Geweihen eines Hirsches ein glanzumstrahltes Kruzifix, was für ihn Veranlassung wurde, ein ascetisches Leben zu beginnen. Er wurde Nachfolger des hl. Lambert als Bischof von Maastricht-Tongern und verlegte den Bischofsstuhl nach Lüttich, wo er 727 starb. Er wird gegen Hundswut angerufen, und ist Patron der Jäger. Es giebt vier nach ihm benannte Orden, darunter den bayerischen St. Hubertus-Orden. 4. November: Perpetuus, Bischof von Maastricht. 604—619. 6. November: Menelaus. Einen Bischof Menelaus kennt Stadlers Heiligenlexikon nicht, wohl aber einen Abt, Gründer des Klosters Menat (Auvergne), † um 720. 16. November: Eugenius, im III. Jahrhunderte Schüler des hl. Dionysius; er erlitt zu Deuil, im Pariser Stadtgebiete, den Martyrtod; seine Gebeine ruhen in St. Denis. König Ludwig VII. machte 1148 den rechten Arm des Heiligen dem Könige Alfons von Kastilien zum Geschenke. Am 23. November: Klemens, Konfessor, war der Legende zufolge römischer Ratsherr und Oheim des Papstes und Martyrers Klemens. Er soll vom hl. Petrus im Jahre 47 nach Metz geschickt und dort als Bischof im Jahre 72 gestorben sein. Trudo entstammte einem reichen und angesehenen Geschlechte im Hennegau (Hasbania) und gründete dort das nach ihm benannte Kloster St. Truyden oder Trond. Er starb um 683. 26. November: Der hl. Amator war Bischof von Autun im IV. Jahrhunderte. 1. Dezember: Eligius, geboren um 588 zu Chatelac (Cadillac) bei Limoges, wurde Goldschmied und Münzmeister des Königs Chlotar II. Erst im höheren Alter wurde er Priester, 640 Bischof von Noyon und Tournay († 1. Dezember 659). Candida, Schülerin des Apostels Paulus und Martyrin zu Rom. Albinus war Bischof von Toul im V. Jahrhunderte. Am 29. Dezember: Trophimus, auch Tropus genannt, ist der Apostel und Patron der Stadt Arles und war nach der Legende einer der 70 Jünger des Herrn und später Schüler des Apostels Paulus. Andere setzen ihn mit Gregor von Tours in die Mitte des III. Jahrhunderts.

Wie man auf den ersten Blick sieht, sind die meisten dieser Heiligen der Geschichte der fränkischen Kirche entlehnt. Auch viele Heilige der Litanei sind der fränkischen Kirche entnommen. Wir finden nämlich in der Allerheiligenlitanei unseres Kodex (fol. 184) neben den gewöhnlichen Martyrern dieser Litanei noch nachfolgende Martyrer (in unmittelbarem Anschlusse an Laurentius und Vincentius):

S. Christofore.	S. Gorgoni.
S. Georgi.	S. Lamberte.
S. Mauriti cum sociis.	S. Foillane.
S. Dionysi „ „	S. Eugeni.
S. Juliane „ „	S. Adriane.
S. Gereon „ „	S. Gengulfe.
S. Quintine.	S. Blasi.

Sodann bei den Konfessoren noch folgende (nach Silvester):

S. Hilari.	S. Remacle.
S. Remigi.	S. Hugberte.
S. Germane.	S. Beregise.
S. Arnulfe.	S. Euchari.
S. Servati.	S. Valere.
S. Venanti.	S. Materne.
S. Adalgise.	S. Eloqui.
S. Amande.	S. Patrici.

Ferner bei den Jungfrauen noch:

S. Genoveve.	S. Petronilla.
S. Walburga.	S. Glodesindis.
S. Gertrudis.	S. Brigida.
S. Modesta.	S. Adalgundis.
S. Monegundis.	S. Balthildis.

Diese sämtlichen Heiligen finden sich auch im Kalendarium, mit Ausnahme: 1) des heiligen Julianus, welcher in Gallien unter Diokletian 304 den Martyrtod erlitt (28. August); 2) Hukbertus, Mönch zu Bretigny bei Soissons († um 712); 3) Beregisus, Schüler des hl. Bischofs Hubert und erster Abt des Klosters St. Hubert in den Ardennen (in der ersten Hälfte des VIII. Jahrhunderts); 4) Adalgisus, hl. Priester in der Landschaft Terrarche (in der Picardie, † um 670); 5) Venantius, Abt von Tours († am Ende des V. Jahrhunderts), aus den Schriften des Gregor von Tours bekannt; 6) 7) und 8) Eucharius, Valerius und Maternus — die ersten drei Bischöfe von Trier; 9) Modesta, erste Äbtissin im Kloster Horreum († 659); 10) Monegundis († 570), ebenfalls aus den Schriften des Gregor von Tours bekannt; 11) Baltildis (auch Bathildis), Königin, Gemahlin des Frankenkönigs Chlodwig II., welche für ihre minderjährigen Söhne als Witwe längere Zeit die Regierung führte in unruhiger, harter Zeit. Im Jahre 665 zog sie sich ins Kloster Chelles (Celles) bei Paris zurück, wo sie 670 starb; 12) Adelgundis. Mit Namen Adelgundis (oder Aldegundis) giebt es zwei Heilige: die eine war Äbtissin von Maubeuge, († 30. Jänner 680); die andere, Tochter des Grafen und hl. Martyrers Basinus, starb um 650 als Nonne in Drongen bei Gent.

Unser Kalendarium enthält die gebotenen Feiertage noch nicht in kenntlicher, roter Schrift; dafür sind in ihm, wie in allen älteren Kalendarien, zahlreiche Einträge aus der Geschichte des Alten und Neuen Testamentes. Am 18. März ist dies primus saeculi, der erste Schöpfungstag, am 25. Plasmatio Adae, annunciatio et crucifixio Domini, am 27. Auferstehung, am 5. Mai: ascensio Domini ad coelos, wie in den sonstigen Kalendarien. Dagegen wird Mariä Himmelfahrt mit dormitio B. Mariae virginis bezeichnet. „Die schönste der Jungfrauen ging ins Paradies ein", heißt es im poetischen Menelogium Beda's zur Erklärung von dormitio.

Beim Weihnachtsfeste ist bemerkt, daß mit diesem Tage der Beginn des Jahres gemacht wurde (statt wie später um Neujahr): anni Domini hic mutantur.

Sehr zahlreich sind die Einträge über Naturerscheinungen und über die Einteilung des Jahres. Wir finden die bekannten Angaben über die Länge der Tage und Nächte, über die Tag- und Nachtgleichen, die Anfänge der Jahreszeiten und die Dauer derselben, die Epakten, Concurrentes, die goldene Zahl und den Sonntagsbuchstaben, Beginn der Hundstage, Berechnung des Schaltjahres, die Embolismen, Endekaden und Oktoaden. Bezüglich des Kirchenjahres sind primum und ultimum Pascha, primum und ultimum Pentecosten, die Anfangsgrenze vom Advent (27. November) bestimmt, wie wir alle diese Einzelheiten beim ersten Freisinger Kalendarium bereits ausführlich erörtert haben. Wir bemerken, daß am 7. Februar der Frühlingsanfang (91 Tage), am 9. Mai der Sommeranfang (91 Tage), am 7. August der Herbstanfang (92 Tage) und am 7. November der Winteranfang (92 Tage) angegeben ist. Am 20. Juni und 21. Dezember sind Sommer- und Winter-Solstitium eingetragen secundum Graecos. Secundum Latinos sind die Solstitien bekanntlich erst am 24. Juni und 25. Dezember. Am 21. März und 20. September sind die Äquinoktien bemerkt. Im Kalendarium ist auch eine Sternerscheinung aufgezeichnet, nämlich am 8. Mai: Ortus virgiliarum, und am 8. November: Occasus virgiliarum, d. h. Aufgang und Frühuntergang der Virgilien, das sind die Plejaden, deren Aufgang als Zeichen für Eintritt des Sommers und deren Untergang für den Beginn des Winters angesehen wurde.

Das Kalendarium kennt nicht bloß den Bittag am 25. April mit Litania major, sondern auch am 24. Juli den Tag der Erstlinge: hic benedicuntur prima novorum fructuum. Dieser Tag der Segnung der neuen Früchte war in England am 1. August[1] und hieß dort hlafmaessan daeg; im Freisinger Breviarium fanden wir diese Segnung am Feste des hl. Papstes Sixtus (6. August).

Der 6. Jänner, das hl. Dreikönigsfest, ist als Tauftag des Herrn (Jesus baptizatur) bezeichnet. Der 6. Jänner wurde im Mittelalter nicht bloß als das Fest, an welchem die Weisen aus dem Morgenlande dem Herrn ihre Anbetung darbrachten, sondern auch als der Tag der Hochzeit zu Kana und der Taufe Christi im Jordan gefeiert. Deshalb war am 6. Jänner zugleich feierliche Taufhandlung[2]. An diesem Feste pflegte ferner der Ostertag feierlich von der Kanzel verkündet zu werden.

Als weitere geschichtliche Einträge heben wir hervor: 28. Jänner die Angabe: dedicatio cryptae H. (wohl Haimerami), und 10. November: dedicatio novae ecclesiae in harsteria, dazu am 16. November die Turmweihe.

Unser Kalendarium enthält über die Lebensgeschichte unseres Herrn und Heilandes folgende zusammenfassende Daten:

6. Jänner: Jesus baptizatur et exit ad jejunium — Taufe und Beginn der Fasten des Heilandes.

11. Jänner: eductio Domini de Aegypto — Rückkehr des Jesuskindes aus Ägypten.

---

[1] Vgl. Piper: Kalendarien der Angelsachsen, S. 90.

[2] Vgl. Binterim I [1] S. 55.

15. Februar: diabolus tentat Dominum — Versuchung des Herrn durch den Satan.

25. März: annunciatio et crucifixio dominica — des Herrn Empfängnis und Kreuzigung.

27. März: resurrectio — des Herrn Auferstehung.

5. Mai: ascensio domini ad coelos — des Herrn Himmelfahrt.

Dazu kommen noch folgende Angaben zur Geschichte des Alten Testamentes:

23. April: Incipit diluvium — Beginn der Sündflut.

29. April: egressio Noe de Archa — Verlassen der Arche, selbstverständlich am 29. April des der Sündflut (am 23. April) folgenden Jahres.

Am 15. Jänner ist der Prophet Habakuk eingetragen. Diese Eintragung ist dem römischen Martyrologium entnommen, welches zu diesem Tage bemerkt: In Judaea sanctorum Habacuc et Michae prophetarum, quorum corpora sub Theodosio seniore divina revelatione reperta sunt.

An sonstigen Eigentümlichkeiten des Kalendariums bemerken wir, daß es den hl. Martyrer Ignatius weder am 17. Dezember noch am 1. Februar enthält. Das Allerheiligenfest ist noch nicht angegeben; ebenso ist Thomas von Canterbury jünger als unser Kalendarium. Dafür ist am 29. Dezember die Gedächtnisfeier des hl. Trophimus eingetragen. An Marienfesten kennt unser Kalendarium die alten vier hohen Feste: 2. Februar: Purificatio; 25. März: Annunciatio; 15. August: Assumptio oder vielmehr dormitio; 8. September: Nativitas. Außerdem findet sich nur noch am 13. Mai: Maria ad martyres. Mariä Dreißigster und Vierzigster, sowie Mariä Heimsuchung und Mariä Empfängnis fehlen noch in unserm Kalendarium.

2.

Ein Missale und Kalendarium aus dem XV. Jahrhunderte, CLM. 13022.

Ein Missale aus der zweiten Hälfte des XV. Jahrhunderts, aus Regensburg stammend und in dem Handschriften-Kataloge der Münchener Staatsbibliothek mit Nummer 13022 versehen, enthält an der Spitze ein Kalendarium, woran sich sofort schließt die sonntägliche Benedictio salis et aquae, wie in den heutigen Ritualien. Sodann heißt es: Incipit liber missalis secundum rubricam et breviarium Ratisponensem; zuerst sind verzeichnet die Messen für die Sonntage und zwar von Dominica prima in adventu Domini bis zum letzten (XXIV.) Sonntag nach Pfingsten, wie jetzt. Daran reihen sich fol. CLIV die Präfationen ohne Noten, in derselben Ordnung, wie heute; dann folgt ein Gloria in excelsis Deo mit nachstehenden Einschaltungen je nach den Festen, so am Pfingstfeste nach Domine fili unigenite Jesu Christe.

Altissime Spiritus et alme orphanorum paraclite;

dann an Marienfesten nach agnus Dei, filius patris:

primogenitus Mariae virginis matris;

ferner nach suscipe deprecationem nostram:

ad Mariae gloriam;

sodann nach tu solus sanctus:

Mariam sanctificans;

nach solus Dominus:

Mariam gubernans;

endlich nach tu solus altissimus:

Mariam coronans.

Hierauf folgen: Kyrie, Gloria, Credo, Praefationes mit Noten nach den verschiedenen Festen. Alsdann beginnt der Canon missae.

Hierauf (fol. 171): incipit proprium de sanctis. Den Anfang macht die vigilia S. Andreae. Für alle Feste sind angegeben Introitus, oratio, epistola, evangelium, soweit sie Propria hatten.

Fol. 240 incipit commune sanctorum, wie jetzt; daran schließt sich

fol. 254 missa dedicationis ecclesiae; hierauf folgt missa de Beata Maria Virgine, dann: orationes ad diversa;

fol. 271 ist missa de Requiem eingestellt mit Orationen;

fol. 272 ist festum lanceae et clavorum und

fol 273[b] eine missa contra Turcos enthalten.

Diese Missa entnahm den Introitus der Messe Reminiscere vom Mittwoche der Fasten-Quatember. Die erste oratio lautete: Omnipotens sempiterne Deus, in cujus manu sunt omnes potestates et omnium regnorum jura, respice benignus ad auxilium christianorum, ut gentes paganorum, qui in sua ferocitate confidunt, dextera tuae potentiae conterantur.

Die zweite oratio lautete: Pietate tua quaesumus Domine nostrorum solve vincula peccatorum, et intercedente beata Maria semper virgine cum omnibus sanctis et electis tuis Domnum apostolicum, regem et episcopum nostrum etc.

Die dritte oratio war die gewöhnliche, nämlich: Deus qui contritorum non despicis gemitum etc.

Lectio contra Turcos libri Judith: In diebus illis clamaverunt filii Israel ad Dominum . . . bis evenisse credamus.

Das übrige, auch das Evangelium, aus der Messe Reminiscere.

Bei der Secret erste oratio: Sacrificium Domine, quod immolamus, intende, ut propugnatores tuos ab omni exuas nequitia paganorum et tuae protectionis securitate constituas. Nach Pater noster und libera nos a malo wird gesungen: Laetatus sum in his . . . dann versiculum: Fiat pax in virtute tua — et abundantia . . . ferner oratio: Deus, a quo sancta desideria . . . Amen. Hierauf wird fortgefahren in der Messe: Pax Domini sit semper etc.

Postcommunio. Erste oratio: Protector noster aspice Deus, et propugnatores nostros a paganorum defende periculis, ut a perturbationibus semoti liberis tibi mentibus deserviant.

Nach dem Segen incipit cantor alta et lugubri voce antiphon: Media vita in morte sumus. Quem quaerimus adjutorem nisi Te Domine, qui pro peccatis nostris juste irasceris: sancte Deus, sancte fortis, sancte et misericors salvator, amarae morti non tradas nos (fiat genuflexio), sancte Deus. Dann versiculum: Domine non secundum peccata nostra facias nobis. Chorus: neque secundum iniquitates nostras retribuas nobis. — Sequitur oratio pro peccatoribus: Parce Domine, parce peccatis nostris etc.

Das Kalendarium hat, wie alle Kalendarien des späteren Mittelalters, die Feiertage in roter Schrift. Die Heiligenfeste desselben sind folgende:

Jänner.

1. Circumcisio Domini.
2. Octava S. Stephani.
3. Octava S. Joannis, evangelistae.
4. Octava SS. Innocentium.
5.
6. Epiphania Domini.
7. S. Erhardi ep.
8.
9.
10.
11.
12.
13. Octava epiphaniae.
14. S. Felicis in pincis.
15.
16. S. Marcelli ppe.
17. S. Antonii abb.
18. S. Priscae virg.
19.
20. SS. Fabiani et Sebastiani.
21. S. Agnetis virg. et mart.
22. S. Vincentii diaconi.
23.
24. S. Timothei ep.
25. Conversio S. Pauli ap. Projecti mart.
26. S. Polycarpi epi.
27.
28. Octava S. Agnetis.
29.
30.
31.

Februar.

1. S. Brigidae virg.
2. Purificatio B. Mariae virginis.
3. S. Blasii ep̃i.
4.
5. S. Agathae virg.
6. S. Dorotheae virg.
7.
8.
9. S. Apolloniae virg.
10. S. Scholasticae virg.
11.
12.
13.
14. S. Valentini mart.
15.
16. S. Julianae virg.
17.
18.
19.
20.
21.
22. Cathedra S. Petri.
23. Vigilia.
24. S. Matthiae ap.
25.
26.
27.
28.

März.

1.
2.
3. S. Cunegundis virg.
4.
5.
6.
7. SS. Perpetuae et Felicitatis.

8.
9.
10.
11.
12. S. Gregorii ppe.
13.
14.
15.
16.
17. Gertrudis virg.
18.
19. S. Josephi nutritoris Domini.
20.
21. S. Benedicti abb.
22.
23.
24.
25. Annunciatio dominica.
26. S. Castuli mart.
27. S. Ruperti ep.
28.
29.
30.
31.

April.

1. Octava annunciationis Mariae Virginis.
2.
3.
4. S. Ambrosii ep.
5.
6.
7.
8.
9.
10.
11.
12.

13.
14.
15. SS. Tiburtii et Valeriani.
16.
17.
18.
19.
20.
21.
22.
23.
24. S. Georgii mart. S. Adalberti ep.
25. S. Marci evang. Litania major.
26.
27.
28. Vitalis mart. Visitatio Mariae virg.
29.
30.

Mai.

1. SS. Philippi et Jacobi app. Walburgae virg.
2.
3. Inventio S. Crucis. Alexandri, Eventii et Theodoli.
4. Floriani mart. Festum coronae Domini.
5. S. Godehardi ep.
6. S. Joannis ante portam lat.
7.
8.
9.
10. SS. Gordiani et Epimachi.
11.
12. SS. Nerei et Achillei.
13. S. Servatii ep. Gangolfi mart.
14.
15.
16.
17.
18.

19.
20.
21.
22.
23.
24.
25.
26. S. Urbani ppe.
27.
28.
29.
30.
31. S. Petronellae virg.

Juni.

1.
2. SS. Marcellini et Petri.
3. S. Erasmi mart.
4.
5. S. Bonifacii ep.
6.
7.
8.
9. SS. Primi et Feliciani.
10.
11. S. Barnabae ap.
12. SS. Basilidis, Cirini, Naboris et Nazarii.
13.
14.
15. Viti, Modesti et Crescentiae.
16.
17.
18. SS. Marci et Marcellini.
19. SS. Gervasii et Protasii.
20.
21. S. Albani mart.
22. SS. Achacii et soc. ejus.
23. Vigilia.

24. Nativitas Joannis Bapt.
25. S. Gallicani mart.
26. SS. Joannis et Pauli.
27. SS. septem dormientium.
28. Leonis ppe. Vigilia.
29. SS. Petri et Pauli app.
30. Commemoratio S. Pauli.

Juli.

1. Octava S. Joannis B. Ottonis ep.
2. SS. Processi et Martiniani. Visitatio Mariae virg.
3.
4. S. Udalrici ep. Translatio S. Martini.
5. Translatio S. Catharinae.
6. Octava apostolorum.
7. S. Willibaldi ep.
8. SS. Chiliani et soc. ejus.
9. Translatio S. Nicolai.
10. SS. septem fratrum.
11. Translatio S. Benedicti.
12. S. Margarethae virg. et mart.
13. S. Heinrici imperatoris.
14. Translatio Thomae Cantuarensis.
15. Divisio apostolorum.
16.
17. S. Alexii conf.
18.
19.
20.
21. S. Praxedis virg.
22. S. Mariae Magdalenae.
23. S. Apollinaris.
24. S. Christinae virg. Vigilia.
25. S. Jacobi ap. S. Christofori mart.
26. S. Annae, matris Mariae.
27.
28. S. Pantaleonis mart.

29. S. Marthae virg. SS. Faustini, Felicis et Simplicii.
30. SS. Abdon et Sennen.
31. Tertulini mart.

August.

1. Vincula Petri. Septem Macchabeae.
2. S. Stephani ppe.
3. Inventio S. Stephani.
4. S. Dominici conf.
5. S. Oswaldi regis.
6. Transfiguratio Domini. SS. Xysti, Felicissimi et Agapiti.
7. S. Afrae mart. S. Donati ep.
8. S. Cyriaci mart.
9. S. Romani mart.
10. S. Laurentii mart.
11. S. Tiburtii mart.
12. S. Clarae virg.
13. SS. Hyppolyti et soc. ejus. S. Cassiani mart.
14. S. Eusebii conf. Vigilia.
15. Assumptio Mariae virg.
16.
17. Octava S. Laurentii.
18. S. Agapiti mart.
19. S. Magni mart.
20. S. Bernhardi abb.
21.
22. SS. Timothei et Symphoriani. Octava assumpt.
23. Vigilia.
24. S. Bartholomaei apostoli.
25.
26.
27. S. Rufi mart.
28. S. Augustini ep. Hermetis mart.
29. Decollatio S. Joannis B. S. Sabinae virg.
30. SS. Felicis et Adaucti.
31.

September.

1. S. Egidii abb. S. Prisci mart. et S. Verenae.
2.
3.
4. Octava S. Augustini.
5.
6. S. Magni conf.
7. Translatio S. Cunegundis.
8. Nativitas Mariae. S. Adriani mart. S. Corbiniani ep.
9. S. Gorgonii mart.
10.
11. SS. Proti et Hyacinthi.
12.
13. Tricesimus assumptionis Mariae virg.
14. Exaltatio S. Crucis. S. Cornelii.
15. S. Nicomedis. Octava beatae virginis.
16.
17. S. Lamperti, ep.
18.
19.
20. Vigilia.
21. S. Matthaei ap.
22. S. Emmerami ep. et mart.
23. S. Theclae virg. Quadragesimus assumptionis B. Mariae virg.
24. Translatio S. Ruperti. Conceptio S. Joannis Bapt.
25.
26. SS. Cypriani et Justinae mart.
27. SS. Cosmae et Damiani mart.
28. S. Wenceslai, ducis Bohemiae.
29. S. Michaelis archang. et omnium Angelorum.
30. S. Hieronymi presbyteri.

Oktober.

1. SS. Remigii, Germani et Vedasti pontif.
2. S. Leodegarii ep.
3.
4. S. Francisci conf.

5.
6.
7. Translatio S. Wolfgangi, Marci pap. Sergii.
8. Translatio S. Erhardi.
9. SS. Dionysii et soc. ejus.
10. SS. Gereonis et soc. ejus.
11. Translatio S. Augustini.
12. S. Maximiliani ep.
13. S. Colomanni mart.
14. S. Calixti pap. mart.
15. S. Galli abbatis.
16. S. Lucae evangelistae.
17.
18.
19.
20.
21. SS. Undecim millium virg.
22. S. Severi ep.
23.
24.
25. SS. Crispi et Crispiniani martyrum.
26. S. Amandi ep.
27. Vigilia.
28. SS. Simonis et Judae apostolorum.
29.
30. Vigilia.
31. S. Wolfgangi ep.

November.

1. Omnium sanctorum. S. Caesarii.
2. Commemoratio animarum. SS. Eustachii et soc. ejus.
3.
4.
5.
6. S. Leonhardi conf.
7.
8. Octava sanctorum. Quatuor coronati.
9. S. Theodori mart.

10.
11. S. Martini ep. S. Mennae mart.
12. S. Arsacii ep.
13. S. Briccii ep.
14. Translatio S. Dionysii.
15.
16. S. Othmari abbatis.
17. S. Florini conf.
18. Octava S. Martini.
19. S. Elisabeth lantgraviae.
20. Translatio S. Corbiniani.
21.
22. S. Caeciliae virg. et martyris.
23. S. Clementis mart.
24. S. Chrysogoni mart.
25. S. Catharinae virg. et martyris.
26. S. Lini pap.
27. S. Virgilii ep.
28.
29. SS. Saturnini, Mauri, Chrysanthi, Dariae. Vigilia.
30. S. Andreae ap.

Dezember.

1.
2.
3.
4. S. Barbarae virg. et mart.
5.
6. S. Nicolai ep.
7. S. Ambrosii Translatio.
8. Conceptio Mariae.
9.
10.
11.
12.
13. SS. Luciae virg. Othiliae virg.
14.

15.
16.
17.
18.
19.
20. Vigilia.
21. S. Thomae ap.
22.
23.
24. Vigilia.
25. Nativitas D. N. Jesu Christi.
26. S. Stephani protomart.
27. S. Joannis ap. et evang.
28. SS. Innocentium.
29. S. Thomae Cantuarensis, ep. et mart.
30.
31. S. Silvestri papae.

Wie bereits erwähnt, enthält unser Missale eine Messe contra Turcos, ist also jedenfalls erst nach 1453, nach dem Falle von Konstantinopel, als die Türkengefahr ganz Europa erzittern machte, geschrieben. Zur Abwendung dieser Gefahr hat Bischof Peter von Augsburg im Jahre 1456 auf jeden Samstag ein Amt und eine Prozession innerhalb der Kirche, für jeden ersten Monatstag eine Prozession, wie in der Kreuzwoche, angeordnet[1]. In der gleichen Zeit wird die Anordnung des Amtes in der Regensburger Diöcese erfolgt sein mit dem Meßformulare und mit den Gebeten, welche wir nach unserem Missale mitgeteilt haben.

Das Kalendarium enthält auffallend viele Translationen, namentlich im Monate Juli und Oktober. Die Translationsfeste des hl. Erhard, Wolfgang, Dionysius, welche Spezialheilige der Diöcese Regensburg waren, wurden nicht als Feiertage gehalten; dagegen war der Tag der hl. Elisabeth ein gebotener Feiertag. Auch Allerseelen erscheint im Gegensatze zu allen Kalendarien, welche wir bisher aus Bayern mitgeteilt haben, als Feiertag. An Marienfesten begegnen wir außer den alten vier hohen Festen: Mariä Lichtmeß, Verkündigung, Himmelfahrt und Geburt noch dem Dreißigsten und Vierzigsten von Mariä Himmelfahrt.

[1] Vgl. Hoeynck a. a. O. S. 318.

Mariä Empfängnis war noch immer kein Feiertag, ebenso Mariä Heimsuchung nicht, welches Fest zweimal in unserm Kalendarium erscheint, am 2. Juli und am 28. April. Das Fest der sieben Schmerzen Mariä, auch Mariä Ohnmachtfeier (festum compassionis Mariae) genannt, ist in keinem der Kalendarien Bayerns, soweit sie von uns benützt wurden, enthalten. Dieses Fest wurde 1423 von der Diöcesansynode zu Köln für die dortige Erzdiöcese eingeführt, und zwar für den Freitag nach Jubilate. Papst Benedikt XIII. dehnte im Jahre 1727 das Fest auf die ganze Kirche aus und verlegte es auf Freitag vor dem Palmsonntage[1].

Das Fest des hl. Michael ist zugleich Fest aller Engel, wie dies im Mittelalter vielfach der Fall war. Erst im XVII. Jahrhunderte trennten die Päpste Paul V. und Klemens X. die Kollektivfeier aller Engel vom Michaelsfeste und bestimmten für die Schutzengel ein eigenes Fest[2], das anfangs am 2. Oktober, gegenwärtig am 1. Sonntag im Oktober oder, wie jetzt in der Münchener Diöcese, am letzten Sonntag im August gefeiert wird. Im Mittelalter war es herkömmlich, am Feste des hl. Michael und aller Engel nach dem Evangelium vor dem Hochaltare in der Mitte des Chores ein Opferfeuer anzuzünden. Dieses sollte anzeigen, wie die Engel unser Gebet vor dem Throne Gottes darbringen. Überhaupt wurde das Engelfest im Mittelalter mit vielen Vorbereitungen und unter hohen Festlichkeiten begangen. In England[3] hatte es eine strenge Vorfasten von drei Tagen, welche in den Kirchengesetzen des Königs Ethelred auf folgende Weise vorgeschrieben wird: „Jeder Christ, der das bestimmte Alter hat, soll vor dem Feste des hl. Michael drei Tage bei Brod und Wasser fasten, und nichts essen, als ungekochte Wurzeln. Jeder gehe zur Beicht und barfuß in die Kirche, und schwöre durch das Versprechen einer wahren Besserung allen Sünden ab. Auch jeder Priester halte mit seinem Volke barfuß Prozession an diesen drei Tagen, und singe jeder Priester dreißig Tagezeiten, jeder Diakon und Kleriker dreißig Psalmen. Jeder bereite soviel Speise vor, als er für drei Tage nötig haben mag, aber nichts von Fleisch,

[1] Vgl. Weidenbach S. 192.

[2] In der Diöcese Augsburg hat Bischof Heinrich, um Hilfe gegen die drohenden Einfälle der Türken zu erflehen, das Schutzengelfest mit einem aus Spanien erhaltenen Officium in das Proprium von 1605 aufnehmen lassen und in demselben Anliegen auch das Ave-Maria-Läuten in der Mittagsstunde eingeführt, während bis dahin in Deutschland nur morgens und abends zum Englischen Gruß geläutet worden war. Vgl. Hoeynck S. 318.

[3] Vgl. Binterim V[1], S. 475 ff.

und teile davon den Armen mit. Jeder Knecht sei diese drei Tage hindurch von der Fronarbeit befreit, damit er desto besser fasten könne; für sich selbst kann er arbeiten, was er will. Diese drei Tage sind: der Montag, Dienstag und Mittwoch vor dem Feste des hl. Michael. Wenn ein Knecht die Fasten bricht, soll er mit seiner Haut abbüßen; ist es ein freier, aber armer Mann, so soll er dreißig Denare, ist es ein königlicher Beamter, hundertzwanzig Solidos zahlen, und dieses Geld soll unter die Armen verteilt werden am Festtage dieses hl. Erzengels."

In unserem Kalendarium begegnen wir am 4. Mai auch einem Feste coronae Domini, welches die übrigen von uns benützten mittelalterlichen Kalendarien Bayerns nicht kennen. Am 13. Mai ist, wie im Freisinger Breviarium, neben dem hl. Gangulf auch der hl. Servatius aufgeführt. Der hl. Servatius, Bischof von Tongern-Maastricht († 384), war für die Gegend an der Maas ein ähnlicher Wohlthäter, Freund und Berater, wie hundert Jahre später der hl. Severin für die Uferbewohner der Donau in Niederbayern und Österreich. Im ganzen Mittelalter stand der hl. Servatius in hoher Verehrung[1]. Bemerkenswerter Weise ist die Empfängnis des hl. Johann Baptist am 24. September noch erwähnt. Im späteren Mittelalter ist dieses Fest in den meisten Kalendarien bereits verschwunden.

Ähnlich, wie in unserem Verzeichnisse finden sich die Heiligenfeste in einem Kalendarium des Emmeramsklosters in Regensburg, gleichfalls aus der zweiten Hälfte des XV. Jahrhunderts, im Münchener Handschriften-Kataloge der Staatsbibliothek mit CLM. 14183 bezeichnet. Dasselbe hat die Commemoratio animarum noch gar nicht; dagegen am 28. Jänner neben der Oktav der hl. Agnes noch das Fest Caroli Magni, imperatoris. Das Kalendarium wurde zugleich als Nekrologium benützt und enthält vereinzelte Einträge von Todestagen solcher Personen, welche mit dem Emmeramskloster in Verbindung standen.

---

[1] Vgl. Beissel S. 8.

3.

Die vierzehn Nothelfer.

Dem oben erwähnten Missale (13022) liegt ein loses Blatt bei (von einer Hand des XVI. Jahrhunderts geschrieben), welches die drei Orationen der Messe der vierzehn Nothelfer enthält. Diese drei Meßgebete, welche zugleich die Namen der vierzehn Nothelfer aufführen, haben folgenden Wortlaut:

Collecta: Omnipotens et mitissime Deus, qui sanctos et electos tuos Georgium, Blasium, Erasmum, Pantaleonem, Vitum, Christophorum, Dionysium, Ciriacum, Achatium, Eustachium, Egidium, Margaretham, Barbaram et Catharinam specialibus privilegiis decorasti, ut omnes, qui in necessitatibus suis eorum implorant auxilium, secundum tuae promissionis gratiam petitionis suae salutarem consequantur effectum: da nobis quaesumus nostrorum veniam peccatorum et ipsorum intercedentibus meritis ab omnibus nos adversitatibus libera et deprecationes nostras benignus exaudi. Per Dominum etc.

Secreta: Suscipe quaesumus Domine Deus preces et hostias, quas tibi in sanctorum Georgii, Blasii, Erasmi, Pantaleonis, Viti, Christophori, Dionysii, Ciriaci, Achatii, Eustachii, Egidii, Margarethae, Barbarae et Catharinae honorem deferimus, et qui nostrae justitiae fiduciam non habemus, eorum, qui tibi placuerunt, singulariter intercedentibus meritis petitionum nostrarum te pium largitorem sentiamus...

Postcommunio: Sacramenta, quae Domine sumpsimus, intercedentibus sanctis tuis Georgio, Blasio, Erasmo, Pantaleone, Vito, Christophoro, Dionysio, Ciriaco, Achatio, Eustachio, Egidio, Margaretha, Barbara et Catharina nobis prosint ad veniam, et quorum petitiones clementer exaudisti, in necessitatibus nostris nos refove miseratus auxilio et ab omni adversitate potenter custodi. Per Dom...

Fünfter Teil.

Kalendarium und Kirchenfeste

der

Diöcese Augsburg.

Ein Augsburger Breviarium und Kalendarium aus dem XIII./XIV. Jahrhunderte, CLM. 3908[1].

Die kirchliche Festfeier der Diöcese Augsburg hat in der „Geschichte der kirchlichen Liturgie des Bistums Augsburg" durch Herrn Pfarrer F. A. Hoeynck eine so vorzügliche und gründliche Bearbeitung gefunden, daß wir einfach darauf verweisen können. Da nun aber Hoeynck nicht die volle Wiedergabe beabsichtigte, sondern sich auf die Benützung der Kalendarien, der ganzen Anlage seines Werkes nach, beschränken mußte, haben wir uns entschlossen, eines der wichtigsten Kalendarien der Augsburger Diöcese im vollen Umfange und wörtlich zu veröffentlichen. Dadurch wird eine Vergleichung mit den Feiertagen und den Gedächtnistagen der Heiligen in der altbayerischen Kirchenprovinz erleichtert, und tritt sowohl das Gemeinsame wie das Abweichende klar zu Tage.

Januarius habet dies 31 luna 30.

Janu.	KL'	A	Circumcisio domini.
8	4 Non.	b	Octaua Stephani.
16	3 n	c	Octaua Johannis ewangeliste.
	2 n	d	Octaua innocentium.
5	Nonas	e	
	8 Id9	f	Epyphania domini.
13	7 ,,	g	
2	6 ,,	A	Erhardi.

[1] Im Kataloge der Staatsbibliothek bezeichnet mit dem Titel: Ordo divinorum officiorum cum plurimis ornamentis, saecul. XIII./XIV. Ruland setzt das Kalendarium in das XIV. Jahrhundert. Vgl. Steichele, Archiv für die Geschichte des Bistums Augsburg, S. 74.

	5 Id^{9}	b		
10	4 ,,	c		
	3 ,,	d		
18	2 ,,	e		
7	Idus	f	Octaua epiphanye.	
15	19 Kl'	g	Felicis m$^{ris.}$	
	18 ,,	A	Mauri abbatis.	
4	17 ,,	b	Marcelli ppe$^{e.}$ & m$^{ris.}$	
12	16 ,,	c	Antonij confeſſ. Speoſipi et al'.	
	15 ,,	d	Priſce virg. et m$^{ris.}$	Sol in aquario.
1	14 ,,	e		
	13 ,,	f	Fabiani et Sebaſtiani m$^{rum.}$	
9	12 ,,	g	Agnetis virg. et m$^{ris.}$	
17	11 ,,	A	Vincencij.	
	10 ,,	b	Emerenciane virg. et m$^{ris.}$	
6	9 ,,	c	Tymothei ap$^{li.}$	
	8 ,,	d	Conuerſio Pauli ap$^{li.}$	D'.
14	7 ,,	e	Policarpi ep$^{i.}$	
3	6 ,,	f		
11	5 ,,	g	Octaua Agnetis.	
	4 ,,	A		
19	3 ,,	b		
8	2 ,,	c		

Februarius habet dies 28 luna 29.

	KL'	d	Brigide virg.	
16	4 Nonas	e	Purificatio Marie virg.	
4	3 n	f	Blaſij ep$^{i.}$ et m$^{ris.}$	
	2 n	g		D'.
13	Nonas	A	Agathe virg. et m$^{ris.}$	
	8 Id^{9}	b	Dorothee virg.	
2	7 ,,	c		
	6 ,,	d		
10	5 ,,	e	Altonis confeſſ$^{s.}$	
18	4 ,,	f	Scolaſtice virg.	
	3 ,,	g		
7	2 ,,	A		
15	Idus	b		

4	16	Kl'	c	Valentini m^{ris}	
	15	„	d		Sol in piſcibus.
12	14	„	e	Juliane virg.	
1	13	„	f		
	12	„	g		
9	11	„	A		
	10	„	b		D'.
17	9	„	c		
6	8	„	d	Kathedra Petri.	
	7	„	e		
14	6	„	f	Mathie ap^{li}	
	5	„	g	Walpurge virg.	
3	4	„	A		
11	3	„	b		
19	2	„	c		
				Marcius habet dies 28 luna 29.	
	KL'		d		D'.
8	6	Nonas	e		
16	5	n	f		
	4	n	g	Adriani m^{ris}	
5	3	n	A		
	2	n	b	Victoris m^{ris}	
13	Nonas		c	Perpetue et Felicitatis.	
2	8	Id^{9}	d		
10	7	„	e		
	6	„	f	Conuerſio Marie Magd'.	
18	5	„	g		
7	4	„	A	Gregorij pp^{e}	
	3	„	b		
15	2	„	c		
	Idus		d		
4	17	Kl'	e		
12	16	„	f	Gerdrudis virg.	
	15	„	g		Sol in ariete.
1	14	„	A	Albani.	
	13	„	b		
9	12	„	c	Benedicti abbatis.	
17	11	„	d		

	10	Kl'	e		
6	9	„	f		
14	8	„	g	Annunciacio Marie virg.	
3	7	„	A		
1	6	„	b		D'.
11	5	„	c		
	4	„	d		
	3	„	e		
	2	„	f		

Aprilis habet dies 30 luna 29.

		KL'	g		
16	4	Nonas	A		
	3	n	b		
5	2	n	c	Ambrofij.	
13		Nonas	d		
	8	Id⁹	e		
2	7	„	f		
10	6	„	g		
18	5	„	A		
	4	„	b		D'.
7	3	„	c		
	2	„	d		
15		Idus	e		
4	18	Kl'	f	Tyburcij et Valeriani.	Maij.
	17	„	g		
12	16	„	A		Sol in thauro.
	15	„	b		
1	14	„	c	Valentis m^ris.	
9	13	„	d		
	12	„	e	Genefij m^ris.	D'.
17	11	„	f		
6	10	„	g		
14	9	„	A		
	8	„	b	Georij m^ris. Adelberti ep^i.	
3	7	„	c	Marci ewangeliste.	
	6	„	d	Cleti pp^e.	
11	5	„	e		

	4 Kl'	f	Vitalis m$^{ris.}$	
19	3 „	g		
8	2 „	A		

Maius habet dies 31 luna 30.

	KL'	b	Phylipi et Jacobi ap$^{lorum.}$	
16	6 Nonas	c		D'.
5	5 n	d	Inuencio sancte crucis.	
	4 n	e	Floriani m$^{ris.}$	
13	3 n	f		
2	2 n	g	Johannis ante portam latinam.	
10	Nonas	A		
	8 Idus	b	Victoris m$^{ris.}$	
18	7 „	c	Tranſlacio Nicolai.	
7	6 „	d	Gordiani et Epymachi m$^{rum.}$	
	5 „	e		
15	4 „	f	Nerei, Achillei et Pangracij m$^{rum.}$	
	3 „	g	Seruacij ep$^{i.}$ Marie ad martyres.	
4	2 „	A	Bonifacij pp$^{e.}$	
	Idus	b		
12	17 Kl'	c	Junij.	
1	16 „	d		Sol in geminis.
	15 „	e		
9	14 „	f		
17	13 „	g		
	12 „	A	Valentis m$^{ris.}$	
6	11 „	b		
14	10 „	c		
3	9 „	d		
	8 „	e	Vrbani pp$^{e.}$ et m$^{ris.}$	D'.
11	7 „	f		
	6 „	g		
19	5 „	A		
	4 „	b		
8	3 „	c		
16	2 „	d	Petronelle virg.	

Junius habet dies 30 luna 29.

	KL'	e	Nicomedis m$^{ris.}$	
5	4 Nonas	f	Marcellini et Petri m$^{rum.}$	
13	3 n	g	Eraſmi ep$^{i.}$ et m$^{ris.}$	
	2 n	A		
2	Nonas	b	Bonifacij et ſociorum eius.	
10	8 Id9	c		
18	7 „	d		
	6 „	e		
7	5 „	f	Primi et Feliciani m$^{rum.}$	
	4 „	g		
15	3 „	A	Barnabe ap$^{li.}$	
4	2 „	b	Baſilidis, Cirini et Naboris.	D'.
	Idus	c		
12	18 Kl'	d	Julij.	
	17 „	e	Viti, Modeſti et Creſcentie.	
1	16 „	f		D'.
9	15 „	g		Sol in cancro.
	14 „	A	Marci et Marcelliani m$^{rum.}$	
17	13 „	b	Geruaſij et Prothaſij m$^{rum.}$	
6	12 „	c		
14	11 „	d	Albani m$^{ris.}$	
	10 „	e	Decem milium m$^{rum.}$ Paulini ep$^{i.}$	
3	9 „	f	vig$^{a.}$	
	8 „	g	Natiuitas Johannis baptiste.	
11	7 „	A		
19	6 „	b	Johannis et Pauli m$^{rum.}$	
	5 „	c		
8	4 „	d	Leonis pp$^{e.}$ vig$^{a.}$	
	3 „	e	Petri et Pauli ap$^{lorum.}$	
16	2 „	f	Commemoracio Pauli ap$^{li.}$	

Julius habet dies 31 luna 30.

5	KL'	g	Octaua Johannis baptiste.
	6 Nonas	A	Viſitacio Marie virg. Proceſſi et Martiniani.
13	5 n	b	Tranſlacio Thome ap$^{li.}$
2	4 n	c	Vdalrici ep$^{i.}$
10	3 n	d	

	2 n	e	Octaua ap$^{lorum.}$	
18	Nonas	f	Willibaldi ep$^{i.}$	
7	8 Id^{9}	g	Kiliani et ſociorum eius.	
	7 "	A	Octaua viſitacionis Marie virg.	
15	6 "	b	Septem fratrum.	
	5 "	c	Octaua Vdalrici.	
4	4 "	d	Naboris. Felicis.	
	3 "	e	Margarete virg. et m$^{ris.}$	D'.
12	2 "	f		
1	Idus	g	Diuiſio ap$^{lorum.}$	
	17 Kl'	A	Auguſti.	
9	16 "	b	Alexij confeſſ$^{s.}$ Quirici et Julite. Sol in leone.	
17	15 "	c		
	14 "	d	Christine virg. et m$^{ris.}$	
6	13 "	e		
19	12 "	f	Praxedis virg. et m$^{ris.}$	
3	11 "	g	Marie Magdalene.	D'.
	10 "	A	Apollinaris ep$^{i.}$ et m$^{ris.}$	
11	9 "	b		
	8 "	c	Jacobi ap$^{li.}$	
19	7 "	d		
	6 "	e	Anne matris Marie.	
8	5 "	f	Panthaleonis m$^{ris.}$	
16	4 "	g	Marthe virg.	
	3 "	A	Abdon et Sennen, m$^{rum.}$	
5	2 "	b		

Auguſtus habet dies 31 luna 29.

13	KL'	c	Vincula Petri.	
	4 Nonas	d	Stephani pp$^{e.}$	
2	3 n	e	Inuencio Stephani prothom$^{ris.}$	
10	2 n	f	Octaua S. Anne.	
18	Nonas	g	Oſualdi, Afri et Dominici.	
	8 Id^{9}	A	Sixti et aliorum. Transfiguracio domini.	
7	7 "	b	Afre m$^{ris.}$	
	6 "	c	Cyriaci et ſociorum eius.	
15	5 "	d		vigi$^{a.}$
4	4 "	e	Laurencij m$^{ris.}$	

	3	Id9	f	Tyburcij $\mathrm{m^{ris.}}$	
12	2	„	g	Hylarie et Sodalium.	
	Idus		A	Ypoliti et ſociorum eius.	
1	19	Kl'	b	Septembris. Euſebij conf. Vigilia.	
9	18	„	c	Aſſumpcio S. Marie.	
	17	„	d		
11	16	„	e	Octaua S. Laurencij.	
6	15	„	f	Agapiti $\mathrm{m^{ris.}}$	Sol in virgine.
14	14	„	g	Magni $\mathrm{m^{ris.}}$	
	13	„	A	Bernhardi abbatis.	
3	12	„	b		
	11	„	c	Octaua aſſumpcionis. Thymothei & al'.	
11	10	„	d	Archilai $\mathrm{m^{ris.}}$ Vigilia.	
19	9	„	e	Bartholomei $\mathrm{ap^{li.}}$	
	8	„	f	Geneſij $\mathrm{m^{ris.}}$	
8	7	„	g		
	6	„	A	Habundi et aliorum.	
16	5	„	b	Auguſtini $\mathrm{ep^{i.}}$	
5	4	„	c	Decollatio S. Johannis. Sabine, virginis.	
	3	„	d	Felicis et Adaucti $\mathrm{m^{rum.}}$	D'.
13	2	„	e		

	KL'			Septembris.	
		Nonas	f	Egidij abb. Priſce et Verene.	
4	IIII n		g	Anthonini $\mathrm{m^{ris.}}$	
10	III n		A		D'.
18	II n		b		
	Nonas		c	Regine virg.	
7	VIII	Id.	d	Magni $\mathrm{confeſſ^{s.}}$	
15	VII	„	e		
	VI	„	f	Natiuitas Marie.	
4	V	„	g	Gorgonij $\mathrm{m^{ris.}}$	
12	IIII	„	A		
	III	„	b	Prothi & Iacincti et al'.	
1	II	„	c		
9	Idus		d	Triceſimus aſſumptionis Marie.	
	XVIII	KL'	e	Octobris. Exaltacio S. crucis.	
17	XVII	„	f	Nicomedis $\mathrm{m^{ris.}}$ Octaua S. M.	

	XVI	KL'	g	Eufemie & al'.	
6	XV	„	A	Lamperti ep$^{i.}$ & m$^{ris.}$	Sol in libra.
19	XIIII	„	b		
	XIII	„	c		
3	XII	„	d		vigi$^{a.}$
	XI	„	e	Mathie ap$^{li.}$	D'.
11	X	„	f	Mauricij et ſociorum eius.	
19	IX	„	g	Tecle vg.	
8	VIII	„	A	Conceptio S. Johannis baptiste.	
	VII	„	b		
16	VI	„	c	Juſtine virg.	
5	V	„	d	Coſme et Damiani.	
	IIII	„	e	Dedicatio matricis ecclesie.	
13	III	„	f	Michahelis archangeli.	
	II	„	g	Jeronimi pb$^{ri.}$	

KL'		2	A	Octobris. Remigii et al'.	
VI	Nonas		b	Leodegarij ep$^{i.}$ et m$^{ris.}$	
V		10	c	Sulpicij et Seruiliani m$^{rum.}$	D'.
IIII		18	d	Franciſci conf.	
III			e		
II		7	f	Fidis virg.	
no^{as}		15	g	Marci ep$^{i.}$ et al'.	
VIII	Id9		A		
VII			b	Dyoniſij et ſociorum eius.	
VI	Id9		c	Gereonis et ſociorum eius.	
V		1	d	Tranſlacio S. Auguſtini.	
IIII			e		
III		9	f		
II		17	g	Calixti pp$^{e.}$	
	Idus		A		
XVII	KL'	6	b	Nouembris. Galli conf.	
XVI	„		c		
XV	„	14	d	Luce euangeliſte.	Sol in ſcorpione.
XIIII	„		e	Januarij et ſociorum.	
XIII	„	3	f		
XII	„	11	g	XI mi. virginum.	

XI	KL'		A		
X	„	19	b	Seuerini ep$^{i.}$ Octaua S. Galli.	
IX	„	8	c		
VIII	„	16	d	Criſpini et Criſpiniani m$^{rum.}$	
VII	„		e	Conuerſio S. Afre. Amandi confeſſ$^{s.}$	
VI	„	5	f		Vigilia.
V	„	13	g	Symonis et Jude ap$^{lorum.}$	
IIII	„		A	Narciſci ep$^{i.}$ & m$^{ris.}$	D'.
III	„	2	b		
II	„		c	Quintini m$^{ris.}$ Wolfgangi ep$^{i.}$	

	KL'	Nouember.		
IIII	Nonas	d	Omnium ſanctorum.	
III	n	e	Euſtachij et ſociorum eius.	
II	n	f	Pirminij ep$^{i.}$	
no$^{as.}$		g		
VIII	Id.	A		D'.
VII	„	b	Leonhardi conf. Willibrordi ep$^{i.}$	
VI	„	c		
V	„	d	Quatuor coronatorum.	
IIII	„	e	Theodori m$^{ris.}$	
III	„	f	Martini pp$^{e.}$	
II	„	g	Martini ep$^{i.}$	
Idus		A		
XIX	KL'	b	Decembris. Bricij ep$^{i.}$	
XVIII	„	c		
XVII	„	d		
XVI	„	e	Otmari abbatis.	
XV	„	f	Aniani et Auguſtini m$^{rum.}$	Sol in ſagittario.
XIIII	„	g	Octaua S. Martini.	
XIII	„	A	Elizabeth vidue.	
XII	„	b		
XI	„	c		
X	„	d	Cecilie vg. & m$^{ris.}$	
IX	„	e	Clementis ppe.	
VIII	„	f	Criſogoni m$^{ris.}$	
VII	„	g	Katherine vg. et m$^{ris.}$	
VI	„	A	Chunradi ep$^{i.}$	

	V	KL'	b		
	IIII	,,	c		
	III	,,	d	Saturnini m$^{ris.}$	Vigilia. D'.
	II	,,	e	Andree ap$^{li.}$	

December.

		KL'	f		
18	IIII	Non.	g	Octaua S. Katherine.	
	III	n	A	Barbare vg.	
7	II	n	b		D'.
15	no^{as}		c	Nycolai ep$^{i.}$	
4	VIII	Id.	d		
	VII	,,	e	Octaua S. Andree.	
12	VI	,,	f	Concepcio S. Mariae virg.	
1	V	,,	g		
	IIII	,,	A		
9	III	,,	b	Damaſi ppe.	
17	II	,,	c		
	Idus		d	Lucie, Otilie & Judoci conf.	
15	XIX	KL'	e	Januarii.	
	XVIII	,,	f		
14	XVII	,,	g	Adelhaidis imperatricis.	
	XVI	,,	A		
ξ	XV	,,	b		Sol in capricorno.
11	XIIII	,,	c		
	XIII	,,	d		Vigilia.
19	XII	,,	e	Thome ap$^{li.}$	
8	XI	,,	f		D'.
15	X	,,	g		
	IX	,,	A		Vigilia.
y	VIII	,,	b	Natiuitas Xpi. Anaſtaſie vg.	
1ξ	VII	,,	c	Stephani prothom$^{ris.}$	
	VI	,,	d	Johannis euangeliſte.	
2	V	,,	e	Sanctorum innocentum.	
	IIII	,,	f	Thome ep$^{i.}$ et m$^{ris.}$	
10	III	,,	g		
18	II	,,	A	Silueſtri pp$^{e.}$	

Schon auf den ersten Blick sehen wir, daß das Kalendarium des Kodex 3908 den bayerischen gleichzeitigen Kalendarien enge sich anschließt. Wir finden hier fast dieselben Heiligen und Feste, wie in den Kalendarien von Freising und Salzburg, Passau und Regensburg. Die wenigen Abweichungen beziehen sich auf die Feste von Diöcesanheiligen und auf einige andere Heilige. Wir finden in den Monaten Jänner und Februar gar keine Abweichungen; im Monate März ist am 10. Conversio S. Mariae Magdalenae (in bayerischen Kalendarien am 1. April). April und Mai stimmen vollständig mit den erwähnten Kalendarien überein mit der geringen Abweichung, daß am 18. April und 21. Mai ein Martyrer Valens und am 8. Mai ein Martyrer Viktor eingetragen sind. Das römische Martyrologium kennt am 21. Mai einen Bischof (nach anderer Meldung einen Prätor) Valens, welcher mit drei Knaben um des christlichen Glaubens willen den Tod erlitt. Außerdem verzeichnet das römische Martyrologium einen Diakon Valens, welcher in der Verfolgung des Galerius zu Cäsarea in Palästina mit vielen Genossen den Martyrtod fand. Er hat seine Gedächtnisfeier am 1. Juni, in vereinzelten Kalendarien am 16. Februar. Am 8. Mai Viktor, Soldat, erlitt in der Verfolgung des Maximian den Martyrtod zu Mailand. Am 22. Juni sind vor dem hl. Bischof Paulinus von Nola verzeichnet die zehntausend Martyrer, welche nach dem römischen Martyrologium auf dem Berge Ararat gekreuzigt wurden. Am 5. August ist neben dem hl. Oswald ein hl. Afer verzeichnet, von welchem Hoeynck bemerkt: „Wie es mit der geschichtlichen Wirklichkeit des hl. Afer sich verhalte, lassen wir dahingestellt sein. Am 5. August haben einige ältere Kalendarien die hl. Afra eingesetzt und aus diesem Umstande will man eine Verwechslung herleiten, so daß der hl. Afer nichts sei, als die hl. Afra.“ Thatsächlich waren in mittelalterlichen Kalendarien Doppelfeste keine Seltenheit. Mit den Martyrerakten der hl. Afra stand ferner in Verbindung das Fest der hl. Hilaria und Genossinnen (12. August), welches, wie die Feste des hl. Ulrich und der hl. Afra, gebotener Feiertag war. Am 23. August: Archelaus, Martyrer zu Ostia bei Rom, und am 27. August der hl. Abundus, von welchem der hl. Ulrich 964 das Haupt aus Rom mitgebracht und der Kirche zu zu Habach geschenkt hatte. Am 2. September war Gedächtnisfeier des hl. Antoninus, Martyrers zu Apamea in Syrien. Am 13. September war der Frauendreißigste (Tricesimus Beatae Mariae virginis). Über Sulpicius und Servilianus am 3. Oktober bemerkt Hoeynck: „Diese

Heiligen sind ihrer Geschichte und Translation nach mit den Namen: Domitilla, Nereus, Achilleus, Euphrosina und Theodora nahe verbunden. Flavia Domitilla, Nichte des Flavius Clemens, wurde mit ihren treuen Dienern Nereus und Achilleus um des christlichen Glaubens willen zuerst auf die Insel Pontia verbannt, dann nach Terracina geführt und hier ihren Milchschwestern Theodora und Euphrosyna, die noch heidnisch waren, zur Perversion übergeben. Die beiden letzteren waren verlobt mit den ebenfalls noch heidnischen Sulpicius und Servilianus. Statt daß Domitilla Christum ihren Bräutigam verleugnete, schwuren alle Genannten unter ihrem Einfluß die heidnischen Götzen ab und nahmen das Christentum an. Alle wurden sodann dem Martyrtode geweiht. Sulpiz und Servilian wurden enthauptet (20. April), die drei Jungfrauen dem Feuertode übergeben (7. Mai). Die Leiber derselben waren zunächst in Rom in der Grabstätte der schon vor ihnen gemarterten Nereus und Achilleus beigesetzt. Bei einer späteren Auffindung traf man die Inschrift: „Medietas corporum Domitillae et sociarum"; ein anderer Teil war also nicht mehr in Rom vorhanden, und dieser wird es sein, der, wie die Ellwanger Überlieferung berichtet, durch Hariolf und Erlolf nach ihrer Stiftung, dem Kloster Ellwangen, verbracht ist (zweite Hälfte des VIII. Jahrhunderts). Ebenso brachten die genannten Stifter die Leiber der Heiligen Sulpicius und Servilianus aus Rom nach Ellwangen; schon ein Diplom des Kaisers Ludwig des Frommen sagt, daß ihre Leiber in Ellwangen ruhen. Fortan wurden alle in der genannten Kirche hoch verehrt. Sulpiz und Servilian galten als patroni secundarii und hatten zwei Gedächtnistage: den 20. April als Todestag und den 23. Mai als Translationstag, der am höchsten gefeiert wurde und im Proprium von Ellwangen (1631) als fest. dupl. II. cl. cum Octava aufgeführt ist. Von hier aus verbreitete sich ihre Verehrung nach Augsburg, wohin wahrscheinlich auch Reliquien verschenkt wurden."

Am 26. Oktober wurde die conversio S. Afrae gefeiert; am 29. Oktober war das Fest des hl. Narcissus, welches als gebotener Feiertag ausgezeichnet ist. Katharina ist gleichfalls gebotener Feiertag mit Oktav. Allerseelen ist nicht enthalten. Am 17. November ist Anianus, Bischof von Orleans, und Augustinus, Martyrer zu Capua. Im Dezember ist am 16. Gedächtnisfeier der hl. Kaiserin Adelheid († 999), welche zu den Wohlthäterinnen des Domes in Augsburg zählte[1].

---

[1] Vgl. Hoeynck S. 261, 263, 271, 284.

Das Kalendarium enthält bereits das Fest Mariä Heimsuchung und zwar als gebotenen Feiertag mit Oktav; dagegen ist Mariä Empfängnis zwar eingetragen, aber noch nicht als Feiertag. Es enthält noch nicht das Fest des hl. Joseph, aber bereits das Gedächtnis der hl. Anna, welches erst 1387 von Papst Urban VI. und zwar zunächst nur für England eingeführt worden war. Unser Kalendarium dürfte darum erst dem Ende des XIV. Jahrhunderts angehören. Das Fest der hl. Anna hatte bereits eine Oktav, war aber kein gebotener Feiertag. Der hl. Franziskus ist im Kalendarium enthalten, dagegen fehlt der hl. Dominikus. Von den Patronen der Diöcesen der bayerischen Kirchenprovinz sind nur Erhard und Wolfgang eingetragen. Es fehlen Korbinian und Emmeram, Maximilian und Valentin, Rupert und Virgilius. Am 28. September war dedicatio matricis ecclesiae.

Die gebotenen Feiertage stellen wir nachstehend nach Monaten zusammen. Jänner: 1) Neujahr, 2) Epiphanie, 3) conversio S. Pauli. Februar: 4) Purificatio, 5) Agatha, 6) Matthias. März: 7) Mariä Verkündigung. April: 8) Georg. Mai: 9) Philipp und Jakob, 10) Kreuzauffindung. Juni: 11) Vitus, 12) Johannes Baptista, 13) Peter und Paul. Juli: 14) Mariä Heimsuchung, 15) Ulrich, 16) Sieben Brüder, 17) Maria Magdalena, 18) Jakobus. August: 19) Afra, 20) Laurentius, 21) Hilaria, 22) Mariä Himmelfahrt, 23) Bartholomäus. September: 24) Magnus, 25) Mariä Geburt, 26) Matthäus, 27) Mauritius, 28) Kirchweihe, 29) Michael. Oktober: 30) Gallus, 31) Simon und Juda, 32) Narcissus. November: 33) Allerheiligen, 34) Martin, 35) Otmar, 36) Elisabeth, 37) Katharina, 38) Andreas. Dezember: 39) Nikolaus, 40) Thomas, 41) Weihnachten, 42) heiliger Stephan, 43) Johannes, 44) Unschuldige Kinder, 45) Thomas von Canterbury.

Der Schreiber des Kalendariums hat sich nicht genau an seine Vorlage gehalten. Es ist ein offenbarer Schreibfehler, wenn dem Monate März nur 28 Tage zugeteilt wurden. Vom September ab hat er die Zahl der Monatstage ganz weggelassen. Auf einem Schreibversehen beruht auch im Heiligenverzeichnisse am 1. September die Eintragung Prisce statt Prisci. An diesem Tage war Gedächtnisfeier des heiligen Priscus, welchen wir bereits nach der Legende als einen der 70 Jünger des Herrn und ersten Bischof von Capua erwähnt haben. Die Legende weiß weiter zu berichten, daß in seinem Hause das hl. Abendmahl abgehalten wurde.

Sechster Teil.

Ein Klosterkalendarium.

Ein Klosterkalendarium aus dem XII./XIII. Jahrhunderte.

Wir veröffentlichen nachstehend ein Kalendarium aus dem XII./XIII. Jahrhunderte, welches in dem Handschriften-Kataloge der Münchener Staatsbibliothek die Bezeichnung C L M. 3900 trägt[1]. Der Kodex ist einer der schönsten und merkwürdigsten, welche die Münchener Bibliothek unter den Kostbarkeiten ihrer Handschriften besitzt, und ist von Ruland[2] ausführlich beschrieben, worauf wir verweisen. Die wertvolle Handschrift stammt aus der bischöflichen Bibliothek in Augsburg, war aber, wie Ruland schon erwähnt hat, für ein fränkisch-würzburgisches Kloster ursprünglich bestimmt. Sie enthält die Patrone der Würzburger Diöcese: Kilian und Genossen, Burkard, ersten Bischof von Würzburg (von Bonifacius geweiht, † 9. Februar 752), als Feste. Die Erhebung der Gebeine des hl. Burkard fand am 14. Oktober 983 durch Bischof Poppo II. statt, und seitdem wird sein Fest am 14. Oktober gefeiert, wie auch unser Kalendarium bezeugt. Dasselbe lautet:

Jani prima dies & ſeptima ſine timetur.

		KL'		Januarius hab& dies XXXI. lun. XXX.
III	A			Januarii. Circumciſio domini.
	B	IIII	Ns	Octaua s. Stephani.
XI	C	III	Ns	Octaua s. Johannis.
	D	II	Ns	Octaua Innocentium.
XVIIII	E	Nonas		Simeonis monachi. Vigilia.
VIII	F	VIII	Id'	Epiphania domini.
	G	VII	I'	Juliani $\text{prb}^{ri.}$ & $\text{m}^{ris.}$
XVI	A	VI	Id'	Eugeniani $\text{m}^{ris.}$

[1] Psalterium Davidis cum adnexis; praecedit calendarium. Codex saec. XII./XIII. cum picturis plurimis.

[2] Bei Steichele, a. a. O. S. 77—79. Ruland setzt das Kalendarium in das XII. Jahrhundert.

Das Kalendarium enthält bereits das Fest Mariä Heimsuchung und zwar als gebotenen Feiertag mit Oktav; dagegen ist Mariä Empfängnis zwar eingetragen, aber noch nicht als Feiertag. Es enthält noch nicht das Fest des hl. Joseph, aber bereits das Gedächtnis der hl. Anna, welches erst 1387 von Papst Urban VI. und zwar zunächst nur für England eingeführt worden war. Unser Kalendarium dürfte darum erst dem Ende des XIV. Jahrhunderts angehören. Das Fest der hl. Anna hatte bereits eine Oktav, war aber kein gebotener Feiertag. Der hl. Franziskus ist im Kalendarium enthalten, dagegen fehlt der hl. Dominikus. Von den Patronen der Diöcesen der bayerischen Kirchenprovinz sind nur Erhard und Wolfgang eingetragen. Es fehlen Korbinian und Emmeram, Maximilian und Valentin, Rupert und Virgilius. Am 28. September war dedicatio matricis ecclesiae.

Die gebotenen Feiertage stellen wir nachstehend nach Monaten zusammen. Jänner: 1) Neujahr, 2) Epiphanie, 3) conversio S. Pauli. Februar: 4) Purificatio. 5) Agatha, 6) Matthias. März: 7) Mariä Verkündigung. April: 8) Georg. Mai: 9) Philipp und Jakob, 10) Kreuzauffindung. Juni: 11) Vitus, 12) Johannes Baptista, 13) Peter und Paul. Juli: 14) Mariä Heimsuchung, 15) Ulrich, 16) Sieben Brüder, 17) Maria Magdalena, 18) Jakobus. August: 19) Afra, 20) Laurentius, 21) Hilaria, 22) Mariä Himmelfahrt, 23) Bartholomäus. September: 24) Magnus, 25) Mariä Geburt, 26) Matthäus, 27) Mauritius, 28) Kirchweihe, 29) Michael. Oktober: 30) Gallus, 31) Simon und Juda, 32) Narcissus. November: 33) Allerheiligen, 34) Martin, 35) Otmar, 36) Elisabeth, 37) Katharina, 38) Andreas. Dezember: 39) Nikolaus, 40) Thomas, 41) Weihnachten, 42) heiliger Stephan, 43) Johannes, 44) Unschuldige Kinder, 45) Thomas von Canterbury.

Der Schreiber des Kalendariums hat sich nicht genau an seine Vorlage gehalten. Es ist ein offenbarer Schreibfehler, wenn dem Monate März nur 28 Tage zugeteilt wurden. Vom September ab hat er die Zahl der Monatstage ganz weggelassen. Auf einem Schreibversehen beruht auch im Heiligenverzeichnisse am 1. September die Eintragung Prisce statt Prisci. An diesem Tage war Gedächtnisfeier des heiligen Priscus, welchen wir bereits nach der Legende als einen der 70 Jünger des Herrn und ersten Bischof von Capua erwähnt haben. Die Legende weiß weiter zu berichten, daß in seinem Hause das hl. Abendmahl abgehalten wurde.

Sechster Teil.

Ein Klosterkalendarium.

Ein Klosterkalendarium aus dem XII./XIII. Jahrhunderte.

Wir veröffentlichen nachstehend ein Kalendarium aus dem XII./XIII. Jahrhunderte, welches in dem Handschriften-Kataloge der Münchener Staatsbibliothek die Bezeichnung C L M. 3900 trägt[1]. Der Kodex ist einer der schönsten und merkwürdigsten, welche die Münchener Bibliothek unter den Kostbarkeiten ihrer Handschriften besitzt, und ist von Ruland[2] ausführlich beschrieben, worauf wir verweisen. Die wertvolle Handschrift stammt aus der bischöflichen Bibliothek in Augsburg, war aber, wie Ruland schon erwähnt hat, für ein fränkisch-würzburgisches Kloster ursprünglich bestimmt. Sie enthält die Patrone der Würzburger Diöcese: Kilian und Genossen, Burkard, ersten Bischof von Würzburg (von Bonifacius geweiht, † 9. Februar 752), als Feste. Die Erhebung der Gebeine des hl. Burkard fand am 14. Oktober 983 durch Bischof Poppo II. statt, und seitdem wird sein Fest am 14. Oktober gefeiert, wie auch unser Kalendarium bezeugt. Dasselbe lautet:

Jani prima dies & ſeptima fine timetur.

		KL'		Januarius hab& dies XXXI. lun. XXX.
III	A	KL		Januarii. Circumciſio domini.
	B	IIII	Ns	Octaua s. Stephani.
XI	C	III	Ns	Octaua s. Johannis.
	D	II	Ns	Octaua Innocentium.
XVIIII	E	Nonas		Simeonis monachi. Vigilia.
VIII	F	VIII	Id'	Epiphania domini.
	G	VII	I'	Juliani prbri. & mris.
XVI	A	VI	Id'	Eugeniani mris.

[1] Psalterium Davidis cum adnexis; praecedit calendarium. Codex saec. XII./XIII. cum picturis plurimis.

[2] Bei Steichele, a. a. O. S. 77—79. Ruland setzt das Kalendarium in das XII. Jahrhundert.

Ein Klosterkalendarium aus dem XII./XIII. Jahrhunderte.

Wir veröffentlichen nachstehend ein Kalendarium aus dem XII./XIII. Jahrhunderte, welches in dem Handschriften-Kataloge der Münchener Staatsbibliothek die Bezeichnung C L M. 3900 trägt[1]. Der Kodex ist einer der schönsten und merkwürdigsten, welche die Münchener Bibliothek unter den Kostbarkeiten ihrer Handschriften besitzt, und ist von Ruland[2] ausführlich beschrieben, worauf wir verweisen. Die wertvolle Handschrift stammt aus der bischöflichen Bibliothek in Augsburg, war aber, wie Ruland schon erwähnt hat, für ein fränkisch-würzburgisches Kloster ursprünglich bestimmt. Sie enthält die Patrone der Würzburger Diöcese: Kilian und Genossen, Burkard, ersten Bischof von Würzburg (von Bonifacius geweiht, † 9. Februar 752), als Feste. Die Erhebung der Gebeine des hl. Burkard fand am 14. Oktober 983 durch Bischof Poppo II. statt, und seitdem wird sein Fest am 14. Oktober gefeiert, wie auch unser Kalendarium bezeugt. Dasselbe lautet:

Jani prima dies & ſeptima fine timetur.

		KL'		Januarius hab& dies XXXI. lun. XXX.
III	A	KL'		Januarii. Circumciſio domini.
	B	IIII	Nˢ	Octaua s. Stephani.
XI	C	III	Nˢ	Octaua s. Johannis.
	D	II	Nˢ	Octaua Innocentium.
XVIIII	E	Nonas		Simeonis monachi. Vigilia.
VIII	F	VIII	Id'	Epiphania domini.
	G	VII	I'	Juliani prb$^{ri.}$ & m$^{ris.}$
XVI	A	VI	Id'	Eugeniani m$^{ris.}$

[1] Psalterium Davidis cum adnexis; praecedit calendarium. Codex saec. XII./XIII. cum picturis plurimis.

[2] Bei Steichele, a. a. O. S. 77—79. Ruland setzt das Kalendarium in das XII. Jahrhundert.

V	B	V	Id'	Marciane virginis & m$^{ris.}$
	C	IIII	Id'	Pauli primi heremite.
XIII	D	III	Id'	Saluij m$^{ris.}$
II	E	II	Id'	Satyri m$^{ris.}$
	F	IDVS		Octaua Epyphanie.
X	G	XIX	l'	Februarij. Felicis in pincis.
	A	XVIII	l'	Macharii & Mauri abbatum.
XVIII	B	XVII	l'	Marcelli pape & m$^{ris.}$
VII	C	XVI	K	Antonij monachi.
	D	XV	L'	Priſce virginis.
XV	E	XIIII	l'	Marii & Marthe m$^{rum.}$
IIII	F	XIII	l'	Fabiani & Sebaſtiani m$^{rum.}$
	G	XII	K	Agnetis uirginis & m$^{ris.}$
XII	A	XI	l'	Vincentij leuite & m$^{ris.}$
I	B	X	l'	Emerentiane vg. & m$^{ris.}$
	C	IX	l'	Thymothei ap$^{li.}$
VIIII	D	VIII	K	Conuerſio s. Pauli. Preiecti m$^{ris.}$
	E	VII	l'	Policarpi ep$^{i.}$ & m$^{ris.}$
XVII	F	VI	l'	Johannis criſoſtomi.
VI	G	V	l'	Agnetis ſecundo.
	A	IIII	l'	Valerij ep$^{i.}$ & conf.
XIIII	B	III	l'	Mathie ep$^{i.}$ & conf.
III	C	II	K	Vigilij epiſcopi.

Aſt februi quarta eſt praecedit tercia finem.

KL' Februariuſ hab& d. XXVIII. l'. XXIX.

	D	KL'		februarij. Brigide virginis.
XI	E	IIII	N^{s}	Purificatio s. Marie virg'.
XIX	F	III	N^{s}	Blaſii ep$^{i.}$ & m$^{ris.}$
VIII	G	II	N^{s}	Philee ep$^{i.}$ & m$^{ris.}$
	A	NONAS		Agathae uirginis & m$^{ris.}$
XVI	B	VIII	Id'	Amandi & Vedaſti ep$^{orum.}$
V	C	VII	Id'	Anguli ep$^{i.}$ & m$^{ris.}$
	D	VI	Id'	Helene virg.
XIII	E	V	Id'	Appollonie virg. & m$^{ris.}$
II	F	IIII	Id'	Scolaſtice virginis.
	G	III	Id'	Deſiderii ep$^{i.}$ & m$^{ris.}$
X	A	II	Id'	Eulalie virg.

	B	IDVS		Stephani ep$^{i.}$
XVIII	C	XVI	L'	Marcij. Valentini ep$^{i.}$ & m$^{ris.}$
VII	D	XV	l'	Fauſtini & Jouite m$^{rum.}$
	E	XIIII	l'	Juliane v'ginis & m$^{ris.}$
XV	F	XIII	K	Polochronij ep$^{i.}$ & m$^{ris.}$
IIII	G	XII	L'	Symeonis ep$^{i.}$ & m$^{ris.}$
	A	XI	l'	Gabinij ep$^{i.}$ & m$^{ris.}$
XII	B	X	l'	Siluani ep$^{i.}$ & m$^{ris.}$
I	C	VIIII	l'	Septuaginta nouem m$^{rum.}$
	D	VIII	K	Cathedra s. Petri ap$^{li.}$
VIIII	E	VII	L'	Tecle uirg. Vigilia.
	F	VI	l'	Mathiae ap$^{li.}$ Locus biſſexti.
XVII	G	V	l'	Walburge v'ginis.
a	A	IIII	l'	Alexandri ep$^{i.}$
	B	III	l'	Leandri ep$^{i.}$
XIIII	C	II	K	Romani abbatis.

Marcius prima necat cuius ſub cuspide quarta eſt.

	D	KL'		Marcius hab& d. XXXI. l'. XXX. Marcij. Donati m$^{ris.}$
	E	VI	N	Quiriaci m$^{ris.}$
XI	F	V	O	Emitherij & Celidonij.
	G	IIII	N	Lucij pape & m$^{ris.}$
XVIIII	A	III	A	Foce martiris.
VIII	B	II	S	Victoris & Uictorini m$^{rum.}$
	C	Nonas		Perpetue & Felicitatis.
XVI	D	VIII	Id'	Pontiani diaconi.
V	E	VII	Id'	Quadraginta militum.
	F	VI	Id'	Alexandri. Gai mart'.
XIII	G	V	Id'	Innocentij pape & m$^{ris.}$
II	A	IIII	Id'	Gregorii pape.
	B	III	Id'	Macedonii prb$^{ri.}$
X	C	II	Id'	Petri m$^{ris.}$
	D	IDVS		Longini militis.
XVIII	E	XVII	l'	Aprilis. Ciriaci m$^{ris.}$ & ſo. eius.
VII	F	XVI	l'	Gertrudis virg.
	G	XV	l'	Alexandri ep$^{i.}$
XV	A	XIIII	l'	Calocerij.

IIII	B	XIII	l'	Guthberti ep^i· & m^ris·
	C	XII	l'	Benedicti abbatis.
XII	D	XI	l'	Afrodiſij ep^i·
I	E	X	K	Theodori prb^ri.
	F	VIIII	L'	Romuli. Secundoli m^ris.
VIIII	G	VIII	l'	Annunciatio dominica.
	A	VII	l'	Caſtuli m^ris.
XVII	B	VI	K'	Reſurrectio dominj.
VI	C	V	L'	Guntrami regis.
	D	IIII	l'	Euſtaſij abbatis.
XIIII	E	III	l'	Victoris m^ris.
III	F	II	K	Balbine virginis.

Aprilis decima est undeno a fine mutatus.

G KL' Aprilis habet d. XXX. l'. XXVIIII.
Aprilis. — Theodore v'g. & m^ris.

XI	A	IIII	N^s	Adeodati ep^i· & m^ris.
	B	III	N^s	Agapis & Chionie virg.
XIIII	C	II	N^s	Ambroſij ep^i· & conf.
VIII	D	NONAS		Hyrene virg.
XVI	E	VIII	Id'	Syxti pape & m^ris.
V	F	VII	Id'	Egeſippi conf.
	G	VI	Id'	Dyoniſij ep^i·
XIII	A	V	Id'	Marie egiptiace.
	B	IIII	I'	Septem uirginum.
	C	III	Id'	Leonis pape.
X	D	II	I'	Zenonis ep^i· & m^ris.
	E	IDVS		Eufemie virginis.
XVIII	F	XVIII	L'	Maij. — Tiburcij & Valerij m^rum.
VII	G	XVII	l'	Olimpiadis. Maximi m^ris.
	A	XVI	l'	Aniceti pape.
XV	B	XV	l'	Mappalici m^ris.
IIII	C	XIIII	l'	Eleutherii ep^i· & m^ris.
	D	XIII	l'	Timonis m^ris.
XII	E	XII	l'	Victoris pape.
I	F	XI	l'	Symeonis m^ris· & ſoc. eius.
	G	X	K	Gai pape.
VIIII	A	VIIII	L'	Georgij m^ris.

	B	VIII	L'	Melliti epi.
XVII	C	VII	l'	Marci ewangeliſte.
VI	D	VI	l'	Anacleti pape. Marcellini pape.
	E	V	l'	Anaſteſij pape.
XIIII	F	IIII	l'	Vitalis mris.
III	G	III	l'	Cleti pape.
	A	II	K	Eutrobii mris. Vigilia.

Tercius in maio lupus eſt & ſeptimus anguis.

		KL'		Maiuſ habet d. XXXI. l'. XXX.
XI	B			Mai. ·Philippi & Jacobi. Walburgis.
	C	VI	Ns	Athanaſij epi. & mris.
XIX	D	V	Ns	Inuentio S. crucis. Alexandri & al.
VIII	E	IIII	Ns	Floriani mris.
	F	III	Ns	Aſcenſio domini.
XVI	G	II	Ns	Johannis ante portam latinam.
V	A	Nonas		Iuuenalis mris.
	B	VIII	Id'	Victoris mris.
XIII	C	VII	Id'	Sanctorum trecentorum mrum. et VIII.
II	D	VI	Id'	Gordiani & Epimachi mrum.
	E	V	Id'	Mamerti epi. & conf.
X	F	IIII	Id'	Nerei, Achillei & Pancratij.
	G	III	Id'	Gangolfi mris.
XVIII	A	II	Id'	Pachumij abbatis.
VII	B	IDVS		Aduentus ſpiritus ſancti.
	C	XVII	L'	M. Junij. — Peregrini mris.
XV	D	XVI	l'	Torpetis mris.
IIII	E	XV	l'	Dioſcori mris.
	F	XIIII	K	Potentiane virg.
XII	G	XIII	L'	Baſille virg. & mris.
I	A	XII	l'	Secundini mris.
	B	XI	l'	Caſti & Emilij mrum.
VIIII	C	X	K	Deſiderii epi.
	D	VIIII	L'	Donatiani & Rogatiani mrum.
XII	E	VIII	l'	Vrbani pape & mris.
VI	F	VII	l'	Auguſtini epi.
	G	VI	K	Julij mris.
XIIII	A	V	L'	Johannis pape.

III	B	IIII	l'	Maximini ep$^{i.}$
	C	III	l'	Felicis pape & m$^{ris.}$
XI	D	II	K	Petronelle virg.

Junius in decimo eſt quindenam a fine ſalutat.

KL' Junius habet d. XXX. l'. XXVIIII.

	E	KL'		Junij. — Nicomedis m$^{ris.}$
XIX	F	IIII	N^{s}	Marcellini & Petri m$^{rum.}$
VIII	G	III	N^{s}	Heraſmi ep$^{i.}$ & m$^{ris.}$
XVI	A	II	N^{s}	Quirini ep$^{i.}$ & m$^{ris.}$
V	B	Nonas		Bonifacij ep$^{i.}$ & m$^{ris.}$
	C	VIII	Id'	Arthemij & aliorum m$^{rum.}$
XIII	D	VII	Id'	Pauli ep$^{i.}$ & m$^{ris.}$
II	E	VI	Id'	Medardi ep$^{i.}$
	F	V	Id'	Primi & Feliciani m$^{rum.}$
X	G	IIII	Id'	Getuli & aliorum m$^{rum.}$
	A	III	Id'	Barnabe ap$^{li.}$
XVIII	B	II	Id'	Baſilidiſ, Cirini, Naboris & aliorum.
VII	C	IDVS		Felicule uirg. & m$^{ris.}$
	D	XVIII	L'	Julij. — Rufi & Valerij m$^{rum.}$
XV	E	XVII	l'	Viti, Modeſti & Creſcentie.
IIII	F	XVI	l'	Juſtine virginis.
	G	XV	K	Aviti prb$^{ri.}$ & conf.
XII	A	XIIII	L'	Marci & Marcelliani m^{rum}
I	B	XIII	l'	Geruaſij & Protaſij m$^{rum.}$
	C	XII	l'	Vitalis m$^{ris.}$
VIIII	D	XI	K	Albani m$^{ris.}$
	E	X	L'	Albini m$^{ris.}$ Paulini ep$^{i.}$
XVII	F	VIIII	l'	Edildrudis virg. Vigilia.
VI	G	VIII	l'	Johannis baptiſte.
	A	VII	K	Gallicani m$^{ris.}$
XIIII	B	VI	L'	Johannis & Pauli m$^{rum.}$
III	C	V	l'	Reuelatio ſeptem dormientium.
	D	IIII	l'	Leonis pape. Vigilia.
XI	E	III	K	Petri & Pauli ap$^{lorum.}$
	F	II	K	Commemoratio S. Pauli ap$^{i.}$

Tredecimus iulij decimo inuit ante kalendas.

		KL'		Julius habet d. XXXI. l'. XXX.
XIX	G	KL		Julij. — Octaua S. Johannis bap.
VIII	A	VI	N^{s}	Proceſſi & Martiniani.
	B	V	N^{s}	Tranſlatio S. Thome ap$^{li.}$
XVI	C	IIII	N^{s}	Vdalrici ep$^{i.}$ & conf.
V	D	III	N^{s}	Tranſlatio S. Martini ep$^{i.}$
	E	II	N^{s}	Octaua Apostolorum.
XIII	F	Nonas		Willebaldi ep$^{i.}$
II	G	VIII	Id'	Kyliani & ſociorum eius.
	A	VII	Id'	Cirilli ep$^{i.}$ & m$^{ris.}$
X	B	VI	Id'	Septem fratrum.
	C	V	Id'	Tranſlatio S. Benedicti.
XVIII	D	IIII	Id'	Ermagore & Fortunati m$^{rum.}$
VII	E	III	Id'	Margarete uirginis.
	F	II	Id'	Eraclee ep$^{i.}$.
XV	G	IDVS		Diuiſio Ap$^{lorum.}$
IIII	A	XVII	L'	Auguſti. — Hilarini monachi.
	B	XVI	l'	Alexij conf.
XII	C	XV	l'	Gundene v'gin. & m$^{ris.}$
I	D	XIIII	K	Arſenij lacrimoſi.
	E	XIII	L'	Pauli diaconi & m$^{ris.}$
VIIII	F	XII	l'	Praxedis uirg.
	G	XI	l'	Marie Magdalene.
XVII	A	X	K	Apollinaris ep$^{i.}$ & m$^{ris.}$
VI	B	VIIII	L'	Chriſtine uirg. Vigilia.
	C	VIII	l'	Jacobi ap$^{li.}$ Chriſtofori m$^{ris.}$
XIIII	D	VII	l'	Heraſti ep$^{i.}$ & m$^{ris.}$
III	E	VI	K	Ermolai prb$^{ri.}$
	F	V	L'	Pautaleonis m$^{ris.}$
XI	G	IIII	l'	Feliciſ, Simplicij & aliorum.
XIX	A	III	l'	Abdon & Sennes m$^{rum.}$
	B	II	K	Germani ep$^{i.}$

Auguſti nepa prima fugat de fine ſecunda.

		KL'		Auguſtus habet d. XXXI. l'. XXIX.
VIII	C	KL		Auguſti. Ad uincula. VII. Machab.
XVI	D	IIII	N^{s}	Stephani pape & m$^{ris.}$

V	E	III	N^s	Inuentio S. Stephani.
	F	II	N^s	Tertullini m$^{ris.}$
XIII	G	Nonas		Oſwaldi regis & m$^{ris.}$
II	A	VIII	Id'	Sixti, Feliciſſimi & Agapiti m$^{rum.}$
	B	VII	Id'	Donati ep$^{i.}$ & m$^{ris.}$ Afrae mart.
X	C	VI	Id'	Ciriaci & ſociorum eius.
	D	V	Id'	Romani m$^{ris.}$
XVIII	E	IIII	Id'	Laurentij m$^{ris.}$
VII	F	III	Id'	Tyburtij.
	G	II	Id'	Eupli Diaconi.
XV	A	IDVS		Ypoliti & ſociorum eius.
IIII	B	XIX	L'	Septembris. — Euſebij conf. Vigilia.
	C	XVIII	l'	Aſſumptio S. Marie uirg.
XII	D	XVII	l'	Arnoldi ep$^{i.}$
I	E	XVI	K	Octaua S. Laurentij.
	F	XV	L'	Agapiti m$^{ris.}$ Helene regine.
VIIII	G	XIIII	l'	Magni m$^{ris.}$
	A	XIII	l'	Maximi conf.
XVII	B	XII	K	Priuati ep$^{i.}$ & m$^{ris.}$
VI	C	XI	L'	Octaua S. Marie v'gin. Thimothei.
	D	X	l'	Flauiani ep$^{i.}$ Vigilia.
XIIII	E	IX	l'	Bartholomei Ap$^{li.}$
III	F	VIII	K	Geneſij m$^{ris.}$
	G	VII	L'	Eleutherij ep$^{i.}$
XI	A	VI	l'	Rufi m$^{ris.}$
XIX	B	V	l'	Auguſtini ep$^{i.}$ Hermetis.
	C	IIII	l'	Decollatio S. Johannis. Sabine v'g.
VIII	D	III	l'	Felicis & Adaucti.
	E	II	K	Paulini ep$^{i.}$ & conf.

Tercia ſeptembris uulpis ferit a pede denam.

		KL'		September habet d. XXX. l'. XXX.
XVI	F			Septembris. — Egidij abbatis. Priſci m$^{ris.}$
V	G	IIII	N^s	Iuſti ep$^{i.}$ & conf.
	A	III	N^s	Seraphie uirg.
XIII	B	II	N^s	Octaua S. Auguſtini.
II	C	Nonas		Victorini m$^{ris.}$
	D	VIII	Id'	Magni conf.

X	E	VII	Id'	Johannis m$^{ris.}$
	F	VI	Id'	Natiuitas S. Marie. Adriani m$^{ris.}$
XVIII	G	V	Id'	Gorgonij m$^{ris.}$
VII	A	IIII	Id'	Hylarij pape.
	B	III	Id'	Prothi & Iacincti m$^{rum.}$
XV	C	II	Id'	Siri & Juuentij m$^{rum.}$
IIII	D	IDVS		Amati abbatis.
	E	XVIII	L'	Octobris. Exaltatio S. Crucis. Cornelij &c.
XII	F	XVII	l'	Octaua S. Marie virg. Nicomedis.
I	G	XVI	l'	Eufemie virg. Lucie & Geminiani.
	A	XV	l'	Lamberti ep$^{i.}$ & m$^{ris.}$
XVIIII	B	XIIII	K	Ferreoli m$^{ris.}$
	C	XIII	L'	Januarij & ſociorum eius.
XVII	D	XII	l'	Dyonyſij & Priuati m$^{rum.}$ Vigilia.
VI	E	XI	l'	Mathei ap$^{li.}$ & ewangel.
	F	X	K	Mauricij & ſociorum eius. Emmerammi.
XIIII	G	IX	L'	Tecle uirginis.
III	A	VIII	l'	Conceptio S. Johannis B.
	B	VII	l'	Firminij ep$^{i.}$ & m$^{ris.}$
XI	C	VI	l'	Cipriani ep$^{i.}$ Juſtine vir.
XIX	D	V	K	Coſme & Damiani m$^{rum.}$
	E	IIII	L'	Venceſlai m$^{ris.}$
VIII	F	III	l'	Mychaelis archangeli.
	G	II	K	Jheoronimi pr$^{bri.}$

Terciuſ octobris gladiuſ decimum ordine nectit.

				October habet d. XXXI. l'. XXIX.
XVI	A	KL'		Octobris. — Remigij. Germani & al'.
V	B	VI	N^{s}	Leodegarij ep$^{i.}$ & m$^{ris.}$
	C	V	N^{s}	Duorum ewaldorum.
II	D	IIII	N^{s}	Marci & Marciani m$^{rum.}$
	E	III	N^{s}	Flauiane uirg.
X	F	II	N^{s}	Fidis uirg. & m^{ris}
	G	Nonas		Marci. Marcelli & Apulei m$^{rum.}$
XVIII	A	VIII	Id'	Symeonis iuſti.
VII	B	VII	Id'	Dyoniſij & Sociorum eius.
	C	VI	Id'	Gereonis & ſociorum eius.
XV	D	V	Id'	Tranſlatio S. Auguſtini.

IIII	E	IIII	Id'	Dedicatio in cella.
	F	III	Id'	Fauſti, Januarij, Marcialis mrum.
XII	G	II	Id'	Burkardi epi. Calixti pape.
I	A	IDVS		In colonia CCC. Maurorum.
	B	XVII	L'	Nouembris. — Galli abbatis.
IX	C	XVI	l'	Ducentorum ſeptuaginta mrum.
	D	XV	l'	Luce ewangeliſte.
XVII	E	XIIII	K	Januarij & ſociorum eius.
VI	F	XIII	L'	Pelagie. Capraſij & aliorum. xlviiii mrum.
	G	XII	l'	Vndecim milium uirginum.
XIIII	A	XI	l'	Seueri epi.
III	B	X	l'	Seuerini epi.
	C	VIIII	K	Felicis & Fortunati mrum.
XI	D	VIII	L'	Criſpini & Criſpiniani mrum.
	E	VII	l'	Rogaciani & Feliciſſimi mrum.
XIX	F	VI	l'	Florentij mris. Vigilia.
VIII	G	V	K	Symonis & Jude.
	A	IIII	L'	Narciſſi epi.
XVI	B	III	l'	Ducentorum & XX mrum.
V	C	II	K	Quintini mris. Vigilia.

Quinta nouembris acuſ uix tercia manſit in urna.

KL' Nouember habet d. XXX. l'. XXX.

	D	KL'		Nov. — Omnium ſanctorum. Ceſarij mris.
XIII	E	IIII	Ns	Euſtachij & ſociorum eius.
II	F	III	Ns	Pirminij epi.
	G	II	Ns	Proculi mris.
X	A	Nonas		Euſebij mris.
	B	VIII	Id'	Leonardi conf.
XVIII	C	VII	Id'	Willebrordi epi. & conf.
VII	D	VI	Id'	Quatuor coronatorum.
	E	V	Id'	Theodori mris.
XV	F	IIII	Id'	Martini pape & mris.
IIII	G	III	Id'	Martini epi. Menne mris.
	A	II	Id'	Kuniberti epi. & conf.
XII	B	IDVS		Brictij epi. & conf.
I	C	XVIII	L'	Decembris. Clementini & Seraphionis.
	D	XVII	l'	Felicis epi. & mris. & aliorum.

VIIII	E	XVI	l'	Othmari abbatis.	
	F	XV	K	Dyonifij $ep^{i.}$	
XVII	G	XVIII	L'	Romani $m^{ris.}$	
VI	A	XIII	l'	Gelafij pape.	
	B	XII	l'	Pontiani pape & $m^{ris.}$	
XIIII	C	XI	K	Bafille uirg.	
III	D	X	L'	Cecilie uirginis.	
	E	VIIII	l'	Clementis pape & $m^{ris.}$	
XI	F	VIII	l'	Crifogoni $m^{ris.}$	
	G	VII	K	Petri $ep^{i.}$ & $m^{ris.}$	
XVIIII	A	VI	L'	Lini pape & $m^{ris.}$	
VIII	B	V	l'	Vitalis. Agricole $m^{ris.}$	
	C	IIII	l'	Gregorij $ep^{i.}$ & $m^{ris.}$	
XVI	D	III	l'	Saturnini & aliorum.	Vigilia.
V	E	II	K	Andree $ap^{li.}$	

Dat duodena cohors VII. inde Xque december.

		KL'		December habet d. XXXI. l'. XXX.	
XIII	F			Decembris. — Eligij $ep^{i.}$ & conf.	
II	G	IIII	Ns	Bibiane $m^{ris.}$	
	A	III	Ns	Caffiani $m^{ris.}$	
X	B	II	Ns	Barbare uirg.	
	C	Nonas		Nicetij $ep^{i.}$	
XIII	D	VIII	I	Nicholai $ep^{i.}$ & conf.	
VII	E	VII	Id'	Octaua S. Andree.	
	F	VI	Id'	Conceptio S. MARIE. Zenonis $ep^{i.}$	
XV	G	V	Id'	Leocadie uirg. & aliorum CCC. $m^{rum.}$	
IIII	A	IIII	Id'	Eulalie uirg.	
	B	III	Id'	Damafi pape & aliorum XX. $m^{rum.}$	
XII	C	II	Id'	Epimachi. Alexandri $m^{ris.}$	
I	D	IDVS		Lucie uirginis.	
	E	XVIIII	L'	Januarij. Nicafij $ep^{i.}$	
VIIII	F	XVIII	l'	Valeriani $ep^{i.}$	
	G	XVII	l'	Valentini $m^{ris.}$	
XVII	A	XVI	l'	Ignatij $ep^{i.}$ & $m^{ris.}$	
VI	B	XV	K	Winnebaldi abbatis.	
	C	XIIII	L'	Ignacij $m^{ris.}$	
XIIII	D	XIII	l'	Zepherini $ep^{i.}$	Vigilia.

III	E	XII	l'	Thome ap$^{li.}$
	F	XI	K	Rome XXX. m$^{rum.}$
XI	G	X	L'	Victorie m$^{ris.}$
XVIIII	A	VIIII	l'	Vigilia.
	B	VIII	l'	Natiuitas domini. Anaſtaſie virg.
VIII	C	VII	l'	Stephani prothom$^{ris.}$
	D	VI	K	Johannis ewangel.
XVI	E	V	L'	Sanctorum Innocentium.
V	F	IIII	l'	Thome archiep$^{i.}$ & m$^{ris.}$
	G	III	l'	Dauid regis.
XIII	A	II	K	Silueſtri pape et m$^{ris.}$

Ruland[1] hat bemerkt, daß die hohen Feste in unserem Kalendarium rot, die minder hohen, darunter Bischof Burkhard, blau eingetragen seien. Wir können dieser Bemerkung nicht zustimmen. Gerade ein Teil der höchsten Feste: Himmelfahrt Christi, Pfingsten, Weihnachten, Johannes Baptista, Peter und Paul, sind blau eingetragen. Von den sonstigen Heiligen sind nur Vitus und Burkhard blau gezeichnet. Eher dürfte anzunehmen sein, daß gerade die blau eingetragenen Feste für das Kloster eine besondere Bedeutung hatten.

Wir reihen dieses Kalendarium den Kalendarien der bayerischen Kirchenprovinz deshalb an, weil es das Bild eines klösterlichen Kirchenkalenders bietet, während wir bisher nur bischöfliche Diöcesankalendarien betrachtet haben. Schon Piper[2] hat bemerkt, daß der Festkalender für die Klöster bereits anfänglich eine viel entwickeltere Gestalt hatte, als die bischöfliche Festordnung, und daß ersterer im Laufe der Zeit immer mehr Bestandteile aufnahm. Unser Klosterkalendarium ist unter allen bisher bekannten Kalendarien aus der frühen Zeit des XII./XIII. Jahrhunderts wohl weitaus das reichhaltigste. Gerade deshalb haben wir dieses Kalendarium zur Veröffentlichung ausgewählt. Wenn es auch außerhalb der bayerischen Kirchenprovinz lag, so ist doch anzunehmen, daß in den altbayerischen Klöstern ähnlich reich gestaltete Kalendarien benützt wurden, welche namentlich hervorragende Heilige des Benediktiner-Ordens und einzelner berühmter Stifte desselben berücksichtigten. Außerdem wurden die Heiligen des römischen Martyrologiums in großer Zahl zur kirchlichen Feier der Klöster benützt.

[1] A. a. O. S. 78.

[2] Kalendarien der Angelsachsen S. 98.

Unser Klosterkalendarium hat von dem römischen Martyrologium einen so ausgiebigen Gebrauch gemacht, daß jeder Tag seine Heiligen hat. Es giebt in diesem Kalendarium gar keine Lücken. Die Kalendarien der bischöflichen Kathedralkirchen haben die Heiligen und Feste der Angelsachsen und der karolingischen Zeit übernommen und fast nur noch Heilige hinzugefügt, welche mit der Diöcese oder der Kirchenprovinz irgend einen Zusammenhang hatten. Anders ist es im vorliegenden Klosterkalendarium; es hat für jeden Tag aus dem römischen Martyrologium einen Heiligen entnommen. So sind für den Monat Jänner am 7., 8., 9. Jänner die Martyrer Julian, Eugenian, die Martyrin und Jungfrau Marciana, welche zu Cäsarea in Mauretanien den wilden Tieren vorgeworfen worden war, dem Martyrologium Romanum entlehnt; ebenso am 12. Jänner der Martyrer Satyrius (in Achaia). 30. Jänner: Matthias, achter Bischof zu Jerusalem zu Anfang des II. Jahrhunderts.

Im Monate Februar finden wir am 4. Philea, Martyrer und Bischof von Thmuis in Ägypten († 304). Am 6. Februar Amandus, welcher im Jahre 649 Bischof von Maastricht-Tongern wurde, aber schon nach drei Jahren den heiligen Remaclus als Nachfolger sich erwählte, während er selbst in das Kloster Elnon sich zurückzog, wo er 675 starb. Amandus ist auch im Regensburger Kalendarium enthalten. Vedastus, Bischof von Arras, wurde bereits im Freisinger Kalendarium des X. Jahrhunderts erwähnt. 7. Februar: Angulus, Bischof und Martyrer in Britannien. 8. Februar: Helena, Jungfrau Eine hl. Helena gehörte der Diöcese Troyes, eine andere hl. Jungfrau desselben Namens der Diöcese Auxerre (im V. Jahrhunderte) an. 12. Februar: Eulalia, Martyrin und Jungfrau zu Barcelona in Spanien, deren grausame Marter unter Diokletian sie hoher Verehrung würdig machte. 13. Februar: Stephan, Bischof von Lyon. 18. Februar: Simeon, Bischof und Martyrer zu Jerusalem, aus der nächsten Verwandtschaft der allerseligsten Jungfrau Maria stammend. 19. Februar: Sabinius, Priester und Martyrer (unter Diokletian), Bruder des Papstes Cajus. 20. Februar: Silvanus, Bischof und Martyrer zu Tyrus in Phönizien unter Diokletian. 21. Februar: Die 79 Martyrer unter Diokletian sind, wie die vorerwähnten Heiligen des Februar, dem römischen Martyrologium entlehnt. 26. Februar: Alexander, Bischof von Alexandrien in Ägypten († 326). 27. Februar: Leander, Bischof von Sevilla in Spanien im VI. Jahrhunderte (bei den Bollandisten am 13. März). 28. Februar:

Romanus gehört noch der römisch-gallischen Zeit an. Er zog sich als Einsiedler in den Jura zurück, wo sich ihm bald Jünger anschlossen. Er gründete die Abteien Condat, jetzt St. Claude, und Lauconne für Männer, sowie das Frauenkloster La Baume, um welches das Städtchen St. Romain de Roche sich gebildet hat. Romanus wurde 444 von Hilarius von Arles zum Priester ordiniert und starb 460.

1. März: Donatus, Martyrer in Rom. 2. März: Quiriacus, Bischof und Martyrer zu Jerusalem († 130 nach der Legende), sonst am 4. Mai. 3. März: Emitherius und Chelidonius waren nach dem römischen Martyrologium Soldaten und haben zu Calaguri in Spanien den Martyrtod erlitten. 5. März: Phokas, Martyrer zu Antiochia, welcher gegen die Gefahren des Bisses der Schlange angerufen wird. 6. März: Viktor und Viktorinus, Martyrer zu Nikomedien. 8. März: Pontianus nach unserem Kalendarium. Es ist ein Schreibfehler statt Pontius, welcher am 8. März seine Gedächtnisfeier hat. Er war Diakon des hl. Bischofes Cyprian von Carthago und hat die Martyriumsakten seines hl. Bischofs geschrieben, welche noch erhalten sind. Pontius starb um das Jahr 260 zu Carthago, nachdem er die grausame Verfolgung des Decius durchgemacht hatte. 9. März: Die 40 Soldaten, Martyrer zu Sebaste. 14. März: Petrus, welcher in der vandalischen Verfolgung in Afrika den Martyrtod erlitt. 15. März: Longinus, der Soldat, welcher des Herrn Seite durch die Lanze öffnete und zu Cäsarea in Kappadozien den Martyrtod fand. 22. März: Epaphroditus (Aphrodisius), Apostelschüler, Bischof von Terracina. 23. März: Theodulus (statt Theodorus), Presbyter in Antiochia. 24. März: Romulus und Sekundus, Martyrer in Mauretanien. 28. März: Guntram, König. Er ist der Enkel Chlodwigs und der Sohn Chlotars I. Um 525 geboren, erhielt er 561, bei der Teilung des Reiches, Burgund und Aquitanien mit der Hauptstadt Orleans. Er war der Schwager der beiden berüchtigten Königinnen Brunhilde und Fredegunde und hatte eine schlimme Regierungszeit durchzumachen. Sein Einfluß auf die Regelung der kirchlichen Verhältnisse war ein günstiger. Nach 33jähriger Regierung starb er, 68 Jahre alt, im Jahre 593 und wurde in der Kirche des Klosters St. Marcellus zu Chalons-sur-Marne, welches eine Stiftung Guntrams war, beerdigt. Seine Reliquien wurden aber von den Hugenotten entweiht, so daß nur noch seine Hirnschale gerettet wurde. 29. März: Eustasius, Abt von Luxeuil († 625). 30. März: Viktor (Marcellinus und Satullus), Martyrer.

1. April: Theodora, Schwester des Martyrers Hermes, Martyrin in Rom unter Hadrian. 2. April: Adeodat, Bischof und Martyrer. Nach Stadlers Heiligenlexikon ein Bischof von Sora in Latium, von welchem man nichts weiß, als daß er dort seit uralter Zeit verehrt wird. 3. April: Agape und Chionia, Jungfrauen und Martyrinnen zu Thessalonika unter Diokletian. 5. April: Gleichfalls zu Thessalonika eine Schwester der vorgenannten Agape und Chionia, nämlich die heilige Irene, welche ebenfalls das Martyrium erlitt. 6. April: Papst Sixtus I. († 128). 7. April: Hegesippus, als kirchlicher Schriftsteller in Rom, von Anicet bis Eleutherius (157—190), thätig. 8. April: Dionysius, Bischof von Korinth, durch seinen Brief an die Kirche in Rom bekannt. 15. April: Olympias und Maximus, Martyrer in Persien unter Kaiser Decius. 16. April: Anicet, Papst (157—168). 17. April: Mappalicus, Martyrer in Afrika, aus Cyprians Schriften bekannt. 18. April: Eleutherius, Martyrer und Bischof in Illyrien. 19. April: Timon, einer der sieben Diakonen der Apostelgeschichte, nach der Legende in Korinth ans Kreuz geschlagen. 20. April: Viktor, Papst (190—202). 21. April: Simeon, Bischof von Seleukia und Ktesiphon, welcher mit 100 höheren und niederen Geistlichen unter König Sapor von Persien den Martyrtod erlitt. 22. April: Cajus, Papst († 296). 24. April: Mellitus, erster Bischof von London und dritter Erzbischof von Canterbury († 624). 30. April: Eutropius, Bischof, der Legende zufolge von Papst Clemens nach Gallien gesandt. Er wird als Apostel der Landschaft Saintonge und als erster Bischof von Saintes verehrt.

9. Mai: 310 Martyrer in Persien. 14. Mai: Pachomius, Abt in der Thebais († 349). 17. Mai: Torpes, Schüler des Apostels Paulus, Palastbeamter des Kaisers Nero, einer von jenen Christen, von welchen Paulus im Briefe an die Philipper schrieb: „Es grüßen euch alle, besonders die, welche vom Hause des Kaisers sind.“ Er wurde seines Glaubens wegen enthauptet. 18. Mai: Dioskur, Lektor, welcher in Ägypten eine der grausamsten Martern erlitt. Es wurden ihm die Nägel ausgerissen und an seinen Seiten brennende Lampen angebracht. 21. Mai: Sekundinus, Martyrer in Cordova in Spanien. 22. Mai: Castus und Ämilius, Martyrer in Afrika, aus Cyprians Schriften bekannt. Sie waren einmal untreu geworden, bewahrten aber später die Standhaftigkeit und erlangten die Krone des Martyriums. 23. Mai: Desiderius, episcopus Lingonensis (Langres), im II. Jahrhunderte. 24. Mai: Donatian und Rogatian, Martyrer zu Nannete

in England, unter Diokletian. 26. Mai: Augustin, Apostel der Angelsachsen und Erzbischof von Canterbury († 607). 27. Mai: Julius, Veteran, welcher unter Kaiser Alexander zu Dorostori in Mysien das Martyrium erlitt.

4. Juni: Quirinus, Bischof und Martyrer von Siscia; er wurde mit einem Steine am Halse in der Save ertränkt. 6. Juni: Arthemius, Martyrer in Rom, mit seiner Frau Candida und seiner Tochter Paulina. 7. Juni: Paulus, Bischof von Konstantinopel; von den Arianern erlitt er den Martyrtod in der Verbannung im Kaukasus. 10. Juni: Getulius, vornehmer Römer, welcher mit mehreren Genossen unter Kaiser Hadrian eine grausame Marter erlitt. Seine Gattin Symphorosa bestattete ihn auf ihrem eigenen Grund und Boden. 16. Juni: Justina, Jungfrau zu Padua, welche unter Nero gemartert wurde. 17. Juni: Avitus, Presbyter und Konfessor in Orleans. 21. Juni: Albanus, Martyrer in Mainz. 22. Juni: Albinus, Martyrer in Rom, dessen Reliquien nach Köln übertragen wurden. 23. Juni: Ediltrud, Königin und Jungfrau in England.

13. Juli: Herakleas, Priester und berühmter Gelehrter in Alexandrien. 15. Juli: Hilarinus, Mönch und Martyrer zu Arezzo unter Kaiser Julian. 17. Juli: Gundena, Jungfrau und Martyrin in Karthago. 18. Juli: Arsenius, Einsiedler, mit der Gabe der Thränen. Wegen seiner hervorragenden Gelehrsamkeit und Frömmigkeit wurde Arsenius, von Geburt ein Römer, vom Kaiser Theodosius zum Erzieher seiner Söhne Arcadius und Honorius erwählt und zum Senator ernannt. In den Jahren 383—394 leitete Arsenius die Erziehung der Söhne des Kaisers, zog sich aber dann, kaum 40 Jahre alt, in die Einsiedlei der Wüste Skethin (Libyen) zurück. Von dort durch kriegerische Einfälle vertrieben, wählte er die Felsenspitze Troe bei Memphis zum Aufenthalte, wo er hochbetagt starb. Der Priester, welcher ihn zum Tode vorbereitete, sagte tröstend: Glücklicher Arsenius, welcher du auf Erden hier über dich weintest. Die hier nicht weinen, werden ewig weinen im andern Leben! 19. Juli: Paul, Diakon zu Cordova, erlitt den Martyrtod beim Einbruche der Sarazenen in Spanien. 26. Juli: Herastus, soll der Legende zufolge vom Apostel Paulus zum Bischofe von Philippi in Macedonien eingesetzt worden sein.

12. August: Euplus, Diakon und Martyrer zu Catania in Sizilien unter Diokletian. 16. August: Arnold. Hochverehrt im Mittelalter war der hl. Arnoldus, Lautenschläger und Harfenspieler Karls des

Großen (cytharoedus serenissimi sti. imperatoris). Sich erfreuend der Freundschaft des großen Kaisers, überhäuft mit Gunsterweisungen dieses mächtigsten und gewaltigsten Mannes seines und vieler anderer Jahrhunderte, wurde Arnoldus nicht geblendet von dem immerhin eitlen Glanze des Hofes, noch vergaß er, sich sonnend im Glücke der Herrschergunst, seiner darbenden Mitmenschen. Er war kein fader Possenreißer, sondern ein Sänger von jener Art, welche

Die Seele erfüllen mit himmlischer Lust,
Mit süßem Klange bewegen die Brust
Und mit göttlich erhabenen Lehren.

Der hl. Arnold starb um das Jahr 800 in dem nach ihm benannten Orte Arnoldsweiler (früher Genetwiller, Gintzwiller). Sein Gedächtnistag war der 18. Juli. Im Volke blieb sein Andenken hoch gesegnet durch eine dauernde wohlthätige Stiftung, indem er den sogenannten Bürgelwald im Jülicherlande von des Kaisers Gunst erlangte und dann den Armen mehrerer Ortschaften zum Eigentum schenkte, wofür sie als Zeichen des Dankes jährlich eine Wachskerze von bestimmter Schwere nach Arnoldsweiler opfern sollten. Wie auch immer die Herrscher im Lande in den Stürmen der Zeit gewechselt haben, die glücklichen Bewohner jener Dörfer genießen noch heute die Wohlthat der Schenkung des heiligen Sängers. Papst Leo XIII. hat in neuester Zeit die Akten und Überlieferungen über den hl. Arnoldus eingehend untersuchen und prüfen lassen. Kardinal Melchers hat Mühe und Fleiß darauf verwendet, das Andenken an den Heiligen zu beleben, seine Verehrung auszubreiten und sein Grab in Arnoldsweiler zu verherrlichen. Papst Leo XIII. hat durch Breve vom 23. Januar 1891 eine Oktav-Feier zur Verehrung des Heiligen mit vollkommenem Ablaß bewilligt, welche Jahr für Jahr vom 18. bis zum 25. Juli gehalten wird. Wie vor Jahrhunderten, so wallen die Pilger noch jetzt zu seinem Grabe, um ihn anzurufen zur Erlangung eines guten Todes. Mit festem Vertrauen auch wenden sie sich an ihn, wenn Krankheiten ihren Viehstand schwer heimgesucht haben. Am Vorabende des Festes des hl. Arnoldus wird nämlich vom Priester altem Brauche gemäß Korn am Altare des Heiligen gesegnet, dessen die Pilger sich bei Erkrankung ihres Viehes bedienen[1]. Trotz der hohen Verehrung, welche Arnold genoß, ist die Ein-

[1] Vgl.: Der hl. Arnoldus von Arnoldsweiler. Historisch-kritisch dargestellt von Arnold Steffens, Aachen bei Barth, 1891.

tragung in unserem Kalendarium doch nicht auf ihn zu beziehen, da die nähere Bezeichnung: episcopus gegen ihn spricht. Vielleicht ist an Erzbischof Arnold von Mainz (1153—60) zu denken, welcher ermordet wurde und alsbald nach dem Tode hohe Verehrung genoß[1]. 20. August: Maximus, Konfessor, Schüler des hl. Bischofs Martinus. 23. August: Flavianus, Bischof von Autun im VII. Jahrhunderte. 26. August: Eleutherius, Bischof von Tournay in Belgien († 531), bei den Bollandisten am 20. Februar. Ein anderer Eleutherius war Bischof von Autun († 561) mit der Gedächtnisfeier am 16. August.

2. September: Justus, Bischof von Lyon, beschloß sein Leben als Einsiedler in Ägypten. 3. September: Serapia, Jungfrau und Martyrin in Rom unter Kaiser Hadrian. 18. September: Ferreolus, Martyrer in Vienne († 304). 25. September: Firminius, erster Bischof von Amiens, in Pampelona aus vornehmer Familie geboren. Er ist Patron von Pampelona und Navarra. Er starb den Martyrtod durch Enthauptung im Jahre 290.

3. Oktober: Martyrium der beiden Priester Ewald in Sachsen, welche zur Zeit des hl. Bonifacius von den heidnischen Sachsen den Martyrtod erlitten haben, nach dem Berichte von Beda Venerabilis. 5. Oktober: Flaviana (nach dem römischen Marthyrologium Flavia), Jungfrau und Martyrin in Messina. 15. Oktober: 300 Martyrer in Köln, in der Verfolgung der Kaiser Diokletianus und Maximianus. 17. Oktober: 270 Martyrer in Afrika (im römischen Martyrologium am 16. Oktober). 26. Oktober: Rogatianus und Felicissimus, afrikanische Martyrer, aus Cyprians Briefen bekannt. 30. Oktober: 220 Martyrer in Afrika.

4. November: Prokulus, Marthyrer in Autun. 5. November: Eusebius, Mönch und Martyrer zu Terracina. 12. November: Kunibert, Erzbischof von Köln († 663). 14. November: Klementin, Martyrer zu Heraklea in Thracien, und Serapion, Martyrer in Alexandrien unter Kaiser Decius. 17. November: Dionysius, Bischof von Mailand († um 360). 18. November: Romanus, Martyrer in Antiochien unter Kaiser Galerius; es wurde ihm die Zunge ausgerissen. 19. November: Gelasius, Papst († 496). 20. November: Pontianus, Papst († 235). 25. November: Petrus, Bischof und Martyrer zu Alexandrien, gleichfalls

---

[1] Vita S. Arnoldi, archiepiscopi Mogunt. bei Jaffé: Bibliotheca rerum Germ. III., 606—675.

unter Kaiser Galerius. 28. November: Gregorius, Bischof und Martyrer. Es ist wohl der berühmte Bischof Gregor von Armenien gemeint, welcher in der Zeit zwischen den Jahren 325—330 mit zahlreichen Gläubigen den Martyrtod fand. Seine Gedächtnisfeier ist sonst am 30. September. Am 28. November hat das römische Martyrologium den Papst Gregor III. († 741). Allein auf ihn paßt nicht die Bezeichnung des Kalendariums: episcopi et mart.

2. Dezember: Bibiana, Jungfrau und Martyrin in Rom unter Kaiser Julian. 3. Dezember: Cassian, Martyrer zu Tanger in Mauretanien. 5. Dezember: Nicetius, Bischof in Trier († 566). 9. Dezember: Leokadia, Jungfrau und Martyrin zu Toledo in Spanien unter Diokletian. 12. Dezember: Epimachus und Alexander, Martyrer in Alexandrien unter Kaiser Decius. 15. Dezember: Valerian, Bischof in Afrika, welcher unter dem Vandalenkönige Genserich einen harten Martyrtod erlitt. 16. Dezember: Valentin, Heerführer, erlitt in der Verfolgung des Kaisers Maximian in Ravenna den Martyrtod. 17. Dezember: Ignatius von Antiochien. 19. Dezember: Ignatius, Martyrer in Afrika (im römischen Martyrologium am 3. Februar). 20. Dezember: Zepherinus, Papst und Martyrer († 218). 22. Dezember: Zu Rom (via Lavicana inter duas Lauros) gemeinsames Martyrium von dreißig Martyrern unter Diokletian. 23. Dezember: Viktoria, Jungfrau und Martyrin unter Kaiser Decius in Rom. Sie wurde auf Befehl des Eugenius, den zu heiraten sie sich weigerte, durch einen Stich ins Herz durchbohrt. Die übrigen Heiligen sind früheren Kalendarien gemeinsam.

Das Kalendarium wird von Ruland dem XII., von den Herausgebern des Handschriftenkatalogs der Staatsbibliothek dem XII./XIII. Jahrhunderte zugeschrieben. Es ist jedenfalls nicht vor dem letzten Decennium des XII. Jahrhunderts geschrieben, indem es bereits den hl. Thomas von Canterbury († 1170) im Verzeichnisse der Heiligen enthält. Dagegen fehlen noch Heinrich und Kunegund, der hl. Bernhard, Katharina, das Fest Allerseelen. Auffällig ist die ganz große Anzahl von gebotenen Feiertagen, darunter viele Heiligenfeste, welche in den bayerischen weltlichen Diöcesankalendarien niemals als Feiertage erscheinen, z. B.: Vincentius, Agatha, Ambrosius, Bonifacius, Albanus (beide letztere Feste sind Feiertage der Mainzer Metropolitankirche), Remigius, Cäcilia, Lucia, u. s. w. Der hl. Georg, welcher in allen Diöcesankalendarien Bayerns, mit einziger Ausnahme des Regens=

burger Kalendariums C L M. 13 067, am 24. April eingetragen war, erscheint am 23. April, dafür am 24. April Mellitus. Mariä Empfängnis ist bereits Festtag, ein Beweis, daß die Festfeier dieses Tages in den Klöstern um Jahrhunderte früher war, als in den Diöcesankalendarien.

Aus den Klosterkalendarien gingen die heutigen Volkskalender hervor, deren Heiligenverzeichnisse mit den Heiligenfesten der deutschen Diöcesen sich keineswegs decken. Der hundertjährige Kalender ist bekanntlich ein Produkt des Klosters Langheim bei Burgkundstadt in Oberfranken. Abt Mauritius Knauer[1], geboren am 14. März 1613 als Sohn des Bürgermeisters von Weißmain, seit 1649 Abt in Langheim, ist der Begründer des hundertjährigen Kalenders. Er hatte bei seinen Universitätsstudien in Wien besonders der Astronomie sich zugewandt und verwertete sein Wissen in einem Kalender, dessen Konzept 1654 fertig gestellt war. Der Kalender war anfangs ausschließlich für das Personal des Klosters bestimmt und wurde nur in Handschriften hergestellt. Die Nachfrage darnach war aber so groß, und es wurden für die Handschriften so hohe Preise bezahlt, daß noch vor dem Tode des Abtes Knauer († 9. November 1664) Drucklegung erfolgt sein soll. Doch reichen die vorhandenen gedruckten Jahrgänge des hundertjährigen Kalenders nicht so weit zurück, sondern die älteste bis jetzt bekannte, von Hellwig besorgte Ausgabe trägt das Datum 1701. Der hundertjährige Kalender diente praktischen Zwecken, der Darstellung des Einflusses der Astrologie und der Schilderung des Regimentes der Planeten. Doch ergab sich von selbst, daß auch die Heiligenverzeichnisse den Klosterkalendarien entnommen wurden, so daß auf jeden Tag, wie im vorliegenden Klosterkalendarium, ein oder mehrere Heilige eingetragen sind, während die Diöcesankalendarien für den Weltklerus viele Lücken in den Monatstagen aufwiesen. Die heutigen Volkskalender basieren auf den alten Klosterkalendarien. Eines der ältesten und interessantesten Klosterkalendarien, welches auf jeden Tag bereits mit einem Heiligen versehen ist, erscheint das vorliegende aus dem Ende des XII. Jahrhunderts.

[1] Vgl. J. Berthold: Beiträge zur Entwicklung des hundertjährigen Kalenders, im Centralblatt für Bibliothekwesen. VIII. Jahrgang, III. Heft (März 1891).

Schluß.

Die Verehrung der Heiligen ist so alt, wie die Kirche. Wir sehen aus den ältesten kirchlichen Aktenstücken, wie die ersten kirchlichen Gemeinden einen heiligen Polykarpus, einen heiligen Ignatius feierten. Jede einzelne Kirche verehrte ihre ersten Glaubensprediger und Apostel, ihre Bischöfe und Martyrer, und es wurden zu diesem Zwecke die Sterbetage in eigene Verzeichnisse eingetragen. Die Sterbetage wurden als Geburtstage (dies natales) bezeichnet, weil das eigentliche, ewig dauernde Leben mit dem irdischen Todestage begann. Die Bischöfe selbst besorgten für ihre Gemeinden die Eintragung des Todestages ihrer Vorgänger, der hl. Martyrer und sonstigen Heiligen der Gemeinden. Wenn die Bischöfe durch Einkerkerung oder durch Vertreibung von ihren Sitzen verhindert waren, dieser ihrer Aufgabe selbst zu genügen, so beauftragten sie damit Stellvertreter, wie einem Briefe des hl. Cyprian an seinen Klerus zu entnehmen ist[1]. In größeren Gemeinden wurden eigene kirchliche Notare mit der Aufgabe betraut, die Akten der Martyrer aufzubewahren und über ihre Reliquien zu wachen. Dem Liber pontificalis zufolge soll bereits Papst Klemens sieben Notare in Rom mit der Aufbewahrung der Martyrerakten betraut haben. Diese Angabe findet eine Bestätigung in der Thatsache, daß Papst Fabian (236 bis 250) die Regionen unter die Diakonen verteilte und sieben Subdiakonen ernannte, welche die sieben Notarien bei der sorgfältigen Sammlung aller zu den Akten der Martyrer gehörigen Details unterstützen sollten. Die meisten dieser unschätzbaren Aufzeichnungen gingen in der schrecklichen Christenverfolgung unter Diokletian unter. Der geringe Rest, welcher der Zerstörung entging, bildet den Grundstock des ältesten, noch erhaltenen Martyrologiums, welches den Namen des heiligen Hieronymus trägt[2]. Dasselbe ist zwar vor dem VII. oder

---

[1] Epist. 37.

[2] Vgl. Kraus: Roma Sotterranea p. 19.

VIII. Jahrhundert in seiner jetzigen Gestalt kaum entstanden, enthält aber Bestandteile aus dem Zeitalter der Christenverfolgungen. Dieses Martyrologium wurde für die Gestaltung der Kalendarien der fränkischen, angelsächsischen und deutschen Diöcesen maßgebend.

Speziell für die Diöcesen Bayerns bieten die von uns mitgeteilten Kalendarien ein umfangreiches Material zur Vergleichung. Ein umfassendes und erschöpfendes Urteil wird sich freilich erst gewinnen lassen, wenn für die verschiedenen Kirchenprovinzen und Länder die Kalendarien des Mittelalters in ähnlicher Vollständigkeit der Öffentlichkeit übergeben werden, wie wir es für Bayern in vorliegendem Werke versucht haben. Es genügte uns, das Material in einer Reihe von Diöcesankalendarien zusammenzutragen. Die Verwertung dieses Materials durch die Vergleichung mit den Kalendarien anderer Länder, sowie die Erörterung der Verwandtschaft mit dem römischen Martyrologium und mit den griechischen Menelogien wird die Aufgabe einer späteren Zukunft sein. In unserem Plane lag es nur, für diese Aufgabe Bausteine zu liefern.

Vielleicht erwartet mancher, daß wir die Verehrung der Heiligen vom Standpunkte der Idee des Christentums in einem Werke, welches die Feste der Heiligen behandelt, in den Bereich der Erörterung ziehen. Wir halten dies für überflüssig. Es ist durch die Lehre der katholischen Kirche der ganzen Welt bekannt, daß die Gläubigen in den Heiligen den dreieinigen Gott selbst verehren, dessen hervorragende Apostel, Blutzeugen und Diener sie waren. So handelten die Christen aller Jahrhunderte, so lehrten alle Kirchenväter, so schrieben die Konzilien vor. Inhaltlich erschöpfend und in allgemein verständlicher Form hat dies neuerdings ein Hirtenbrief der zu Fulda im September 1889 versammelten Bischöfe Preußens ausgesprochen, weshalb wir damit unsere Abhandlung am besten schließen können. Der betreffende Teil des genannten Hirtenbriefes lautet:

„Wir Katholiken richten all unsere, in Glauben, Hoffnung, Liebe und Anbetung bestehende religiöse Verehrung einzig und allein auf den wahren, lebendigen, dreieinigen Gott. Diese göttliche Verehrung irgend einem Geschöpfe, wie hoch es auch in der Ordnung der Natur und Gnade stehe, zuzuwenden, ist in den Augen eines jeden Katholiken Götzendienst.

„Von einer solchen Verehrung, die allein wir Anbetung nennen, ist die Verehrung, die wir der heiligen Mutter Gottes und den Engeln und Heiligen zuwenden, wesentlich und absolut verschieden. So wenig die Ehre und Liebe, welche Kinder ihren Eltern, Unterthanen ihrem Fürsten erweisen, mit der Gott allein zukommenden Liebe und Anbetung in Widerspruch stehen, vielmehr eine Erfüllung des vierten Gebotes Gottes sind: ebensowenig steht die Verehrung der Heiligen mit der Gott allein gebührenden Anbetung in Widerspruch, geht vielmehr aus derselben hervor und zielt auf dieselbe ab. Wir ehren die Heiligen als Freunde Gottes, als treue Nachfolger und Glieder Christi, weil Gott selbst sie ehrt. Alle Ehre aber, die wir ihnen geben, erweisen wir ihnen wegen Gott und zur Verherrlichung Gottes, der durch seine Gnade sie geheiligt und uns zu Vorbildern gegeben hat. Das gilt im höchsten Maße von der Verehrung, welche wir in Erfüllung des Wortes: ‚Siehe, von nun an werden mich selig preisen alle Geschlechter‘, der allerseligsten Jungfrau Maria erweisen; denn diese Verehrung hat ihren einzigen Grund und ihr einziges Ziel in Jesus Christus, an den wir als den wahren Sohn des ewigen Vaters und den wahren Sohn der Jungfrau Maria glauben. Dabei sind wir aber weit entfernt, Maria als etwas anderes denn als ein Geschöpf zu betrachten. Wohl ist sie das reinste und heiligste unter allen Geschöpfen, aber alle ihre Reinheit und Heiligkeit ist ihr durch das Verdienst und die Gnade Jesu Christi zu seiner Ehre geschenkt worden. Auch ehren wir Maria nicht anders, nicht mehr und nicht minder, als sie Gott selbst nach dem Zeugnisse des Evangeliums durch die Botschaft des Engels geehrt hat, wenn wir sie als die ‚Gnadenvolle, mit der der Herr ist‘, begrüßen.

„Wenn wir aber Maria, die Engel und Heiligen anrufen, so erwarten wir nicht von ihnen, als aus ihrer eigenen Macht, Gnade und Hilfe, sondern erwarten sie auf ihre Fürbitte von Gott allein durch unsern und ihren Heiland Jesus Christus. Daß wir aber die Mutter unseres Erlösers und die verklärten Heiligen um die Hilfe ihres Gebetes bitten, ist ebenso vernünftig und christlich, als daß wir unsere Mitchristen auf Erden um ihr Gebet ansprechen. Wenn der hl. Paulus in seinen Briefen die Gläubigen um ihr Gebet ersuchte, sollte es da ein Unrecht sein, wenn wir uns seiner Fürbitte im Himmel empfehlen? Oder sollte das Vaterunser dadurch seine Kraft verlieren, daß wir ihm in dem Engelsgruße die Erinnerung an das Geheimnis unseres Heiles in Christo Jesu und die Bitte beifügen: Heilige Maria, Mutter Gottes, bitte für uns Sünder, jetzt und in der Stunde unseres Todes?

„Auch legen wir den Heiligen weder Allwissenheit noch andere göttliche Eigenschaften bei, sondern wir vertrauen, daß Gott sie unser Flehen erkennen lasse, damit sie die Liebe, welche sie auf Erden geübt, auch im Himmel fortsetzen.

„Von dieser vernünftigen und frommen Anrufung der Heiligen, welche unmittelbar aus dem Artikel des apostolischen Glaubensbekenntnisses von der Gemeinschaft der Heiligen entspringt, lehrt die katholische Kirche, daß sie heilsam und nützlich sei, — und es gilt dieses in besonderer Weise für unsere Zeit; denn wohl ist es nützlich und heilsam, dem Materialismus des irdischen Treibens und den Trugbildern vergänglicher Lust die Vorbilder himmlischen Sinnes, heiligen Lebens und jenes ewige Reich Christi und seiner Auserwählten entgegenzustellen, das auch unser ewiges Ziel ist.

„Wenn die Verehrung und Anrufung der Heiligen, welche an Gottes Thron stehen, ein rechtmäßiger und heilsamer Gebrauch ist, so geziemt es sich nicht minder, ihre sterblichen Überreste in Ehren zu halten. Es ist dieses ein Akt schuldiger Pietät gegen jene, ‚deren heilige Leiber‘, wie das Konzil von Trient sagt, ‚lebendige Glieder Christi und Tempel des heiligen Geistes waren, welche von ihm zum ewigen Leben wiedererweckt und verherrlicht werden sollen, durch die den Menschen von Gott viele Wohlthaten gewährt werden‘. Gott selbst hat, wie die hl. Schrift bezeugt, die Gebeine des heiligen Propheten Elisäus, sowie die Kleider des hl. Paulus durch Wunder verherrlicht (4. Kön. 13, 21; Apgsch. 19, 12) und in allen Zeiten an die Verehrung heiliger Reliquien große Gnadenerweisungen geknüpft. Es ist darum sicherlich ein wohlbegründeter Gebrauch, die Gräber der Heiligen zu besuchen und an denselben mit besonderem Vertrauen zu Gott zu beten, welcher die Quelle aller Gnaden ist.

„Was aber die übrigen Gebräuche und die bildlichen Darstellungen Christi und seiner Heiligen betrifft, so haben sie einzig den Zweck, durch das Sichtbare uns zum Unsichtbaren zu erheben; dazu aber sind sie der menschlichen Natur und dem Wesen des Christentums gemäß, dessen Mittelpunkt die Menschwerdung Gottes ist, sehr geeignet. Jeden Mißbrauch aber hat die Kirche stets verworfen und sucht ihn fernzuhalten.“

Berichtigungen und Nachtrag.

Seite 8 Dies Horarum VIII statt VII.

„ 10 Dies Horarum XI statt X.

„ 14 Drachbolfus ep^{us} XII. statt XIII.

„ 15 Uuolframmus ep^{us} ob. Anno d^{ni} DCCCCXXXVII statt DCCCCXXXVI.

„ 15 Dies Horarum XVIII statt XVIIII.

„ 16 Uoto . . ob. Anno d^{ni} DCCCCVI statt DCCCC.

„ 69, 72 und 74 Roma Sotterranea statt R. Sotteranea.

„ 112 Cömeterium statt Cömiterium.

„ 203 Die Königin Radegund als virgo. Es dünkt uns fraglich, ob unter der hl. Jungfrau Radegund die Königin von Frankreich verstanden werden dürfe. Letztere erscheint in den Kalendarien immer als regina. Die virgo Radegundis unseres Kalendariums dürfte die Dienstmagd sein, welche im XIV. Jahrhunderte einer Augsburger Patrizier-Familie Fortner auf dem Gute Wellenburg in der Nähe von Augsburg diente und dort auch starb. Obwohl nicht kanonisiert, wurde sie doch als Heilige verehrt und über ihrem Grabe wurde eine Kapelle erbaut, welche im Jahre 1450 zu Ehren der hl. Ursula und der hl. Jungfrau Radegund geweiht wurde. In unserem Kalendarium, welches 1481 geschrieben wurde, konnte sie von Augsburg her Aufnahme finden[1]. — Eine andere hl. Radegund ist aus dem Leben der hl. Bathildis bekannt. Die Königin Bathildis, Gemahlin des Königs Chlodwigs II., nahm, als sie in das Kloster Chelles eintrat, ein kleines Mädchen Radegund mit sich in das Kloster. Das Mädchen starb, sieben Jahre alt, am selben Tage, wie die Königin, und wurde gleichfalls als Heilige verehrt[2].

---

[1] Leben der hl. Radegund, Dienstmagd zu Wellenburg. Augsburg b. Doll 1821.

[2] Vgl. Stadler, V, 23.